感谢英国标准人寿集团资助本书中文版出版

Matching Contributions for Pensions

—— A Review of International Experience ——

养老金匹配缴费

全球经验

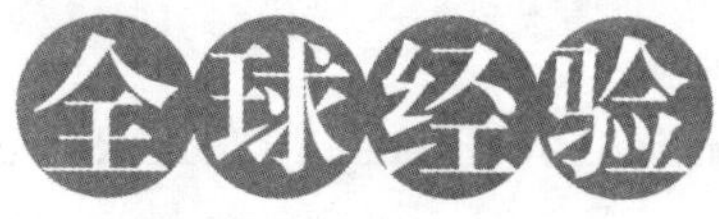

Richard Hinz 等著
万晴瑶 译

中国劳动社会保障出版社

图书在版编目(CIP)数据

养老金匹配缴费/（美）欣茨（Hinz，R.）等著；万晴瑶译. —北京：中国劳动社会保障出版社，2016

书名原文：Matching Contributions for Pensions：A Review of International Experience

ISBN 978-7-5167-2265-7

Ⅰ.①养… Ⅱ.①欣…②万… Ⅲ.①退休金-劳动制度-研究-世界 Ⅳ.①F249.1

中国版本图书馆 CIP 数据核字(2016)第 003802 号

中国劳动社会保障出版社出版发行

（北京市惠新东街 1 号　邮政编码：100029）

*

北京隆昌伟业印刷有限公司印刷装订　新华书店经销

787 毫米×1092 毫米　16 开本　19.75 印张　250 千字

2015 年 12 月第 1 版　　2015 年 12 月第 1 次印刷

定价：48.00 元

读者服务部电话：（010）64929211/64921644/84626437

营销部电话：（010）64961894

出版社网址：http://www.class.com.cn

致中国读者

我非常高兴能为这本著作的中文版写一个简单的前言。

传统养老金模式主要依靠政府定期从员工薪资中直接扣缴社保费用，20世纪见证了传统养老金模式的扩张。在一部分制度中，在职员工当期缴费被存储并用于投资，而另外一些制度中，当期缴费则用于支付老一代退休人员的养老金。当期扣缴金额以及未来退休后养老金待遇水平（含遗属配偶养老金）在不同国家之间，以及同一国家不同的历史时期均存在较大差异。20世纪中叶，高收入国家中大多数劳动者主要采用了俾斯麦模式。

在中等收入和低收入国家，情况则大相径庭。不仅仅局限于所选择的养老金体系，由于更深层次的原因，收入稳定且收入信息能够被有效查询的正规就业员工的人数并未像在发达国家那样稳步增长。而非正规就业持续增长，意味着传统上依赖于工薪社保税的养老金模式难以覆盖绝大多数的劳动者，这在农业人口占多数的国家体现得尤为明显。例外的只有东欧和前苏联，其通过集中管控就业实现了较高的社保覆盖水平；但随着这些国家逐渐脱离政府主导模式，其社保覆盖面仍与世界上收入水平接近的国家类似。

20世纪90年代早期，世界银行开始系统地研究国际养老金问题。1994年，世界银行发布了对全球养老金体系重塑产生深远影响的力作《防止老龄危机：保护老年人与促进增长的政策》，详细展示了研究结果和分析过程。研究发现，缴费型养老金制度的覆盖面与收入水平高度相关。但对比20年后养老金制度的覆盖面与收入水平的关系，发现全球养老金制度的覆盖水平停滞不前，即特定收入水平下，当前的养老金覆盖面低于1994年的水平。问题主要出现在发展中国家，约有 2/3 的劳动者并未向传统的养老金制度缴费，当然可能存在数据不够完备且指标体系定义非常复杂的情况。

显然，要实现全球绝大多数劳动者老年收入安全的基本目标，缴费型养老金制度似乎前景黯淡。因而，部分国家和有关国际组织开始转移关注重点甚至重新定义战略，着手寻求新的解决方案。在支持传统社保模式扩张几十年后，如今，国际劳工局（ILO）倡导为所有老年人建立统一的基本保障体系（包含养老金）。美洲发展银行最近的报告也提出类似的倡议："更好的工作，更好的养老金"。更为重要的是，随着新的"社保养老金"如老年人现金转移支付等的扩张，许多国家都在朝这个方向努力。当然，社会养老金并非新生事物，新西兰的全民统一养老金已经实施了一个多世纪，但从全世界角度，到目前为止，作为一个国家养老金体系主要构成的社保养老金尚不普及。

从薪资中直接扣缴社保费的传统缴费型养老金方案并不成功，与此同时与全球老龄化曲折变化一致的社保养老金不断扩张，这一趋势在东亚等地区尤为明显。面对逐渐老化的人口，若没有广泛覆盖的养老金似乎难以维持也必然无法接受。社保养老金有可能成为全球养老体系中永久性的基本设计。但是，由于社保养老金完全依赖政府财政投入，而随着人口老龄化不断加剧，政府同时还面临着医疗和长期护理等巨大支出的压力。为确保老年生活品质，必然需要创新发展不依赖于强制缴费的老年储蓄方式。

在一些发达国家，如新西兰和英国，创新方式是采用自动加入条款。纳税人确定从其收入中自动扣减相应金额，直接进入个人退休储蓄账户，仅在个人主动要求退出制度时除外。行为经济学研究表明，自动加入条款具有推动作用，大多数员工都接受这种默认的自动加入条款，实践经验也证明其取得了初步的成功。

但在大多数劳动者不需向政府报告个人收入情况的国家，自动加入条款则不可行。因此，必然需要创设新的渠道和方式在完全自愿的基础上进行长期的养老储蓄。对低收入和收入不稳定的劳动者而言，这些养老储蓄的创新渠道和方式必须成本低廉且操作方便。他们必须完全信任储蓄的安全性且确保未来老年时可领取到养老金。但是，尽管上述要求都同时获得满足，如果对当前储蓄额失去流动性没有足够的激励措施，也不可能有大量员工加入。而匹配缴费——员工缴费时政府即提供相应的匹配缴费，就是一种明确的激励措施。本书首次系统地研究分析全球各国实施养老金匹配缴费的丰富经验。

过去几十年来，发达国家采用税收优惠政策鼓励员工向个人养老金账户缴费或参与雇主补充养老金计划，匹配缴费可视为这部分税收支出的变通方式。一些发展中国家直接借鉴发达国家经验，采取了养老金税优政策，对自愿型养老金计划缴费实施税收减免。然而，在仅有少部分员工缴纳个人所得税、非正规就业员工完全不缴纳个人所得税的情况下，税优政策作用甚微，而匹配缴费的适用性却更加明显。

在扩大养老金覆盖面的努力中，中国取得了独一无二的成就，匹配缴费成为新农保和城镇居民基本养老保险战略的一个核心要素。20 世纪 90 年代，中国农村养老保险举步维艰，2011 年大力实施了具有创新性的新农保方案。本书涵盖的各国经验还显示，中国取得的独有成功，是将政府为个人账户提供的匹配缴费与社保养老金连接起来，将当前劳动年龄人员的缴费与家中老年人的领取权益挂钩，为当前劳动年龄人员缴费提供了特有的激励；因此，无论从绝对量还是相对量来考察，该制度均使覆盖面成功地实现了有史以来的大幅提升。

尽管取得了初步成功，中国和其他国家都期望对非正规就业劳动者采用新的养老金模式，然而这面临着巨大的挑战，需要从方案设计伊始考虑。设置合适的缴费水平和匹配缴费水平是相当困难的一件事，缴费水平太低会影响未来养老金水平，缴费水平太高则会影响当期自愿缴费的积极性。相反地，较高的匹配缴费水平会鼓励个人参保缴费但同时会加大政府财政成本。有时，匹配缴费还会促使员工和雇主脱离强制社保缴费水平较高的正规就业体系，转至可以获得补贴的非正规就业体系。

匹配缴费设计面临的另一大挑战是实践中反映出来的具体实施问题和需要微调的地方，涉及最大限度降低缴费收取的成本，最大程度保持个人缴费记录信息（包括非正规就业员工身份识别），不同养老金方案利益的可携带性和在地区间的转接延续问题，以及确保支付的高效性（缴费优于金融包容性）等，需要进一步深入研究。随着高科技的发展，可以考虑采用独有的数字身份识别和移动支付等新技术应对挑战，但是实施创新所需的机构能力和管理能力仍为重中之重。在这个养老金发展的新时代，匹配缴费等创新型政策措施需要经历比此前养老金体系更加复杂的实施过程。

非常感谢万晴瑶博士将此著作翻译成中文呈现给中国读者，期待继续与中国读者一起研究探讨养老金匹配缴费等养老储蓄创新方式的理论与实践，共同应对全球老龄化挑战！

Robert Palacios

世界银行首席社会保障专家、养老金部门负责人

2015 年 9 月于美国华盛顿

前　言

建立强大、公平、有效的社会保障体系对减少贫困，促进繁荣发展具有至关重要的作用。大多数高收入国家经历过的人口结构转型将继续影响其他国家，这更加强化了老年人的养老金和储蓄在社会保障中关键的支柱性作用。

尽管这是大势所趋，但对几乎所有国家而言，既要确保社会保障体系财务可持续性，又要实现全覆盖和充分的保障水平，仍然面临着巨大的挑战。有些国家和地区此前曾对上一代人提供了较充足的福利，如今也面临缩减未来退休者福利的困境，急需补充完善现有制度以期为老年人提供较充足的保障。其他国家必须想办法在现有制度中引入全球经济竞争的动态和变化的劳动力，以确保老年收入保障的承诺。

最近几十年养老金制度历经改革和创新，从最初的个人强制参加逐渐演变为税优激励政策，但养老金制度对有效劳动人口的覆盖率经常低于50%，这部分归因于对需要保障的人群——年轻人和低收入群体（收入不稳定且通常属于非正式就业部门）而言，养老金储蓄缴费的激励措施影响不显著且与员工关系不大。传统的税优激励政策与不缴纳个人所得税的员工无关，而强制参加养老金计划的规定在非正式就业部门无法真正实施。

近年来，应对此类挑战的、较为可行的解决方案之一就是实施匹配缴费，这为员工加入养老金储蓄制度提供了及时且强有力的动机。匹配缴费方式最初由部分高收入国家创设，后经许多低收入国家进行了相应的改良和创新，以促进扩大覆盖面和提高养老储蓄水平。这些国家积累了丰富的经验可供各国学习借鉴，这些经验不仅来自高收入国家，而且来自中等收入国家和广大发展中国家。

本书全面总结回顾了匹配缴费在各国养老金制度中的运作经验。世界银行与全球许多公共、私营养老金管理部门和养老金领域知名专家学者有效协同、精诚合作，全面总结并客观分析了15个国家养老金匹配缴费制度设计的典型经验，对匹配缴费制度设计进行了初步的评估，力求为各国决策者和实践部门提供决策参考信息，服务于建立多方合作模式有效应对老年保障挑战的目标。

Arup Banerji

世界银行社会保护与劳动局局长

致　　谢

本书是各方精诚合作、共同努力的硕果。这一研究项目的初衷是探索如何扩大社保覆盖面，该项目由前世界银行社会保护与劳动局局长 Robert Holzmann 先生及养老金和老龄化研究所国际公平研究项目（PIE）负责人 Noriyuki Takayama 教授领衔完成。项目组织召开了一系列论坛包括世界银行 2011 年 6 月举办的学术会议，探讨匹配缴费在扩大养老金覆盖面中的作用。

世界银行人类发展部社会保护团队的 Richard Hinz 牵头规划、组织整理了系列研究成果，并由世界银行、日本科学促进会和西班牙对外银行（BBVA）提供出版资助。本书的面世得到了世界银行人类发展社保研究团队 Arup Banerji，Bassam Ramadan，Anush Bezhanyan 的大力支持，也得到了 David Tuesta，Eduardo Fuentes，Enrique Summers，Miguel Angel Caballero，Patricio Urrutia（BBVA）的帮助。

本书还得益于各章节作者和论坛与会者的真知灼见和积极贡献。Gonzalo Reyes 对初稿提出了建设性意见，世界银行 Paola Scalabrin 也提供了积极的支持与建议，世界银行的同事 Amira Nikolas，Francine Pagsibigan，Merced Doroteo 和 Sandra Friedman 等高效的论坛组织和资料整理工作也使本书能够顺利完成。

目　　录

第一部分　介绍与概念界定

第二部分　高收入国家经验

第五部分 行为与设计问题

第一部分
介绍与概念界定

第一章　各国匹配缴费方案的早期经验

Robert Holzmann，Richard Hinz，David Tuesta

【内容提要】

现在有越来越多的发达国家和发展中国家采用了匹配缴费方案，提升正规养老金体系的参与率，以应对未来养老金收入缺口。DC 方案中，采用雇主匹配缴费、政府匹配缴费或二者相结合的方式，有时还辅以其他政策措施，激励公众加入养老金体系。但目前要最终定论或出台指南还为时尚早。本章总结了目前实施匹配缴费的各国经验，并考察其未来的使用潜力。来自发达国家的经验表明，匹配缴费与其他措施一起有助于提升计划参与率，但对提升缴费水平和养老金领取水平的作用不明显。实践中，根据行为经济学从财务角度的分析表明，采用其他措施或许更节省成本，这也有助于解释为什么各国之间的结果大相径庭。目前对发达国家的环境经验是否可以移植到其他地区仍不清楚，但毫无疑问的是，在得出正式结论之前还需更进一步深入研究。

一、强调覆盖面缺口

几乎对每个国家而言，实现养老金广覆盖和老年收入的充足保障依然是一个艰难的目标。从整体上看，覆盖面随着经济发展和收入增长而提升，人均收入与正规养老金计划的覆盖面之间呈现正相关关系。但是，养老金制度的覆盖面和参与方式类似的国家却经历了不同的制度设计。各国经验与结果的差异表明，养老金制度设计及其发展路径在提升养老金制度覆盖面和福利水平的动力机制中具有重要作用。

在绝大多数国家，获得正规养老制度保障的劳动年龄人口占比低于一半。在低收入国家和发展中国家，参加正规养老金计划的劳动年龄人口占比通常低于 1/10。尽管近年强制保障覆盖面不断扩大，且采取了各种增强个人参保激励的措施，改革养老金制度，但是许多中等收入国家在近几十年来覆盖面仍有所下降（Rofman 和 Oliveri 2012）。在高收入国家，强制养老金计划的覆盖面很高，但支付给提前退休人员的高额福利以及生育率的快速下降加大了财政压力，因而需考虑降低未来养老金给付水平。为保持相同的收入替代率，公共养老金给付水平下降的同时还需要发展补充养老储蓄计划。

所有因素交织在一起，关于养老金覆盖面扩大的争论不可避免地处于白热化状态/风口浪尖。世界银行早期的著作研究了社保养老金和其他增加退休收入转移支付的作用，开展了针对多个处于不同发展水平国家经验的分析（Holzmann，Robalino 和 Takayama 2009）。本书聚焦分析匹配缴费在提高养老金计划和其他养老储蓄计划参与率、缩小老年收入缺口、为老年人提供充足的养老收入中的作用。

1. 匹配缴费制度的潜在承诺

高收入国家经常采用的方法就是提供匹配缴费。相比强制加入和税优政策，尤其对无法享受税优政策的低收入群体和非正规部门就业人员而言，匹配缴费为个人参加养老金计划提供了明确的激励和动力。

原则上，匹配缴费对 DB 计划和 DC 计划都适用；既可以在公共养老金计划中，也可以在私营职业年金/企业年金计划中由雇主提供。实践中，公共养老金计划和私营养老金计划都采用了匹配缴费，但是，几乎所有的现有方案都与个人退休储蓄账户相关。本书主要分析总结 DC 计划匹配缴费经验和政

策方面可资借鉴的经验教训。

在各种制度中，匹配缴费服务于提升计划参与率和储蓄水平的目标。匹配缴费DC计划（以下简称匹配缴费DC）有4个主要特征：个人账户、确定缴费、雇主免费为个人缴费、基金积累。DC计划的流行是两个因素的直接体现。首先，理论上，虽然在DC计划中加入匹配缴费是可行的，但匹配缴费与后期领取的养老金之间的关系既复杂又不透明。更为重要的是，该方案的目标群体特别是低收入群体或发展中国家的人群，其收入模式不稳定或主要是属于非正规就业。本书总结了各种结构和水平不同的匹配缴费方式。多数计划采用事前匹配缴费，也有一些计划采用事后匹配缴费。

DC计划的个人账户，在个人缴费深度、缴费水平与个人激励之间建立了直接关联，也使保障利益价值透明化，直接的匹配缴费为制度的潜在参与者提供了即时且易于理解的价值导向。缴费积累形成的基金及其投资运作收益为缴费提供了信用、可携带性与适当的收益。匹配缴费DC方案产生的储蓄激励是诸如税优政策和其他行为影响措施的变通或有益补充（Thaler和sunstein定义为“推进”），也是创建更加适合于养老储蓄环境如金融教育和直接宣传所做的努力。匹配缴费DC方案限定了未来的财政责任，因此较有吸引力。匹配缴费也应扩大养老金制度覆盖面而不是鼓励非正规就业。若个人为获得全额雇主匹配缴费而参加养老金计划，则其到退休时账户积累额可能降低或消除对基本养老金的需求。对收入较高群体而言，积累制的补充养老保障计划会降低其对强制型公共养老金的需求。最理想的状态是扩大养老金覆盖面的同时降低非正规就业占比，且所花费的财政成本低于普及非缴费的救助制度或者比补贴收入关联DB计划的成本更低。

2. 政策问题

强调覆盖面缺口引起了与政策设计相关的一系列问题。中、低收入国家面临的最大挑战是扩大养老金制度在非正规就业部门（公务员和正规就业部门之外）的覆盖面。当大多数的劳动者没有固定的雇主，或者是自由职业者，则通过传统的、以工资为基础的强制缴费方式来扩大覆盖面并不可行。由于这些国家缺乏社保和储蓄制度方面的经验，要靠激励措施吸引低收入群体和年轻人加入来建立养老金制度必然面临巨大挑战。低收入群体和年轻人首先满足的是短期需求，为应对各类可能的风险也要求储蓄资产具备高度流动性。有效的解决方案并非在正规就业部门实施高社保缴费税抑制加入，也不能通过仅仅利于高收入群体的税优补助造成不利的收入再分配。

对中等收入国家而言，经济全球化与竞争加剧引起了中央集权计划经济转型并改变就业模式，造成非正规就业人数激增，最大的挑战莫过于保持此前的覆盖率水平。在中等收入国家和大多数高收入国家，为使未来几代人获得充足的收入替代率，有必要建立退休收入和储蓄制度以弥补公共养老金下降造成的收入缺口。与新兴经济体希望沿着发达国家发展路径形成鲜明对照的是，由于其养老金和其他社保项目发展水平较低且有所停滞，其社会政策重点在于收入增长的同时实现覆盖面的扩大。

面对低覆盖面的挑战，决策者相信，实施改革中，通过在强制的收入关联型养老计划中增强个人缴费与领取福利水平的关联性，通常采用个人基金积累账户方式，应能克服这些困难。但至今尚鲜有成功经验，但却有部分国家因实施上述改革导致了覆盖面的下降。

与这类社会政策密切相关的问题是非正规就业程度不断上升。由于非正规部门员工在学习、创新和使用新技术方面相对落后，预计非正规就业方式的扩展会阻碍经济增长。而采用基本养老金选择如提供统一福利或按收入水平提供补贴，特别照顾非正规部门员工，也不利于提高生产力。因为这些措施降低了成为正规就业部门员工的动力，且随着正规就业部门税收负担的增加还增大了其转至非正规就业部门的压力。尽管实证分析还需深入，但近期许多研究表明这一变化正在拉丁美洲发生（如 Aterido，Hallward-Driemeier，Pagés 2011；Levy 2008；Ribe，Robalino，Walker 2012）。

在制度设计的所有变量中，财政成本的重要性日益凸显，因为实施非缴费的基本养老计划来扩大覆盖面有成本，需要控制传统以收入为基础的全民DB计划的成本，且非正规就业的持续扩大也会影响生产力和公共财政收入。

所有这三类问题都与如下因素的螺旋式下降有关：（1）关注覆盖面导致引入或强化基本养老金条款。（2）就业限制或非正规就业比例的提高。（3）增加了离开非正规就业部门的压力。（4）使公共养老金的财政状况恶化。（5）导致福利水平下降，反过来又提高了对基本养老金的需求。

在此背景下，中、低收入国家的政策选择范围受限且大多未经压力测试。最直接的方法就是为参加正规养老金和养老储蓄计划提供激励措施。而主要挑战在于制度设计，即如何为低收入群体提供有力、即时和简单易懂的激励措施，帮助其克服自然的消费倾向及流动性约束，将有限的资源投入养老储蓄。该制度还必须同时有利于吸引正规部门员工（其中很多处于中高收入水平）加入，且不能因此加大正规部门员工脱离正规就业的压力。

3. 研究目标与研究结构

部分高收入国家如德国、新西兰和美国等都在公共养老金计划中采用了匹配缴费DC方案。其他国家如日本、英国近期也开始实施匹配缴费DC方案以提升养老储蓄水平。大家对相关制度设计要素非常感兴趣。亚洲（中国、印度、泰国）和拉丁美洲（智利、哥伦比亚、墨西哥和秘鲁）的新兴经济体已经实施或开始实施以匹配缴费DC为基础的方案，鼓励未获得养老保障的个人加入自愿型和部分强制型方案。原则上，这种匹配缴费激励措施对DB和DC计划都适用，但实践中很少用于DB计划（仅韩国）。

虽然不断积累经验，但还是无法提供经过实践检验可行的政策设计指南，例如，在推动养老储蓄中匹配缴费DC的作用与局限、匹配缴费DC制度设计与实施的最佳实践、匹配缴费DC与其他措施如金融教育等的相互作用。目前几乎所有的制度安排经验都来自高收入国家，而这对大量的中、低收入国家的适用性还不得而知。

在新兴经济体和发达国家开展试点的基础上，世界银行人类发展部门社会保护局与日本养老金与老龄化研究所于 2011 年 6 月合作举办了一个论坛，共享信息，分析匹配缴费设计的全球经验。负责管理多个拉美国家的养老基金的西班牙对外银行（BBVA）也参会并提供了撰写本书的珍贵素材。

本书在论坛论文基础上，全面介绍并分析了全球匹配缴费 DC 方案设计与应用情况。书中总结了先行先试国家的经验，总结整理了迄今为止关于匹配缴费设计有效性与潜在作用的经验。当然，由于现有实践和经验总结还难以提供有力的佐证，本书的目标并非形成或表达世界银行关于匹配缴费 DC 方案的政策立场，也不是为各国采用此类设计提供指导。本次论坛上没有讨论但书中涉及的内容还包括在健康护理和其他社保方案中提供类似的匹配缴费设计。因此，搜集并有效整合各类信息，有助于分析主要经验教训及其借鉴意义，并总结研究进程。

本书包括四个部分。第一部分是对 OECD 国家建立补充养老制度应对扩大覆盖面挑战的经验进行总体分析。第二部分总结高收入国家匹配缴费 DC 方案的经验。第三部分介绍中低收入国家有关试点方案的经验。第四部分从行为经济学角度总结经验教训、环境中的关键问题和发展中国家建立匹配缴费 DC 计划的主要参数设计。

本章下一部分介绍匹配缴费 DC 方案的目标、干预、机制和模式，此后介绍国家案例，总结试点方案的经验教训及初步的政策结论。

二、目标、干预、机制与模式

评估政策干预的有效性时首先需要考虑其目标，清晰理解如何界定政策干预的核心因素及其如何达成预期成效。“变革理论”是评估干预政策有效性之关键，也是掌握和评估努力的核心。[1]

1. 目标设定

根据各国已经建立或计划建立匹配缴费 DC 方案的探讨，该方案有三个目标：扩大覆盖面，降低非正规就业水平和提升财政支出效率。由于各国政策干预的目标设定得不够清晰且很少考虑如何衡量结果，因此，考察这些目标需要适当的推测。此外，由于受到利益集团和政治压力影响，对第二个目标的政治讨论过多。

扩大覆盖面

扩大基本养老计划和补充养老计划的覆盖面是大多数国家设计匹配缴费DC方案的首要目标。这在中、低收入国家更为明显，多数人负担不起养老金和健康护理基本保障。

补充养老计划专门针对已经参加了基本养老计划但保障水平不足的群体。补充养老计划在发达国家较为普遍，与收入关联的保障计划覆盖了绝大多数人口，或者有全民社保方案，但相关方案的收入替代率水平不高。

衡量基本养老计划覆盖面成功与否的依据是领取的养老金高于最低贫困线标准的人数；对补充养老计划而言，衡量标准则是其养老金给付水平使个人总收入达到特定比例或特定额度的人数。但值得注意的是，在此意义上，福利水平的上升可能是由于储蓄从非补贴方式转至有补贴的方式，并非源于财富的净增长。

显然，方案成功与否根本不是只靠财务激励措施，而是受政府及其他因素的共同影响。

降低非正规就业水平

减少转至非正规就业部门（即个人逃避强制型社保方案缴费）的激励也是匹配缴费DC方案的重要目标之一，尤其对中等收入国家而言。该目标要求鼓励个人开始并持续向匹配缴费DC方案缴费或者多向匹配缴费DC方案缴费。成功与否的衡量标准是加入人数以及参加人缴费密度的变化。匹配缴费DC方案不应鼓励现有缴费人员降低养老储蓄水平。

在发展中国家，强制型养老金计划只限于员工人数达到一定规模的公司，如果公司人数较少则可能“逃逸”。有时也会因为公司没有正规注册或登记，员工也不能正常缴费。在此情况下，单独实施匹配缴费DC方案难以奏效。

提升财政支出效率

匹配缴费 DC 方案需要财政支出，既可以直接由政府匹配缴费，也可以由雇主或个人享有税优政策。主要的衡量标准是覆盖面的提高，或财政支出的每 1 美元匹配缴费对应的收入替代率的提升，和/或税收减免带来的储蓄净增长。

另一个与匹配缴费 DC 方案设计相关的财政成本不太清晰，即由此减少的为老人提供统一方案或收入补贴方案的财政成本难以界定。这类过去的转移支付包含了收入关联计划最低福利的成本。乐观者认为，引入较低水平的匹配缴费能够在很大程度上降低对类似转移支付的需求，由此节省的财政成本支出远远超过实施匹配缴费的财政支出。悲观者则认为，如果匹配缴费只是将储蓄从未获补贴的方式转至有补贴的方式下，意义就不大了，或更糟的情况是高收入阶层大量加入并以公共养老金替代个人储蓄。

其他目标

若收入所得税税率激进，养老金计划缴费的税优政策会使高收入群体受惠较多。匹配缴费 DC 方案提供一定比例或固定额度直接的匹配缴费，只要参加者不集中在高收入群体，应能避免这个问题。

匹配缴费 DC 方案还服务于从现收现付制向基金完全积累制或部分积累制转型的目标，基金积累制中引入了个人缴费建立养老金储蓄用于未来给付。

2. 界定政策干预：匹配缴费 DC 方案核心要素

匹配缴费 DC 方案核心要素如下：

• 个人账户。个人缴费及运作结果必须有效记录。

• 确定缴费。未来给付依赖于账户缴费积累额及其投资运作结果。

• 计划发起人。雇主、政府或其他机构直接提供缴费，鼓励个人加入。

• 个人缴费。希望个人持续定期地缴费。

• 基金。原则上，方案可以是基金积累制，或者非积累制（采用名义账户记账积累，NDC 模式）。

• 强制型或自愿型。强制型方案聚焦于扩大覆盖面。自愿型方案通常以雇主为基础，或者作为其他保障面广但保障水平低的方案的补充。

匹配缴费 DC 方案其他重要的设计要素是匹配的无偿性和潜在替代作用。匹配缴费的目的是鼓励个人参加养老储蓄计划，主要措施如下：

• 在综合所得税制下，缴费或领取额享受税优政策的目标是减少税收对储蓄的扭曲，朝消费型结构转移（对缴费和利息免税但对领取额征税，或对缴费征税但对利息和领取额免税）。

• 推动或结构选择（Thaler 和 Sunstein 2009）以激励个人参加储蓄计划。特定的机制包括自动加入、默认缴费水平、投资选择和各类匹配缴费收入。

• 金融教育以及相关政策干预以创造更加有利于个人了解养老规划及退休储蓄的重要性，支持和帮助他们具备必要的态度、技能和行为。

3. 机制展望：变革理论

从已解决问题的分析和政府干预的基本原理入手，可以知道达成的效果以鉴别机制的有效性。采用公共政策干预的两大关键原因是：纠正市场失灵与收入再分配。市场失灵经常与信息不对称直接相关，会弱化市场功能（或不存在市场）。政府干预是为了替代或提升市场成效。再分配是为了纠正市场可能产生的失灵和收入再分配问题。第三个原因是近年新出现的，即政策干预新增了对个人行为局限性的校正。第四个原因是纠正政府自身失灵，例如，针对之前设计与实施较弱、未能达成充足覆盖面的制度，重新设计社保方案。

个人可能会理性地逃避参加政府的社保方案，常见原因包括正规部门参保成本高昂、个人流动性偏好、方案设计与个人偏好不匹配，以及缺乏信任等。这些因素可以总结为社保计划对个人的适用率大打折扣。匹配缴费 DC 方案希望寻求提升养老金计划的潜在回报率，从而提高参与率和缴费额度。

由于多方面原因，如缺乏合适的工具、无法提前规划、存在风险管理工具无法承担的短期震荡等，使得个人难以采用按市场规则运作的社会风险管理工具来应对长期不确定的风险，如老年风险。如果缺乏额外的外部推动，这些因素自然使部分人更多地关注当前而不是未来。在此情况下，匹配缴费可能造成个人理性决策扭曲，将资源从人力资本积累转移至养老储蓄。

个人缴费是否因匹配缴费而增长。匹配缴费作为一种津贴产生了替代效应（增加当期消费成本从而提高当期储蓄）和收入效应（提高了当期和未来的消费需求，因而降低了当期储蓄）。多层次匹配缴费 DC 方案的干预对个人的影响较为复杂，取决于个人在引入匹配缴费 DC 方案或改变干预措施前后的状况。据预测，有些政策措施能明显鼓励或抑制储蓄，而其他措施的影响尚不明确。相关预测基于本章所探讨的国家经验。

4. 管理模式与方案设计

匹配缴费 DC 方案的主要设计要素如下：

• 匹配缴费比例通常为 25%～100%，最高达 300%甚至更高。雇主提供的补充养老计划匹配缴费 DC 方案设计更加复杂，可能是对高额缴费采用低匹配缴费比例，或者在第一档缴费不提供匹配缴费，第二档缴费提供比例递减的匹配缴费。政府提供的基本养老计划中，常见的方式是采用固定的水平匹配缴费比例和多层级的匹配缴费标准（此项主要针对非正规就业员工，因其收入较难界定）。

• 收入与缴费基数上限（与多层次的平均收入相关）、为低收入群体提供的直接匹配缴费津贴总额上限、财政投入上限。

• 资格要求。匹配缴费专为特定群体提供，受益人符合一系列条件才能具备获得匹配缴费的资格，如收入水平、年龄、具体状况、子女年龄和数量、就业状态、公司规模、正规就业程度。

• 匹配缴费提供的事前转移支付与事后转移支付紧密关联（最低养老金），事后转移支付要求受益人或其家庭成员此前有缴费历史且达到一定额度。

• 提取。购买第一套房产或失业或其他意外事件发生期间可以提取账户

金额。

• 除匹配缴费以外，也为储蓄提供消费类税收待遇，但仅针对在领取养老金时的个人所得税（与其他养老储蓄计划类似）。

• 支付方式包括一次性领取、逐期领取、强制型即期年金或延期年金以及默认年金化领取（如规定购买年金的账户积累额最低比例、延期年金）。

管理模式包括如下方面：

• 缴费收取，由雇主、金融机构、社保机构或本地的推动部门（非政府组织或者其他负责从缴费人处收费的单位）负责。

• 保持记录及与客户沟通，由金融机构或全国性和地区性社保基金管理人负责。

• 养老基金/医疗基金资产管理，由专业的投资管理人或全国性和地区性社保机构负责。

• 养老金发放，由金融机构或全国性和地区性社保机构负责。

三、国家案例

匹配缴费 DC 方案反映了在养老金制度发展不同阶段政策目标的多样性。为扩大覆盖面的主流方案具备如下典型特征：

• 为统一福利（基本或按收入补贴）提供补充。

• 为较低福利或按收入关联的福利下降提供补充。

• 扩大现有强制型社保方案覆盖面。

• 扩大强制型社保方案之外方案的覆盖面（以统一方案）。

• 扩大强制型社保方案之外方案的覆盖面（以部门或特定群体的方案）。

本节主要以相关国家案例为例来介绍扩大覆盖面的目标，后续章节将总结提炼教训，并提出有关政策与研究问题。

1. 为统一的福利（基本或按收入补贴）提供补充

有两个国家采用匹配缴费 DC 方案补充全民保障计划或限制强制型保障

条款，分别是新西兰（2007年引入）和英国（原计划2010年全面实施，后因当选新政府不同意而取消）。

新西兰是为数不多的实施全民养老金方案的国家之一。年满65周岁且在新西兰居住满10年的老人可按相应平均工资的一定比例领取定额的基本养老金。在基本养老金之上，是领取时需要纳税的自愿型养老储蓄，产生了退休收入充足性问题。

经过充分探讨和论证后，新西兰政府最终决定实施匹配缴费DC方案，方案设计全面而复杂。新西兰的KIWI储蓄计划采用了几个层次的匹配缴费方式，包括开户时的一次性缴费（即“快速启动”）、缴费税收优惠（实质是纯粹的补贴）、雇主强制匹配缴费（工资额的2%，2013年提高至3%）。员工选择按照个人收入的2%、4%或8%缴费。相关匹配缴费津贴与自动加入条款（新员工入职时自动加入，到规定期限后可选择退出）结合在一起。有特定需求时允许在退休前提前领取，最典型的就是购买首套住房。

自1940年开始，英国就按贝弗里奇报告实施了基本养老计划，按照平均费率缴费并领取养老金。多年来，从短期储蓄到期限相当长的养老储蓄，英国一直在尝试提升各类养老储蓄的绩效，期望能有效补充基本养老金。本书专章介绍英国Saving Gateway方案意在通过匹配缴费增进低收入群体的储蓄。该方案分别经过两期（2002—2004，2005—2007）小范围试点，采用了不同的匹配缴费比例、缴费上限、参加资格和招聘机制。

2008年，执政的劳工党政府决定进一步推广Saving Gateway方案，扩展至800万人，或者提高覆盖面至16～65周岁劳动年龄人口的20%。2010年5月，新上任的保守党政府由于财政预算吃紧而取消了推广计划。但是，英国政府计划通过全国就业储蓄信托（NEST），采取自动加入和提供匹配缴费的推动措施，自2012年起提高基金积累制私营养老金计划的覆盖面。同时逐渐引入了最低缴费额度，规定最终享有税收减免的额度（占工资比例）达到个人4%、雇主3%和政府1%。雇主和员工可以自愿多缴，有时雇主也提供更高的匹配缴费。同时由于雇主匹配缴费已存在多年但许多员工对此福利视而不见仍未加入计划，因此引入了自动加入条款。[2]

2. 为较低福利或按收入关联的福利下降提供补充

大多数匹配缴费 DC 方案与收入替代率较低或因收入关联的公共养老计划改革后福利水平下降有关，各国在方案设计和运作中的差异较大。

许多高福利国家引入了补偿性的补充型基金积累制计划，采用统一比例的财政津贴或类似津贴（除消费税以外）。本书第二章回顾了 OECD 国家鼓励发展私营养老金计划的政策经验，提供了补充养老计划的相关背景信息。第三章介绍美国 401（k）计划，它可能是世界上最重要和研究得最为透彻的方案。401（k）计划出现在 20 世纪 80 年代早期，作为强制型公共养老计划（平均收入替代率低于 40%）的补充，由雇主发起建立。该计划的发展是自愿型养老金体系从 DB 向 DC 转型过程的一部分。该制度使员工自行决定缴入 DC 计划的延税缴费额度。为税收优惠政策不会过分集中于高收入群体（该群体不仅储蓄能力强，且会因为累进的所得税体系而从税延政策中获利较多），专门设定了高薪员工缴费上限和计划无歧视检测规定。相关规定使雇主设计了各类匹配缴费方式，引导员工尽可能多缴费以最大限度享受税优福利。结合行为经济学，相关研究深入分析了各类影响 401（k）计划发展的因素。

2001 年德国引入具有重要影响的补充养老计划——Riester 养老计划，用以弥补因公共养老金改革而降低的公共养老金福利。2002—2008 间，Riester 养老计划由政府提供收入补贴匹配缴费，为每个子女提供子女津贴、在上限范围内的税收优惠，以及相关的领取计划（大部分予以年金化）。匹配缴费 DC 方案主要由财政预算提供补贴，有时代替了职业年金。该方案起步较慢并经过多次修改，包括 2005 年简化方案设计，之后迅速扩展。其储蓄激励措施对多子女家庭非常奏效，但在吸引低收入员工方面的成效不够显著。

近年来，日本像美国一样，寻求扩大职业年金覆盖面，采用了 DC 计划应对人口结构剧烈变化对公共社保体系的冲击，同时力求减轻企业传统 DB

计划的压力。最有趣的是，2011 年，日本在 DC 计划中引入了与传统设计相反的匹配缴费方式，员工可以根据雇主缴费进行个人匹配缴费。由于目前市场接受度有限，没有证据说明这种设计比其他方式更加成功，只是印证了匹配缴费设计的背景和诱因的重要性。

3. 扩大强制型社保方案覆盖面

中等收入国家面临在低收入群体中扩大养老金制度覆盖面的困难。有些群体如年轻人难以取得联系，但他们越早加入社保方案对规范后期行为帮助越大。从全球来看，社保计划中自由职业者的参与率和缴费都呈现双低局面，农村地区尤甚。

很多国家在强制型社保方案中引入匹配缴费，激励现有制度难以整合的群体加入社保。匹配缴费由财政预算支持，体现为缴费再分配方式。

韩国 1988 年建立了社保方案，1999 年实现全民普及。该方案覆盖了所有劳动年龄人口（18～60 周岁），包括已缴费人员和免予缴费人员。拖欠缴费行为问题，引发了对未来养老金充足性的关注。为推动农民和渔民参保，自 1995 年以来，强制实施了国民社保方案，覆盖了所有农村居民。政府按 50%匹配缴费比例为农民提供匹配（设置了上限），计划 2013 年不再继续提供该匹配缴费。虽然韩国养老金计划是 DB 计划，没有完全遵循匹配缴费 DC 原理，但其提供了与许多高收入国家经验类似的匹配缴费方案。由于匹配缴费不适用于农民和渔民之外的其他自由职业者，可以测试其有效性。研究发现，该方案对推动现有制度中可能逃避缴费的个人加入有一定成效。

哥伦比亚至少实施了三个匹配缴费方案，鼓励自愿缴费。其中两个方案已开始实施，个人必须在两个中选择其一，一个在个人账户制中，另一个在非积累制 DB 计划中。匹配缴费为退休者提供最低保证收入，所需资金来源于缴费收入。自从 20 世纪 90 年代后期强制型个人养老金账户制度建立以来，墨西哥至少实施了两类匹配缴费方案。第一个方案专门针对低收入员工。从 2009 年起，为所有收入低于一定标准的参加者提供固定比例的社保缴费（额度为每日最低工资标准的 5.5%）。第二个方案专门针对公务员，从 2007 年开始实施，旨在将其养老金向积累制 DC 计划转移。员工缴费 1 墨西哥元，政府匹配缴费为 3.25 墨西哥元，个人缴费上限为工资额的 2%，雇主匹配缴费上限为工资额的 6.5%，该匹配缴费应能提高整体缴费额。

2008 年秘鲁初步立法确定了匹配缴费 DC 方案，主要用于提高养老计划在小微企业的覆盖面，帮助其提升竞争力并鼓励进入正规就业市场。法律有关匹配缴费的规定，即福利养老金体系，体现在 2012 年私营养老金改革中。该方案针对 10 人以内小微企业的员工，强制要求其中年龄在 40 周岁以内且收入在法定最低工资标准 1.5 倍以下的员工加入。缴费比例和政府匹配额度每年都会确定，很可能政府会最终实施该方案。

智利引入了两个年轻人就业津贴方案。目标是通过激励劳动力供给和需求提升年轻人正规就业水平。2008 年方案开始实施之时恰逢养老金制度重大改革，尤其是通过第二支柱保证老年收入。SPTJ 方案直接对社保缴费提供津贴。2008 年 10 月开始实施的第一类津贴，按社保缴费最低工资标准的 50% 提供。该津贴支付给雇主以分担其雇用年轻员工的成本，并鼓励参加和缴纳社保。第二类津贴从 2011 年 7 月开始实施，为员工提供与社保缴费相同数额的匹配缴费津贴。

4. 扩大强制型社保方案之外方案的覆盖面（以统一的方案）

在大多数低收入国家和许多中等收入国家，多数员工在非正规部门就业。短期内，要将所有员工纳入正规部门养老金计划不太现实。少数国家如印度和泰国，在强制社保方案之外提供自愿型保障并通过相应的政府匹配缴费引导员工加入自愿型计划。

印度正规就业人数占比仅 10%，且多数集中在公共管理部门。为解决中央政府公务员现有 DB 制度中出现的问题，2004 年的改革引入了积累制 DC 制度，将新入职公务员纳入，分类记录信息并分别管理资产。这次改革建立了新的管理架构，新的养老金方案为所有非正规部门员工实施匹配缴费 DC

方案提供了潜在的制度框架。2010 年开始大力推动扩大覆盖面，政府为每个参保且个人缴费额度达 1 千印度卢比至 1.2 万印度卢比（约 20～225 美元）的员工提供年度匹配缴费 1 千印度卢比（约 20 美元），但不提供低收入补贴。为提升决策成效，该方案在村庄层面聘用了“推介人”负责收取缴费，并简化了账户结构节省费用支出。该方案实施时间不长，难以定论是否成功。前期有限的数据显示，计划参与率与收入和教育程度正相关，与退休养老储蓄的其他来源呈现负相关关系。

2012 年，泰国实施了非正规部门全民匹配缴费 DC 方案。个人可以在任何时候储蓄，最低缴费额度为 50 泰铢（约 2 美元）。政府匹配缴费比例和上限随年龄增长而提高，对 15～30 周岁人员，政府匹配缴费比例为 50%，上限为 3 000 泰铢（约 100 美元）；31～50 周岁人员，该比例和上限分别为 80%和 4 800 泰铢（约 155 美元）；51～60 周岁人员为 100%和 6 000 泰铢（约 200 美元）。

根据印度和泰国的实践，还需进一步论证和严格评估的主要问题如下：

• 适合中低收入国家非正规就业员工的匹配缴费结构是什么？尤其是缴费上限与匹配比例相比，二者重要性有何差异？

• 与其他决定加入的因素（如决策模式、潜在参与者对服务供应商的认可度等）相比，匹配缴费的作用如何？

• 推介人和服务网点的合理设置（例如在村庄银行或邮局建立缴费点）在提升农村地区参与率方面的成效如何？

• 在提高参与率之外，有什么机制能够鼓励个人持续地进行养老储蓄？

5. 扩大强制型社保方案之外方案的覆盖面（以部门或特定群体的方案）

在非正规就业规模庞大、需要提升正规就业参与率的国家，针对非正规部门员工实施全民统一的自愿保障计划并非实现养老金制度高覆盖率的最佳方案。由于自由职业者难以纳入正规的强制型方案，专注于特定群体提供专门方案会更加有效。

很多国家朝此方向努力。中国 2009 年开始在农村试点实施自愿型匹配缴费 DC 方案，2011 年该方案扩展到城镇居民，2013 年预期实现全民保障。该自愿型方案与强制型城镇职工基本养老保险（覆盖约一半城镇职工）并行。

中国最近建立的全国城乡居民养老保险制度是中低收入国家自愿型养老储蓄和最低老年救助计划的典范。制度的设计包括地方政府提供的个人缴费补贴以及与之相关的收益确定型基础养老金待遇，参保人员达到缴费年限（15 年）及待遇领取年龄（60 周岁）时，或是达到待遇领取年龄人员的子女参保缴费，即可享受待遇。个人年缴费水平为 100～500 元人民币（16～80 美元），政府匹配缴费最低额度为 30 元人民币（约 5 美元），允许地方政府根据实际情况提高匹配缴费水平。由于满足条件即可获得最低养老金给付，全国城乡居民养老保险制度覆盖面快速扩大（超过 3.5 亿人），这体现出政府推动参与和强力宣传在社保养老保险制度中具有决定性作用。

发展中国家面临的另一重大挑战是覆盖自由职业者，其就业不稳定（如渔民为船主打工），这种就业模式难以形成长期较稳定的合作关系，自由职业者无法稳定地缴纳社保费用，因此需要创新缴费与融资方式以适应其工作特性。

各国匹配缴费 DC 方案创新的经验表明，通过优化匹配缴费方式设计，改进个人决策模式可以扩大覆盖面。中国将事前和事后转移支付方式有机结合，佛得角和突尼西亚创新筹资和支付模式，都属于创新的典型案例。

四、匹配缴费经验的初步教训

现有对匹配缴费方案经验的研究总结虽不全面，但也提供了丰富的素材。大多数关于匹配缴费激励机制与结果较为严密的研究集中于美国 401（k）计划。这些研究的对象主要是高收入国家的高收入群体（有机会参加雇主补充养老计划），对其他国家的借鉴意义有限。由于 401（k）计划的匹配缴费由雇主承担，与财政成本无直接关联，现有研究没有考察其他重要的设计要素如对非正规就业的影响，或者财政支出整体有效性。此外，对多数国家的经验缺乏精确的评估，因此，以下部分的分析更多地依赖于假设条件而不是具体国家的实践经验。

1. 扩大覆盖面

参与率

匹配缴费是否有助于提高计划参与率？对各国不同收入水平的群体目前还缺乏结论一致的实证数据。高收入国家（主要是美国）的实践表明，匹配缴费在一定程度上有助于提高计划参与率，总体上目标群体参与率提升5%～10%。美国经验表明，雇主匹配缴费比例为25%时，目标群体参与率提升约5%。许多研究的结论与韩国经验一致，匹配缴费比例为50%时，农民和渔民的参与率提升约7.4%。新西兰Kiwi Saver方案也表明，较高的初期匹配缴费可以大大地提高低收入群体和有子女人员的参与率。

提高养老储蓄

匹配缴费对储蓄率的影响较小，不总是正相关或统计上不显著。这源于理论上的不确定性及替代效应与收入效应存在矛盾。而公认的结论是匹配缴费方式（匹配缴费比例、额度和上限）对结果具有重大影响。在持续假定情形下（主要是美国经验，小部分是英国经验），匹配缴费额度比匹配缴费比例的影响更大。

提升储蓄总量/养老金财富总量

美国经验表明，养老储蓄计划对其他形式储蓄具有综合性的影响，它能使储蓄总量提高20%～30%。英国经验表明，储蓄比例因此有所上升但个人净财富总量并未变化。德国经验表明，匹配缴费方案的储蓄并未将其他形式的储蓄挤出。

决定个人加入和缴费的其他因素

发达国家和发展中国家的经验皆表明，储蓄计划的其他特性和政府干预具有关键甚至是决定性的作用。现有研究未对相关特性做出严格检测，难以区分究竟是其自然而然的影响，还是与特定环境、文化和人口群体相关的影响。

• 自动加入条款与默认设置。美国、英国和新西兰的经验皆表明，将自动加入设置为默认选择（仅限于正规就业群体），其成效相当于匹配缴费的2～4倍。其他推动缴费的默认选择方案较为复杂，有时无效，可能是因为个人惰性或默认缴费比例较低。

• 简化方案设计与提高参保便利性。美国、英国和德国的经验说明，这会影响参与率和缴费结果。

• 全社会营销与宣传。养老储蓄是公认的理想但难以实施的目标。美国的雇主发现，有关信息讲座和宣传活动是推广匹配缴费计划最有效的辅助措施。在德国，信息宣传活动增进了公众对计划的理解，增加了对匹配缴费的运用。新西兰大力推进与方案有关的信息宣传普及活动，取得积极成效。印度也积累了通过推介人提升方案参与率的经验。当然，营销与宣传活动对短期参与率提升与长期缴费增加的成效有待进一步深入论证。

2. 降低非正规就业水平

匹配缴费 DC 方案对降低非正规就业水平的作用十分有限且复杂。目前没有明确的证据表明哥伦比亚或墨西哥的匹配缴费 DC 方案降低了非正规就业水平或提高了覆盖面。秘鲁即将实施的计划能否达成上述效果也无明确预期，原因在于方案规模很小且劳动力市场严重扭曲。南美国家国民家庭收入调查结果表明，非正规部门储蓄潜力巨大。韩国经验表明，全面社保方案中为农民和渔民提供匹配缴费有助于提高参与率。智利匹配缴费方案力求推动年轻人正规就业，从而提升养老金计划参与率，但尚未进行严格评估论证。中国 2009 年开始实施新农保制度，2011 年参加人数达到 3.58 亿，预计 2013 年会实现全覆盖（针对 5 亿人），该试点方案扩大了覆盖面，但严格意义上来说，由于目标群体本身就难以进入正规就业部门，该方案对提升正规就业水平没有作用。

许多国家（中国、印度、泰国）已经或正打算在正规的匹配缴费计划或非匹配缴费计划中同步提供自愿型匹配缴费方案。这类自愿型计划的参加人没有法定义务加入强制型计划（美国和德国做法）。目前没有证据说明这类方案不利于提高正规就业水平。

3. 提升财政支出成效

匹配缴费方案对扩大覆盖面和提升正规就业水平的成效相对直接，可以对比分析不同方案的成效。为衡量财政支出成效，需测算政策干预的成本，并与其他措施的成本对比。很多方案没有经过成本对比分析但却已经实施。关于财政支出影响的思考更多的是一种艺术而不仅仅是科学。

为衡量匹配缴费方案的财政支出效率，需开展两类比较分析：（1）比较财政支出与匹配缴费创造的储蓄增量；（2）比较匹配缴费所需的财政支出成本与其他政策措施（如事后津贴）的成本。比较还取决于政策调节的目标，若目标是扩大补充养老计划覆盖面，储蓄边际量的提升评估更有效；若目标是提升基本计划覆盖面，则需分析比较其他措施。

比较所创造的储蓄增量

可按照流动和固定基础两种方法，比较财政成本投入与匹配缴费创造的储蓄增量，需要采取一些大胆的假设。

• 比较个人缴费额与年度财政支出。假设所有缴费都是储蓄增量，评价财政支出有效性的指标是年度储蓄增量与匹配缴费财政支出之比，若指标值大于1，说明相关财政支出和潜在的公共储蓄下降可能被新增储蓄弥补。考虑扭曲（如税收规则变化）可能增加机会成本因而提高所需的财政有效性比率。采用储蓄增量的实证分析表明，财政支出有效比率需达到3。以德国Riester养老计划为例，年度缴费额与直接财政支出成本之比略高于2，之后有所下降。

• 比较全国资本储备净增量与累计财政支出。这种比较是采用净增长概念（累计新增储蓄与累计财政补贴之差），匹配缴费应使老人的养老金福利与用于未来给付的基金储备增长高于财政补贴的总成本。这种计算方法会考虑补偿和强化效应。使用迭代模型事前预测可以提供影响的指标，而事后评估需要更多的数据支持和工作。

与事前津贴比较

为自愿型或强制型计划提供匹配缴费的成本比非缴费计划或补贴福利（事后津贴）的成本更低吗？衡量财政支出效率需综合考虑成本并与其他政策的成本做比较。主要考虑因素包括：

• 不论个人情况如何，demogrant 方案为所有人提供最低养老收入。从分配角度看这种方法有效，但由于许多人并不完全依靠最低收入来保持老年生活水平，导致政策成本漏出（浪费）较高，其财政支出效率较低。而为有需要的老人提供同等金额的最低收入支持（以社会救助或特地给社保养老金方式）所需成本低得多（Grosh 和 Leite 2009）。当然，无论多完美的定位都可能出现包容或排斥的错误。

• 与 demogrant 方案和针对目标群体的后期补贴方案比较，只要个人有储蓄增量且目标人群定位有效，匹配缴费方案的财政支出效率可以更高。不管是什么原因，若个人没有因为获得匹配缴费而增加个人储蓄，则匹配缴费的分配效应较弱。养老储蓄能力十分有限的低收入群体就是这样。若个人确定了储蓄但前期的目标群体定位不起作用，可能会使财政支出效率没有后期津贴的效率高，或者分配效果不佳，或二者兼而有之。这取决于包含或排斥错误的规模，以及个人对所获津贴的反应。遗憾的是，缺乏开展比较分析所需要的相关经验和数据。

所分析的国家中，没有任何国家已建立衡量结果的综合方案，也没有开展与其他政策措施财政成本效率的对比分析。哪怕在概念层面，也没有针对关键参数成本有效性的衡量与比较。微观个体层面的分析相对简单，但开展宏观方面分析则需要大胆的假设。

五、政策初步总结与未来展望

由于很少有匹配缴费方案经过了严格的论证评估，因此相关经验教训只是初步的总结。

1. 发达国家的经验表明，匹配缴费方案有效提升了养老金计划参与率，也有助于提升个人缴费额（部分案例中影响不明确），这符合理论预测。上述影响的持续性即匹配缴费对生命周期内财富积累与退休收入水平的最终影响，还有待更长期的评判。由于各方观点存在冲突，匹配缴费对个人财富和宏观储蓄的影响难以定论。发达国家和中等收入国家现有经验表明，面对提高养老金覆盖面，保持老年收入水平及提升就业非正规性的挑战，匹配缴费能发挥一定作用，但不能完全应对。只是，匹配缴费对其他政策措施难以促及的群体有效。

2. 目前对中等收入国家如何借鉴发达国家的经验还没有明确的答案。发达国家的经验主要集中于高收入群体而不是全民，该群体与日常生活面临许多限制且容易受社会风险影响的中低收入群体在特征和行为模式上差异较大。因此，相关经验的可借鉴意义受限。

3. 在发达国家，匹配缴费额度和其他主要的设计参数对参与行为和储蓄结果具有较大影响。而在中等收入国家则缺少相应的经验数据。结合发展中国家的许多约束限制条件，要达到预期成效，需要复杂的匹配缴费比例和相关参数设计。方案设计最大的挑战是寻求目标与简单透明之间的最佳平衡。同时，从参与决定和储蓄额度来看，针对行为弱点和其他局限性的干预措施，尤其是政府通过金融教育和信息宣传、社会营销等推广理念影响人们的行为也至关重要。方案设计时考虑的主要因素如下：

• 普及补贴性方案及其运作信息是创造并提升公众认知的关键，也是改变行为的重要因素（原则上对养老储蓄尤为适用）。

• 许多（不是全部）专家认为理解储蓄产品及运营相关知识的能力是参

加社会风险管理方案的关键因素（无论强制或自愿，有无补贴或匹配缴费）。

• 默认选择和其他形式的选择模式设置会对结果产生决定性影响。决策时需借鉴行为经济学关于“利用惰性理论”的理论，特别是通过自动加入基础上限制性的退出选择的设置，有效设计制度参数并简化管理流程。

• 宣传和教育培训活动，如讲座、公益广告、社会营销、政府部门发起的养老储蓄信息网站等，以及采用寓教于乐的教育方式，都有助于提升匹配缴费方案成效。

4. 不同收入阶层群体可能因各种原因逃避加入强制型计划，如选择设计无效、欠缺合适的激励措施，对公共部门和金融机构缺乏信任。这些问题的解决可以提高参与率，在匹配缴费方案引入前，需着力解决上述问题。

5. 对发展中国家和转型经济体而言，尚不清楚养老计划相关的匹配缴费激励措施对改变就业模式或降低非正规就业水平的作用。也缺乏充分证据表明匹配缴费方案能改变个人决定。

6. 目前还缺乏匹配缴费设计的案例和框架与其他政策措施成本效益的综合对比分析，微观层面的严格评估对指导方案设计是必要的。相关分析评估应考虑如下方面：

• 匹配缴费方案设计中，需明确这是纯粹的储蓄工具（整合个人不同时期的风险），还是纯粹的风险管理工具（在参与者之间分摊风险）。

• 不同收入群体间匹配缴费计划成效的差异较大。理论分析与实证研究表明，匹配缴费方案对提升最低收入群体养老储蓄的成效不太明显；部分证据则表明，高收入群体中存在较大的替代效应。

• 不同性别的分析表明，男性与女性在劳动力市场参与度、长寿和其他因素方面存在的差异会导致不同的结果。

• 从长期来看，当经济发展能够提供扩大覆盖面所需的支出时，将匹配缴费用于推动个人加入养老计划这种传统方式可能会消失。

7. 最后，不同的社会环境中，未来关于匹配缴费作用与方案设计时需考虑的主要问题如下：

• 在非正规就业水平高的国家，以收入为基础的现收现付制公共养老金逐渐边缘化并让位于 DC 计划。

• 在非正规就业水平较低，但由于人口结构变化导致基本公共养老金计划和收入关联养老金计划福利水平削减的国家，强制型 DC 计划进一步下降。

• 对社保福利可携带性和匹配缴费方案福利可携带性的需求提升。

【注　释】

1. 所有当代管控和评估的书籍都采用类似的逻辑，尽管方法有所不同。近期的畅销书包括：Gertler and others (2010)；Khandker, Koolwal, and Samad (2009)；and Leeuw and Vaessen (2009). Also see the websites of the Massachusetts Institute of Technology's Poverty Action Lab (http://www.povertyactionlab.org/), the World Bank (http://www.worldbank.org/oed/ecd), and the World Bank's Strategic Impact Evaluation Fund (http://go.worldbank.org/X81HJAZSG0).

2. 参见：http://www.direct.gov.uk/en/Pensionsandretirementplanning/Companyandpersonalpensions/WorkplacePensions/DG_200722 for on overview of the government's plans and timeschedule.

【参考文献】

1. Aterido, Reyes, Mary Hallward - Driemeier, and Carmen Pages. 2011. "Does Expanding Health Insurance beyond Formal - Sector Workers Encourage Informality? Measuring the Impact of Mexico's Seguro Popular." IZA Discussion Paper 5996, Institute for the Study of Labor, Bonn.

2. Gertler, Paul J., Sebastian Martinez, Patrick Premand, Laura B. Rawlings, and Christel M. J. Vermeersch. 2010. *Impact Evaluation in Practice.*

Washington, DC: World Bank.

3. Grosh, Margaret, and Phillippe Leite. 2009. "Defining Eligibility for Social Pensions: A View from a Social Assistance Perspective." In *Closing the Coverage Gap: The Role of Social Pensions and Other Retirement Income Transfers*, ed. R. Holzmann, D. A. Robalino, and N. Takayama, 161—86. Washington, DC: World Bank.

4. Holzmann, R., D. A. Robalino, and N. Takayama. 2009. *Closing the Coverage Gap: The Role of Social Pensions and Other Retirement Income Transfers*. Washington, DC: World Bank.

5. Khandker, S. R., G. B. Koolwal, and H. Samad. 2009. *Handbook on Quantitative Methods of Program Evaluation*. Washington, DC: World Bank.

6. Leeuw, F., and J. Vaessen, 2009. *Impact Evaluations and Development: NONIE Guidance on Impact Evaluation*. Washington, DC: World Bank.

7. Levy, Santiago. 2008. *Good Intentions, Bad Outcomes*. Washington, DC: Brookings Institution.

8. Ribe, Helena, David Robalino, and Ian Walker. 2012. *From Right to Reality: Incentives, Labor Markets, and the Challenge of Achieving Universal Social Protection in Latin America and the Caribbean*. Latin American Development Forum Series. Washington, DC: World Bank.

9. Rofman, Rafel, and Maria Laura Oliveri. 2012. "La cobertura de los sistemas previsionales en América Latina: conceptos e indicadores." (English version in preparation.) Series de Documentos de Trabajo sobre Políticas Sociales No. 7, World Bank, Buenos Aires.

10. Thaler, Richard H., and Cass R. Sunstein. 2009. *Nudge: Improving Decisions about Health, Wealth, and Happiness*. New York: Penguin Books.

第二章 鼓励私营养老金储蓄：OECD 国家经验

Edward Whitehouse

【内容提要】

在 OECD 国家中，私营养老金的平均收入替代率约为 20%。在 34 个 OECD 国家中，有 14 个实行强制或半强制政策，其他的 20 个国家平均约有 30%的劳动年龄人口参加了个人养老金计划或雇主的补充养老金计划。近 20 年来，大多数国家私营养老金计划提供的养老金在收入中的占比日益提升。由于强制型私营养老计划的引入是出于弥补未来公共养老金计划缺口的需要，这种趋势可能还会持续。税优政策和匹配缴费皆用于激励个人开展养老储蓄。其他政策选择如自动加入设计也可考虑，尽管还需要更多国家的经验来证明自动加入条款对扩大养老金覆盖面的有效性。

对现在开始工作的员工而言，强制型养老计划尤其是公共养老金收入远低于其父母和祖父母一代。因此，自愿型个人养老储蓄计划对于保证退休后的生活水平至关重要。事实上，许多关于公共养老金改革均假设自愿型个人养老储蓄会增长。

在部分国家如加拿大、日本、英国和美国，长期以来自愿储蓄都是必要的。而在一些国家如法国和德国则是新现象。此外，养老储蓄的需求影响到更多国民，尤其是传统上不需要主动决定养老储蓄的低收入群体。

第二章　鼓励私营养老金储蓄：OECD 国家经验

部分 OECD 国家的数据表明，其养老储蓄的缴费和覆盖面是充足的，而另外的数据则表明其存在缺口。OECD 各国和地区政府都在设计和实施鼓励个人养老储蓄的政策。

本章结构如下：首先展示 OECD 个人养老储蓄的作用日益上升的趋势；其次，分析自愿型和强制型个人养老储蓄计划的覆盖范围；再次，分析自愿型个人养老储蓄计划的财务激励因素（税优政策和匹配缴费）；又次，分析个人养老储蓄计划的强制性缴费和软性强制措施；最后是本章内容总结。

一、个人养老储蓄作用上升

个人养老储蓄在提供养老收入方面的作用日益上升。在 1990—2007 年，个人养老计划累计给付总额增速比国民收入增速高 23%，其占 GDP 比重从 1.3%提高至 1.6%。同一时期，公共养老金增长快于 GDP 增速，在 2007 年占 GDP 比重为 7%。

1990—2007 年，23 个 OECD 国家（地区）中，个人养老储蓄计划的收入替代率从 17.5%增加至 21.5%，仅 4 个国家有所降低（见图 2—1）。2007 年个人养老储蓄计划的收入替代率为 50%，瑞士通过强制职业年金计划，荷兰通过半强制计划，加拿大和英国通过广泛的自愿型个人养老计划。爱尔兰强制型个人养老储蓄计划的收入替代率为 60%。个人储蓄计划支出占 GDP 比重较高的国家是瑞士（6%）、荷兰（5.2%），随后是英国和美国（约 4.5%）。

除对总体水平进行分析之外（见图 2—1），也需要研究微观数据。图 2—2是家庭收入调查展示的收入来源模式。65 周岁以上人群的主要收入来源有三个：公共转移支付（主要是公共养老金）、工资收入（受雇和自由职业）和投资收入（主要是个人养老金）。

27 个 OECD 国家（地区）的统计数据显示，公共转移支付占老年收入的 60%。在法国和匈牙利，65 岁以上老人主要依靠州政府提供收入，公共养老金收入替代率达 85%；在奥地利、比利时、捷克、卢森堡、波兰和斯洛伐克，公共养老金收入替代率至少达 75%。与此同时，公共养老金收入替代率平均只有 15%（因为此处将强制型职业年金计划给付归为投资收入，而国民账户和 OECD 的 *Pension at a Glance* 将这些视为公共转移支付）。韩国公共养老金计划建于 1998 年，2008 年才开始支付公共养老金，其收入替代率较低。澳大利亚、加拿大、日本、荷兰、瑞士[1]、英国和美国的公共养老金收入替代率低于 50%。

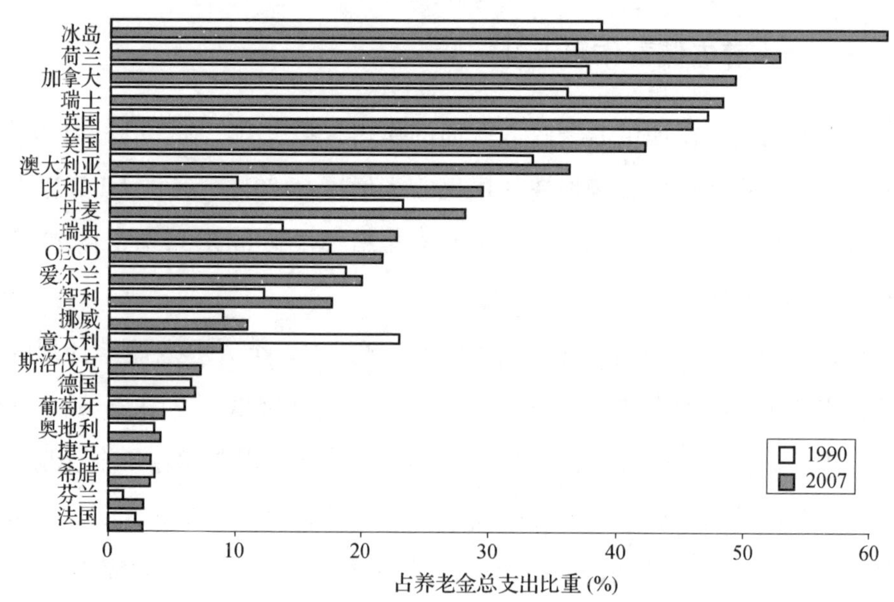

图 2—1　部分 OECD 国家私营养老金支出占养老金总支出比重（1990 年和 2007 年）

资料来源：OECD 2011。

东亚的 OECD 国家工薪收入是老年人的首要收入来源，其在收入中占比在日本为 44%，韩国为 59%。工薪收入占比至少达 1/4 的国家还包括捷克、希腊、爱尔兰、葡萄牙、西班牙和美国。部分国家的经验表明，工薪收入占比高，说明如果个人缺乏完整的公共养老金计划缴费历史，可以通过到达退

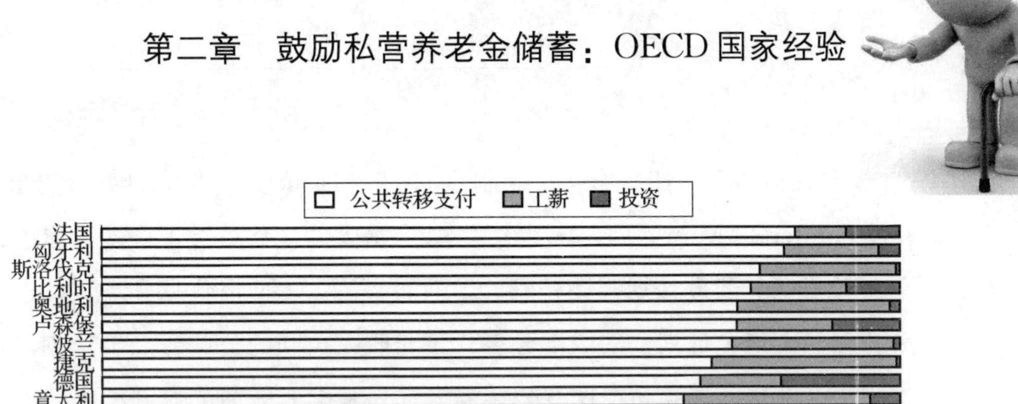

图 2—2　部分 OECD 国家 65 岁以上老人收入来源（20 世纪中期）

资料来源：OECD 2008，2009。

休年龄后继续工作来弥补养老金缺口。例如，在爱尔兰和美国，通常退休年龄是 65 周岁，但很多人继续工作，也有部分人员选择延迟领取退休金让其尽量增值。相比而言，在法国、荷兰和瑞典，工薪收入占老年收入的比重低于 10%。

投资性收入，通常体现为私营养老计划，是澳大利亚、加拿大、丹麦、荷兰、英国和美国（芬兰除外，原因同上）老年人最重要的收入来源，收入占比约 30%。

图 2—2 列出了平均值。不同收入水平下，收入组成差异较大。较穷的老人其收入几乎都来自公共养老金，较富有的老年人其私营养老计划和投资收入的占比较高。私营养老计划和投资收入也加剧了老年人的收入不平等状态。

本研究汇总了来自公共养老计划和私营养老计划的数据，收入分布是过去的情况，体现了当时的养老金制度设计（Disney 和 Whitehouse 2001，2003；Förster 和 Mira d'Ercole 2005）。如今最大的变化莫过于许多国家引入了强制型私营养老金计划，在智利、墨西哥、波兰、斯洛伐克和瑞典，这些强制型私营养老金计划全部或部分替代了与收入关联的公共养老金计划。在澳大利亚、挪威和瑞士，在现有公共养老计划基础上增加了强制型私营养老金计划。

图 2—3 展示了从 2008 年开始工作的新员工的退休收入构成情况预测。数据来自 21 个国家（地区），既有强制型又有自愿型私营养老金计划，覆盖

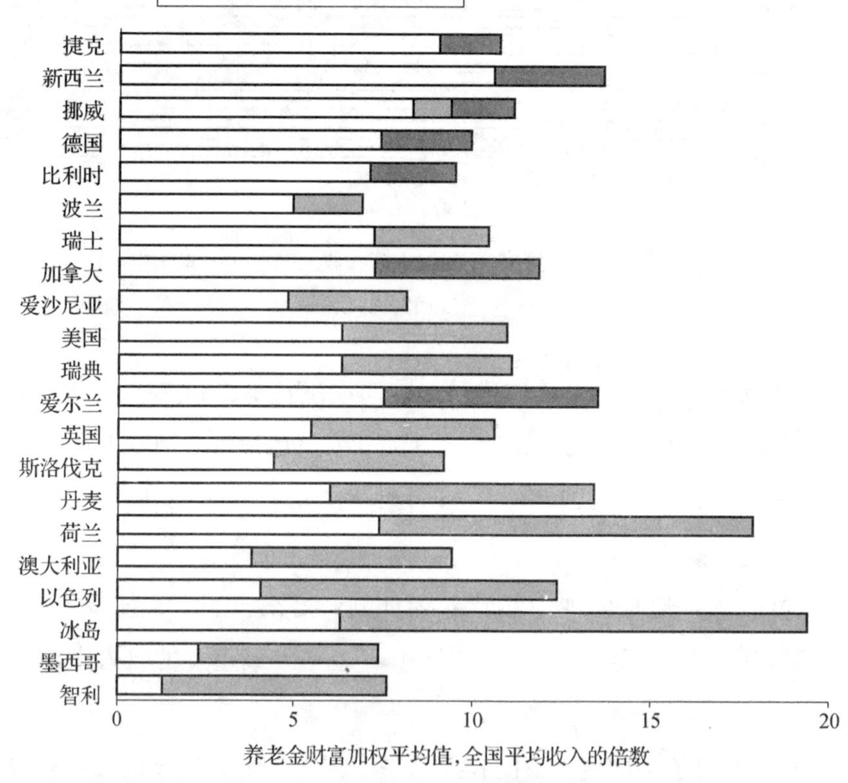

图 2—3　21 个 OECD 国家公共和私营养老金计划缴费形成的养老金财富模拟测算（2008 年）

资料来源：OECD 2011。

率都很高。横柱子代表加权平均的养老金财富，指生命周期内养老金收入的净现值，表示为该国平均年收入的倍数（比重反映了各国的收入分布）。该指标用于衡量养老金构成与个人收入的差别。爱尔兰位居首位，其养老金财富是年均收入的19倍。在许多国家，低收入群体比富人更多地依赖公共养老金。

图2—3显示了按公共养老金占整体收入的比重从高到低排序的结果。在捷克和新西兰，向自愿型私营养老金计划的缴费只占收入的很小部分；[2]在智利，正规养老金覆盖了约60%的劳动年龄人口，私营养老金计划收入替代率超过80%；墨西哥正规养老计划覆盖率约50%，私营养老金计划收入替代率大约为70%。

公共养老金待遇水平的下降导致了向私营养老金计划的转移，自20世纪90年代早期开始的养老体系改革使生命周期内的养老金构成发生了变化（包括公共养老金和私营养老金）（见图2—4）。本章研究比较了具有完整工作年限的员工根据改革前和改革后规则模拟测算的结果。养老金平均下降了22%，芬兰、法国和瑞典的降幅略低于平均水平，斯洛伐克和意大利的降幅

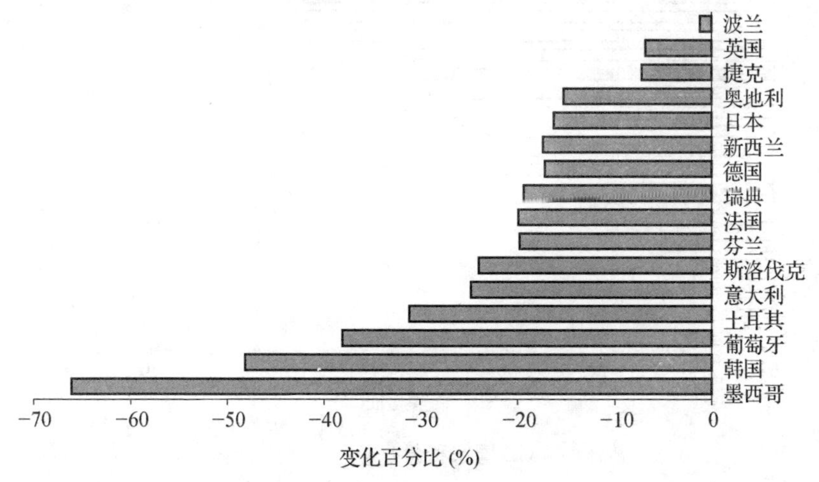

图2—4　部分OECD国家养老金制度改革对生命周期内养老金财富的影响

资料来源：OECD 2009；Whitehouse等2009。

高于平均水平。在某些国家，公共养老金水平下降的同时伴随着私营养老金覆盖面扩大和缴费的提升。但在某些国家，并没有私营养老金来弥补公共养老金下降的缺口。

二、私营养老金覆盖面

在 34 个 OECD 国家（地区）中，有 14 个实行强制或半强制私营养老金制度（见图 2—5）。在芬兰、爱尔兰、挪威和瑞士实行强制职业年金计划，覆盖了 70%～80%的劳动人口。在丹麦、荷兰和瑞士，由于有行业或国家层面的集体团购协议，半强制的职业年金计划的覆盖率也很高。此外，有 8 个 OECD 国家实行强制型私营养老金计划。

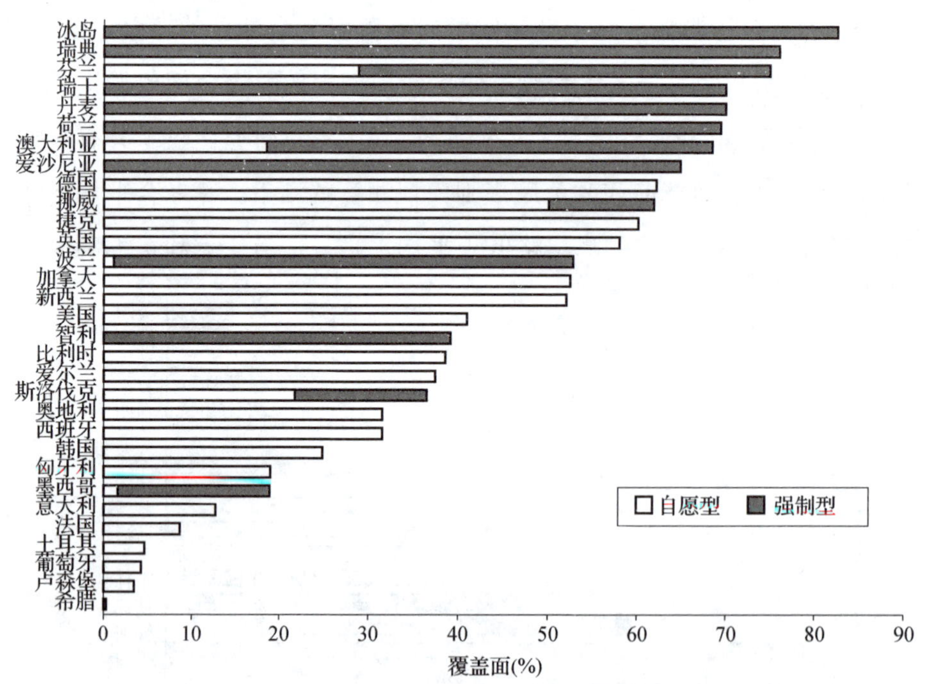

图 2—5　部分 OECD 国家私营养老金计划覆盖率（2009 年）

资料来源：OECD 2011。

注：澳大利亚、比利时、加拿大和瑞士的数据是 2008 年。匈牙利数据有所调整以反映几乎所有强制型个人账户的终结。

在两个层面上，自愿型计划是可选的。雇主可选择建立或不建立职业年金计划。一旦建立了职业年金计划，有时雇主也可将强制加入条款作为劳动合同的一部分。有些国家雇主必须让员工选择是否参加（如英国和美国）。而个人养老金计划完全由本人决定受否参加。

仅通过管理数据衡量覆盖面非常困难，有时一个人同时加入了职业年金计划和自愿型个人养老金计划，因此不能简单加总职业年金计划和自愿型个人养老金计划的覆盖率，来计算自愿型养老金计划的整体覆盖率。

自愿型养老金计划（含职业年金计划和自愿型个人养老金计划）的覆盖率超过50％的国家有捷克、德国、新西兰、挪威和英国。而覆盖率较低的国家包括希腊、卢森堡、墨西哥、葡萄牙和土耳其。[3]

图2—6展示了私营养老金计划覆盖面的几种模式。覆盖面随收入提高而增加（见图2—6a），随年龄变化呈驼峰形分布（见图2—6b）。

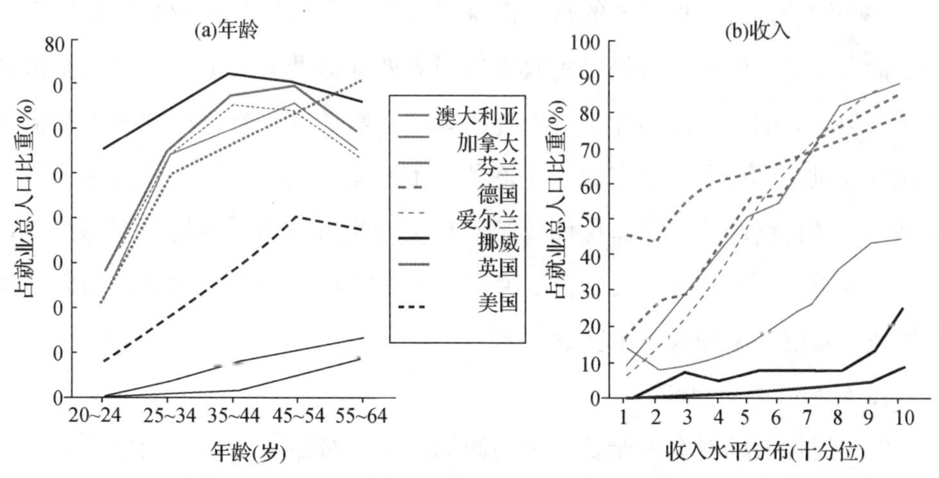

图2—6 部分国家私营养老金计划覆盖率与年龄和收入的关系

资料来源：OECD 2011。

部分国家如加拿大、爱尔兰、英国和美国，其私营养老金覆盖面与年龄和与收入的关系很相似；而在德国则明显不同，年轻人和低收入群体的覆盖率很高。研究表明，英语国家的公共养老金计划在高收入群体和低收入群体中发挥了收入再分配作用，有些通过基本养老金计划（加拿大和爱尔兰），或通过对收入关联的养老金计划采用再分配公式，或两种方式并用（英国）。除美国外，其他所有国家至少1/4～1/3的退休人员收到的低收入补贴也是退休收入的重要部分。因此，在这些国家中（德国除外，参见 Antolín 和 Whitehouse，2009），高收入群体和低收入群体的养老金差距较小，而低收入群体的养老金收入替代率高于高收入群体。

三、财务激励

常规的激励措施是为自愿型私营养老金计划提供税收优惠，主要原理是税收政策使养老储蓄回报更高从而鼓励人们更多储蓄。税优政策有一定条件限制，如领取方式、存续期限等，使其符合养老储蓄目标。

匹配缴费是另一种主要的财务激励措施。税收优惠与匹配缴费的区别主要是命名方式，政府支持是以税收方式或者匹配缴费方式呈现，与资金流动无关，但二者的主要差别在于对资金流动的影响。税收减免按照个人最低收入比例提供，就业人口中有相当比例的人不需支付个人所得税，因而难以享受到一般的税优政策，除非税优政策不与工薪收入挂钩，参加计划即可直接获得税收返还额（无论个人是否纳税均可获得）。类似地，适用较高边际税率的纳税人从财务激励政策中获益更多。

1. 财务激励的影响

关于税优激励对个人储蓄行为的影响，甚至对储蓄的唯一动机是养老这种最简单的情形，经济理论都尚无明确的结论。[4] 各种影响主要包括：

• 因养老金通常缺乏流动性，其增加了面临借贷约束的家庭储蓄总量（Hubbard 和 Skinner 1996）。

• 税收优惠使养老金缴费的回报率高于其他形式的储蓄。高收益的储蓄效应会降低储蓄额，而替代效应又会增加储蓄额。

• 养老金是年金化形式的储蓄，通过提供长寿风险保障，既能提高老年人福利，又可减少用于应对预期寿命不确定风险的储蓄。

• 养老金可能引起提前退休，这会增加养老储蓄（Feldstein 1974）。

税收政策会扩大私营养老金计划的覆盖面吗？OECD 通过比较养老金的有效税率和适用于基准储蓄（通常是银行存款）的有效税率（Yoo 和 de Serres 2004a，2004b）[5]，衡量税收政策对参加养老金计划的激励效果。税优范围按照缴费额的一定百分比计算，以给定期限的现值来衡量。该计算考虑了过去免税缴费额积累及其产生的收入，以及领取养老金时收取的费用，以净额的形式体现，并测算了 9 个年龄组不同投资组合的平均值。

图 2—7 和图 2—8 将养老金计划享受的税优政策划分为三个阶段：缴费阶段、投资阶段和领取阶段。就基准储蓄而言，不同国家对私营养老金计划缴费的税收优惠政策差异较显著，如墨西哥和新西兰为 0，捷克大约 40％的

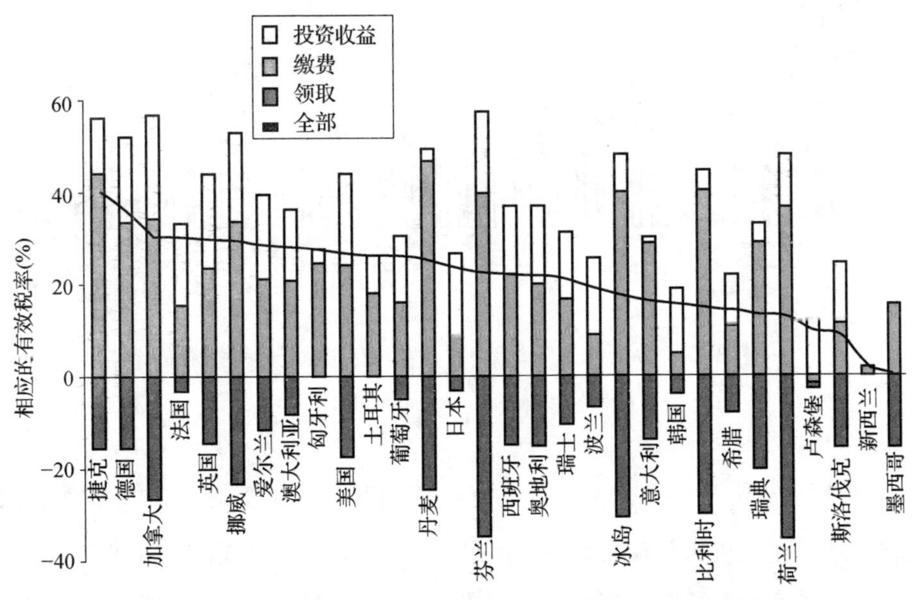

图 2—7　部分 OECD 国家私营养老金计划缴费、投资收益和领取的税收政策

资料来源：Yoo and de Serres 2004a，2004b。

缴费额度享受税优政策，绝大多数国家税优额度至少占缴费额的10%，平均为20%。

税优幅度最高的国家，养老金缴费全部免税；而部分国家养老金计划的投资收益需纳税（瑞典和意大利），税优幅度较低。但是，净税收成本反映了私营养老金计划相对于养老金计划之外的养老储蓄工具的优惠程度，仍然没有统一的模式（见图2—8）。事实上，有些国家（希腊、爱尔兰、墨西哥、波兰、韩国、荷兰、斯洛伐克）既对私营养老金计划的缴费和投资收益免税，同时也为类似的储蓄投资方式提供税优。因此，相对基础储蓄方式而言，加入养老金计划的激励效果较小。

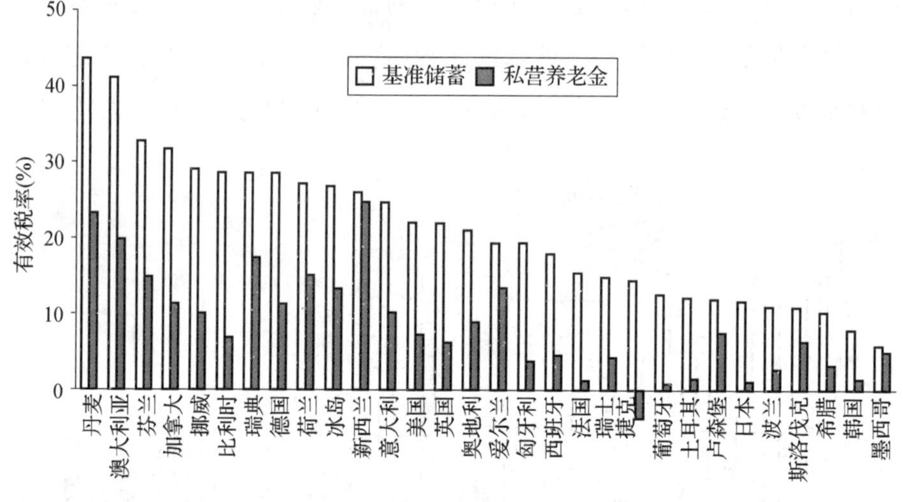

图2—8　部分OECD国家基准储蓄与私营养老金税收政策

资料来源：Yoo and de Serres 2004a，2004b。

如图2—9所示，是否税优幅度越高的国家其私营养老金的覆盖面越大？事实上，二者之间联系较弱，主要有两种方式。图2—9左边的多数国家私营养老金计划覆盖率较低，而右边的较高。但这两组国家的税优幅度差异较大，左边为24%，右边为28%。回归分析表明，覆盖面会随税优幅度提高而有所扩大，但影响并不显著。

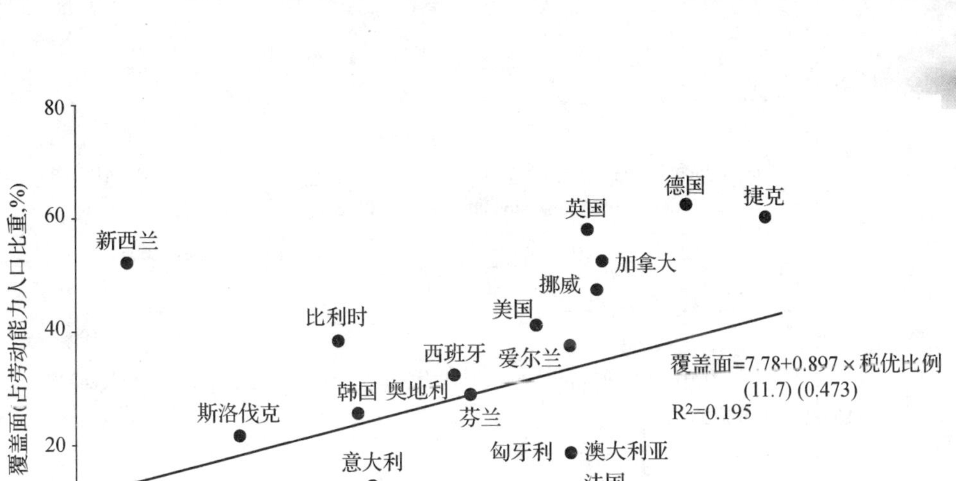

图 2—9 私营养老金计划覆盖面与私营养老金相对于基准储蓄税收政策的相关性

资料来源：税优政策数据来自 Yoo and de Serres 2004a，2004b，覆盖率数据来自 OECD 2009。

跨国家的样本分析不能了解单一国家研究可发现的两类政策问题：

• 向享受税优政策的私营养老金计划缴费时“新增储蓄”？抑或只是从其他储蓄方式中转化而来？

• 如果新增的家庭储蓄源于税优的激励成效，是否超过过去的收入？

税优政策对养老金计划的激励效果长期处于争论之中，这可追溯到 20 世纪 60 年代。大多数文献都是美国经验研究，尤其是工人退休账户（IRAs）和雇主发起的 DC 类 401（k）计划的研究。相关总结见图 2—10。

部分研究（Poterba，Venti 和 Wise 研究美国，Venti 和 Wise 1995 研究加拿大）发现，享受税优政策的养老金计划对净储蓄额的增长成效显著，而其他研究则认为成效很小或没有成效，仅仅是将储蓄从没有税优或税优幅度较低的其他方式中转移过来而已（Milligan 2002 研究加拿大；Attanasio 和 Banks 1998，Attanasio，Banks 和 Wakefield 2004 研究英国；Engen，Gale 和

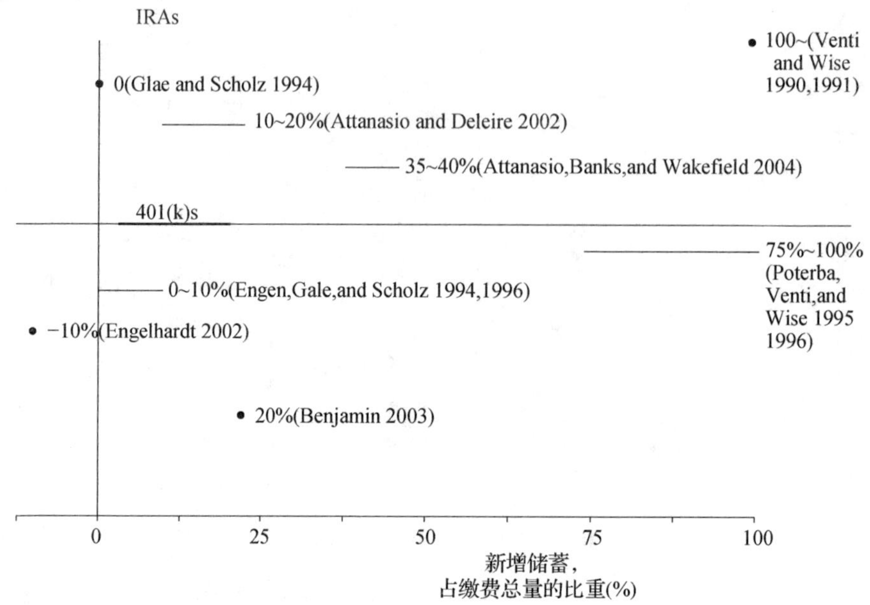

图 2—10　IRA 和 401（k）计划新增储蓄占比

Scholtz 1994，1996 研究美国）。

原则上，可以通过比较加入计划的个人总储蓄额与未进入计划的个人储蓄额，计算税优政策的影响。但是这种方法仅对参加资格是储蓄偏好的外生变量适用。实践中，加入税优型储蓄计划且储蓄额度较高的个人只是反映了他们的储蓄偏好，而不是整体储蓄自然的净增长。不同方法掌握各种储蓄偏好（包括其他无法观察的特征）是隐藏在实证研究结果背后的重要因素。

Venti 和 Wise（1990，1991）比较了 IRAs 计划参加者和未参加者的家庭资产，将其作为初始财富。研究发现，绝大多数的 IRAs 供款是新增储蓄，但是，初始财富相同的两个人，他们的储蓄偏好不尽相同。Gale 和 Scholz（1994）根据个人是否向 IRAs 账户供款来说明储蓄行为的变化。假设 IRAs 账户和其他储蓄方式的边际储蓄倾向不同，分析时主要观察 IRAs 缴费限额的变化，分为达到和未达到 IRAs 缴费上限两种情况。研究认为，代表新增储蓄的 IRAs 缴费微不足道。但是，他们的方法并未排除 IRAs 储蓄代替其他储蓄方式这种不正确推断的可能性（Bernheim 1999）。此外，结果对所选样本（按收入水平）的微小变化都高度敏感（Poterba，Venti 和 Wise 1996a，1996b）。

Attanasio 和 DeLeire（2002）研究了 IRAs 储蓄与非 IRAs 储蓄的相关性，为研究新供款人提供了信息。研究比较了新开 IRAs 账户的家庭消费增长情况和已向 IRAs 供款的家庭消费增长情况，发现向 IRAs 账户缴费并未降低当前消费而是来自现有或计划的储蓄。据估计，IRAs 账户总缴费中 9%～20% 是新增储蓄额。

Poterba，Venti 和 Wise（1995，1996a，1996b）比较了两类家庭的金融资产，即具备参加 401（k）计划资格的家庭和不具备该资格的家庭。研究发现，参加 401（k）计划对其他金融资产投资的替代效应很小；401（k）计划的参加资格与金融资产的相关性很显著。因此认为，401（k）计划的所有缴费实质上代表新增储蓄量。

Engen，Gale 和 Scholz（1994，1996）等都对相关研究将 401（k）计划参加资格视为外生变量的基础假设提出异议。他们认为，有较强储蓄偏好的员工容易被养老金计划完善的工作所吸引（Allen，Clark 和 McDermed 1993，Even 和 Macpherson 2000）。此外，雇主也会用 401（k）计划吸引具有此类偏好的人才。Engen，Gale 和 Scholz 等认为，401（k）计划的缴费中仅有一部分代表新增储蓄量。

现有研究的第二大分歧在于考虑的资产范围不同。Poterba，Venti 和 Wise 发现，具备参加 401（k）计划资格的人其相关金融资产呈上升状态，因此认为所有 401（k）计划的缴费都是储蓄增量。Engen，Gale 和 Scholz 将家庭持有的股票（财产价值扣除抵押金额）纳入资产范围，认为 401（k）计划缴费可能有一部分来自股票变现等，缴费并未改变个人财富总量。Engen，Gale 和 Scholz 允许将实物资产和金融资产相互替代，其研究发现的 401（k）计划的参加资格对财富总量的影响远远小于 Poterba 等（仅考虑金融资产）的研究结果。

特别需要说明如下几点。首先：所有研究都比较了不同就业群体的财富。但是外部因素，如20世纪90年代中期以来的股市变动轨迹，其影响如此显著，远超过税优政策对养老储蓄行为的影响。其次，多数研究采用了不同地区的时间序列数据。但是，具备参加资格的员工构成情况和计划参加者的构成情况都在随时间变化。如401（k）计划和IRAs迅猛增长，相比此前的群体而言，若新加入的个人所受激励更小，这就会有一个错误的参加者财富的下降曲线，会抵消税优养老金计划对行为的影响效果。最后，在401（k）计划发挥对其他形式的养老储蓄投资的替代作用方面，雇主发挥着重要的作用（Andrews 1992；Papke 1995，1999）。

401（k）计划的影响主要有两种极端的观点，即"没有带来储蓄增量"与"全部是储蓄增量"（Hubbard和Skinner 1996）。尽管很多预测看似有道理，Börsch-Supan（2004）却认为，在欧洲"储蓄增量"的证据比在美国弱。

近期更多研究展示了不同群体的研究结论。Engen和Gale（2000）认为，401（k）计划的税优增加了低收入和低储蓄者的缴费，但对高收入者和高储蓄者的影响微乎其微。Benjamin（2003）则认为，401（k）计划能提升租住房屋者和未参加IRAs计划的家庭的储蓄量，但对自有住房者和已有IRA计划者作用不明显。

2. 税优政策的财政成本

养老金税优政策体现为过去的财政收入，可以量化为"税收支出"。税优支出的概念最早由Surrey（1973）提出，之后在OECD的多份各类分析税收的报告中出现（1984，1995，2010）。这些报告回顾了各国税收支出的报表，计算私营养老金享受税优政策的成本。[6]

关于税收支出的研究文献提供了许多有益的借鉴。税收支出不应该直接加总（因为它们之间相互作用，但它们的价值计算是独立的），也不应在国家之间进行横向比较（因为它们计算的基数不同），也不应该与直接支出相比较。以下分析将遵循3个规则中的其中2个，并附带相关说明。

图 2—11 展示了 OECD 社会支出数据库（SOCX）中关于私营养老金计划税优支出的信息，数据主要来自各国统计局。横轴数字表示私营养老金计划税优支出占 GDP 的比重，从法国和意大利的 0 左右到 2.5%（澳大利亚），横柱右边的百分比则代表私营养老金计划税优支出占政府公共养老金给付支出的比重，OECD 税优政策的平均成本约为政府公共养老金给付支出的 14%，较高的是澳大利亚（80%）、加拿大和冰岛（约 50%），该比例在爱尔兰和英国也较高，相关税收支出超过 GDP 的 1%。

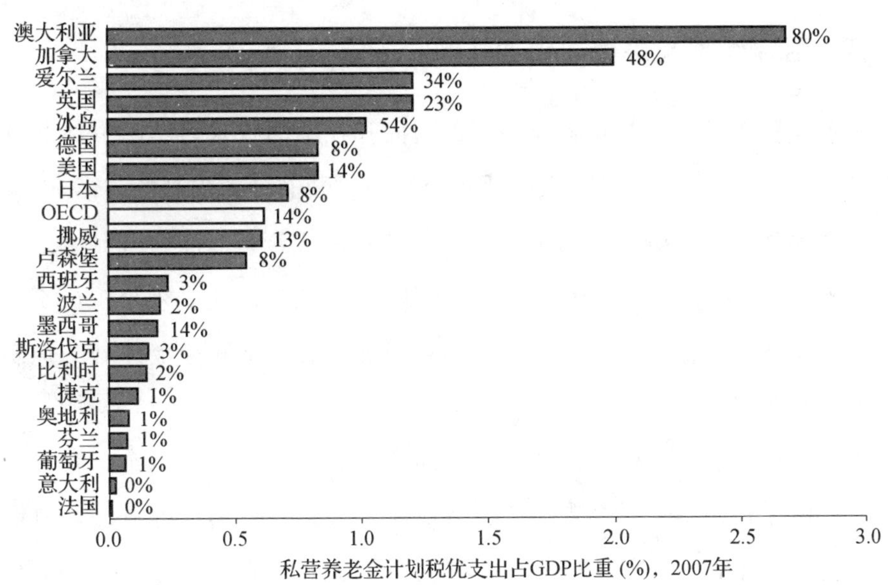

图 2—11　部分 OECD 国家私营养老金计划税优支出占 GDP 比重与占养老金公共支出比重（2007 年）

资料来源：OECD 2011。

为说明公共财政的困难，许多 OECD 国家正在进行财政整合。有些国家改变了私营养老金计划税优政策，减少税收收入损失。其他国家，则正在讨论相关改革措施，如澳大利亚、爱尔兰和英国拟降低享受税优的养老金计划缴费额度上限。此外，爱尔兰对积累了 4 年的养老金资产每年会按照 0.6% 的税率征税。自 2007 年实施以来，新西兰的 Kiwi Saver 计划中税优政策、强制型雇主匹配缴费和政府缴费的规定经常变化。根据退休委员会（2010）决议，政府提供的匹配缴费占比达41%，最近的改革是削减成本较高的财务激励措施。德国 Riester 养老金计划的税优政策原本于2008年年底到期，尽管对其成本的争议从未停止，37%的缴费来自州政府的金库，目前还是决定将税优政策予以延期。

与此相反，近年来，智利和波兰强化了税优政策，目的是提高参与率，但这两个国家的自愿型计划并未受到影响。

四、强制缴费与采用“软性强制”措施

强制缴费是扩大私营养老金计划覆盖面和在不同收入与年龄群体实现统一覆盖率的简易方法（见图2—5、图2—6）。主要有两类强制性政策。

在澳大利亚、冰岛、挪威和瑞士，自愿型私营养老金计划自诞生以来覆盖面一直较高（50%或以上劳动年龄人口）。政府要求雇主必须组织员工参加且为员工缴费。但若私营养老金计划是自愿加入的，则养老金计划的强制水平会低于常规水平。

第二类政策强制向私营养老金计划缴费部分替代公共养老金。智利、爱沙尼亚、匈牙利、墨西哥、波兰、斯洛伐克及瑞典就采用这种方法。但最近匈牙利将私营养老金基金收归国有，波兰部分地推翻了此前的改革（OECD，2012）。

支持强制实施的观点认为，强制缴费能保护个人免于后悔在年轻时未进行充足的养老储蓄，也保护社会免于向未做养老储蓄的个人承担安全性福利。这种模式也便于实施：选定目标替代率（可随收入变动也可以不变动），确保人们通过加入公共养老金计划或强制型私营养老金计划达到目标替代率。

一个重要但尚未解决的问题是：强制是否必要？个人存在短视行为吗？若让个人自行决定，他们不能存储足够的养老储蓄吗？

证明方式之一就是分析强制型养老金的程度差异。分析比较各国目前退

休人员的养老金收入，以及私营养老金以自愿参与方式为主的国家的数据，不难发现，个人存在短视行为。

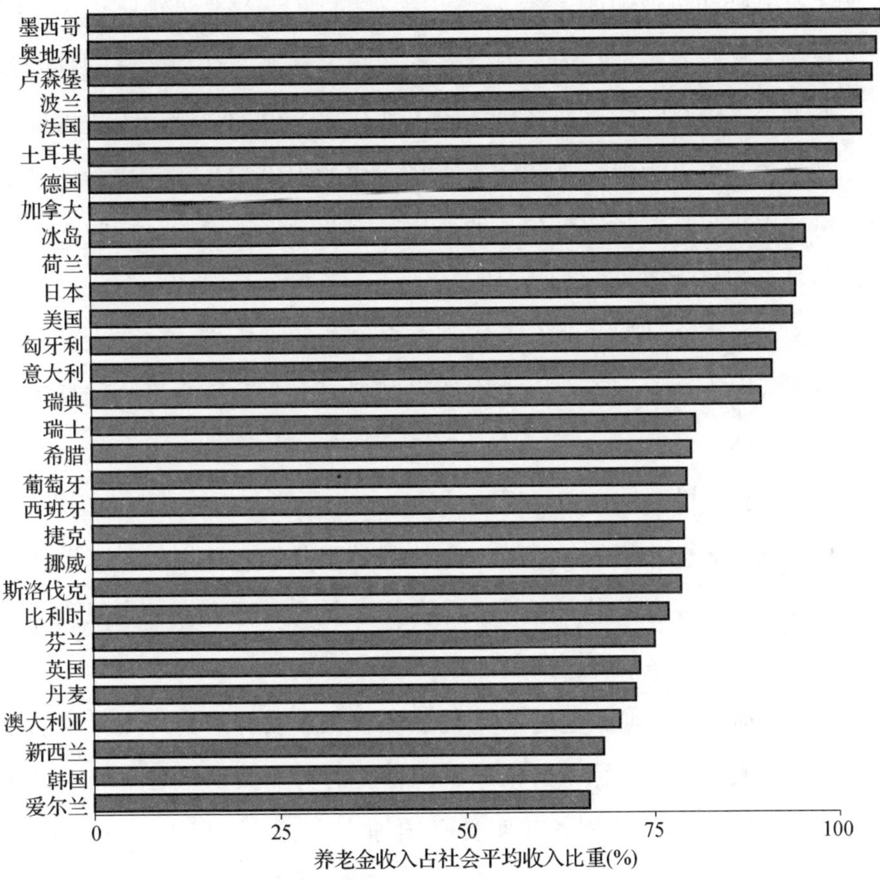

图 2—12 部分 OECD 国家养老金收入占社会平均收入比重（20 世纪中期）

资料来源：OECD，2008，2011。

图 2—12 展示了退休人员养老金收入与国民收入的对比情况，相关数据是按家庭规模调整后的净收入。12 个国家（匈牙利和芬兰等）的老年收入水平为全民平均收入水平的 75%～85%。OECD 国家平均水平为 82%。但相关收入与养老金体系之间没有关联。在美国和加拿大，自愿型私营养老金计划发挥着重要的作用，老年人收入较高。英国和爱尔兰老年人的收入水平低于

OECD平均水平。OECD将这种现象描述为“结果趋同、手段各异”。相关数据证明“个人存在短视行为”的假设不成立。

关于强制性的争议如下：

• 尽管个人存在短视行为，但这并不意味着养老金计划的强制性越高越好。强制型养老储蓄意味着选择目标收入替代率。由于强制个人过度储蓄导致的福利损失与个人短视行为和储蓄不足造成的损失相当，转化为养老储蓄的资源可能占用了抚养和教育孩子的费用，因此制订正确的目标收入替代率既非常困难又相当重要。

• 正规的养老金计划并非个人进行养老储蓄的唯一方式。个人可能希望投资于房产或个人产业，而在大力度的强制型养老金政策之下，这种理性行为必然不太可能。

• 养老金计划的强制缴费可视为一种税收，可能会不鼓励个人工作。

• 自愿型养老金计划的供应商——特别是职业年金计划——通常反对强制措施，因为会对现有方案产生“挤出效应”。同时，还存在一定风险，可能将现有方案的保障水平拉低至强制方案的水平。

在丹麦、荷兰和瑞典，超过85%的雇主提供私营养老金计划，虽然不是强制参加。达成参与率目标主要依靠不同行业的行业关系协定。加入该协定的雇主必须提供养老金计划，其雇员必须加入（这是OECD分析中描述的“半强制”）。近年来，在比利时和德国，随着行业性养老金计划的建立，自愿型养老金计划的覆盖面也迅速扩大。但这种模式很难复制到其他国家，因其劳动力市场与行业关系结构难以控制，无法达成私营养老金计划接近全覆盖的水平。

根据对具有完整工作年限员工的养老金领取权益的模拟方案，图2—13比较了自愿型私营养老金计划的覆盖面，表示为相关国家养老金权益占该国平均工资的比重。采用不同收入分配下加权平均值能够刻画养老金制度的再分配特征（其降低了低收入者的储蓄要求），以及缴费上限的影响（其增加了高收入者的储蓄要求）。这个模型包含了养老收入制度中所有强制的内容，含强制型私营养老金计划。

自愿型私营养老金计划的覆盖面与强制型退休收入条款的负相关关系显著。在加拿大、德国、英国和美国，由于其公共养老金待遇相对较低（或对现在新工作员工而言），自愿型私营养老金计划的覆盖面很高；相比而言，希腊和卢森堡的公共养老金待遇相对较高，很少有员工需要补充养老金，也很少有人参加私营养老金计划。对比图 2—13 和图 2—9 税收政策的分析表明，公共养老金体系留下的空间似乎比财务激励对覆盖面的影响更大。图 2—13 的结论与图 2—12 的一致。

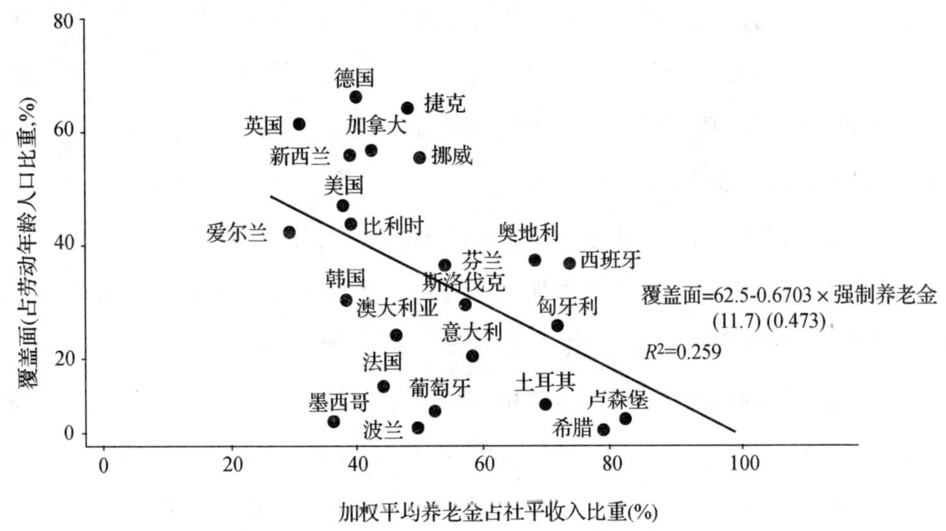

图 2—13 部分 OECD 国家自愿型私营养老金计划覆盖面与相对于基准储蓄而言享受了税优政策的私营养老金覆盖面比较

资料来源：加权平均养老金财富数据来自 OECD，覆盖率数据来源与表 2—5 相同。

注：加权平均养老金财富指职业生涯内完整缴费的员工积累的养老金预计总额达社会平均收入的倍数，以相应权重反映社会收入分布状况。

强制措施也有缺点，特别是在正规养老金方案中强制地过度储蓄。但只有纯粹的自愿型养老金计划有储蓄不足的风险。“自愿加入”提供了在强制和自愿之间的第三种方式，因此被称作“软性强制”。

研究认为，人们不得不退出养老储蓄而不是参加。金融意识调查表明（OECD 2005），人们通常认为养老储蓄很重要，且认为应该规划老年生活。但遗憾的是，这种理念并未转化为有效的行动。原因显而易见，签订养老金合同的过程复杂冗长。事实上，许多人反馈养老规划的压力超过看牙医（OECD 2005）。“自愿加入”专门针对具有这类需求的群体，使其顺利加入养老储蓄计划。

在国家层面，有两个国家在私营养老金计划中引入了自动加入条款（含退出条款），结果比较复杂。新西兰的 Kiwi Saver 计划覆盖面达 43%。当然数字低估了其作用，因为假设人们仅在首次开始工作或转换工作时才会使用自动加入（政府已探讨将自动加入在特定时间开始向所有在职职工开放）。大约有 1/3 的自动加入者会选择退出。意大利，除员工明确要求支付给个人以外，离职金将自动转入职业年金计划。虽然自 2007 年以来，该条款已对人数达到 50 人及以上企业的员工适用，但意大利自愿型养老金计划的覆盖率仅 13%。英国自 2012 年 10 月起将在 6 年内全面推广新的自动加入方案。

其他国家也探讨了实施自动加入的方法。美国的退休保障项目提交了获得两党支持的议案，即在国家方案中设“自动加入条款”（Iwry 和 John 2007）。爱尔兰现执政政府和过去的政府均支持这一方法（社会和家庭事务部 2007）。德国也已考虑在工资转换中引入自动加入条款（Leinert 2004，2005）。由于自动加入方式符合行为经济学原理，很快对决策者产生了影响力。

在英国和美国，长期以来，大量的雇主养老金计划通过自动加入条款提高员工的参与率。美国经验会在第三章详细介绍。

本章研究了英国经验。根据英国政府精算局（2006）统计，2005 年，48%的职业年金计划中，新员工是自动加入的，另有 12%的计划对部分员工适用自动加入条款。相关数据表明，自动加入条款使加入人数适度增长，1995 年时，允许所有员工自动加入的计划中有 43%的人加入，而允许部分员工自动加入的计划中有 7%的人加入。当然，需准确定义“自动加入”的具体规定。就业与劳动部将“自动加入”规定分为四类，调查显示，44%的计划采用“直接加入”，即员工仅需填写一张完整的表格（McKay 2006）；仅 19%的员工被纳入“完全自动加入”计划，即如果员工不愿意加入需主动提出来。而在美国大型企业中，这两种方式非常普遍。传统的选择性加入条款计划占比大约为 19%（按计划的成员人数测算）。

关于英国自动加入条款有效性的研究多为基于方案的案例研究。Horack 和 Wood（2005）研究了 11 个英国公司的养老金方案，其中改变了“加入方式”条款。引入了“自动加入设计”的 2 家公司提高了覆盖面（分别从 25% 增至 58%，从 45%增至 62%）。另外两个方案的覆盖率一直较高（86%和 88%），可能因为这两个方案不需要员工个人缴费，而自动加入条款设计使其覆盖率分别提升至 92%和 100%。

Hawksworth（2006）发现了引入自动加入设计后参与率迅猛提升的案例，建筑与公共工程方案中参与率从 15%提升至 100%。英国政府精算局对职业年金的调查结果显示，所有人可以自动加入的方案的覆盖率为 89%；部分人可自动加入的方案，该比例为 73%；没有自动加入条款的方案中，该比例为 59%。就业与养老金部门开展的调查结果表明，传统选择性加入方案的覆盖率为 41%，而没有自动加入条款的方案的覆盖率为 60%（McKay 2006）。上述数据来自超过 20 人的企业。对小企业而言，传统加入方式和自动加入方式的覆盖率与大企业基本相同（约 67%）。

英国和美国的经验表明，自动加入条款设计对扩大私营养老金的覆盖面具有重要作用。但是，难以区分出养老金计划其他特征造成的影响，如规定的员工缴费规模，以及雇主愿意缴费的额度。

新西兰在 Kiwi Saver 计划改革之前，私营养老金计划的覆盖率较低（约 20%），低于同类型养老金制度的国家（见图 2—13）。据国内收入局统计，大约 2/3 的 Kiwi Saver 计划选择签约，另外的 1/3 自动加入。大约一半直接找供应商签约，另有14%的员工通过雇主联系供应商签约。因此，覆盖面的扩大源于新方案的财务激励措施，包括政府缴费和税收优惠。

五、总结

在OECD国家中，私营养老金计划提供的收入约占老年收入的20%。近20年来，由于公共养老金占比越来越低，必须依靠私营养老金来弥补相应的收入缺口，大多数国家私营养老金占老年收入的比重一直处于上升状态，且这种趋势还会延续。

本书主要分析私营养老金的财务激励措施。但这些激励措施应该与其他政策选择如自动加入设计等结合起来分析。世界银行和OECD正在研究金融意识和能力的问题，以及其他有助于提升金融意识和能力的方案类型。原则上，养老储蓄的意识越强，越有助于提升覆盖面和增加私营养老金计划的缴费比例；越了解如何进行养老储蓄，加入私营养老金计划的方式越简单（尤其是在单位办理），会使个人更加容易地进行养老储蓄。实践中，相关政策措施如美国简化小型雇主设立企业年金的程序，英国要求雇主为股东提供养老金，均大幅提升养老计划的覆盖面。

传统上，OECD国家为个人的养老金缴费提供税收减免优惠，这引起了几方面的质疑。首先，在爱尔兰，估计约有80%的税收减免额流向了收入最高的1/5的富人。英国则有1/4的税收减免额流向了收入最高、人数占比仅1.5%的富人。其次，目前难以证实税优政策对扩大低收入员工和年轻人群体覆盖面的成效。德国的Riester养老金计划和新西兰的Kiwi Saver计划都包含了政府匹配缴费和统一的缴费比例。在德国，这些措施对之前难以触及的人群比较有效。新西兰的Kiwi Saver计划和英国引入的自动加入方案均将强制型雇主匹配缴费作为额外的财务激励措施。

当然，关于自动加入条款能否有效扩大私营养老金的覆盖面，还需要更多的研究和证据，需要搜集长期数据以分析覆盖面的持续情况。例如，从长期来看，员工可能反过来克服个人的惰性，意识到退出养老金计划能够快速增加当期收入。此外，有自动加入条款的计划包含了相当数量的对个人储蓄的补贴。英国和美国所有的企业年金方案都有大量的雇主匹配缴费。因此，在自动加入条款之外，还需关注其他补贴对扩大覆盖面的积极作用。

通过“自动加入条款”提高覆盖面的做法可能会继续推广。调查数据显示，在英国，自动加入条款比强制加入更加普及（Bunt等2006；Hall，Pettigrew和Harvey 2006）。并且，很多政治家分析了选民的观点，他们担心，员工会将向私营养老金计划的强制型缴费视为对个人收入征税，极其不受欢迎。如果软性强制不能持续有效地扩大私营养老金计划的覆盖面，政府在采用这种方法时必须保留强制型政策。

【注　释】

1. 未显示瑞士的数据，因资金（主要是私营养老金）和工作收入合并计算。二者合计占老年收入的平均比例为52%，而另外的48%来自公共转移支付。

2. 捷克的数据为包含新的强制型DC计划数据，该计划最早于2013年开始实施。

3. 以加拿大为例，34%的劳动年龄人口加入了职业年金计划，35%的劳动年龄人口加入个人养老金计划。整体上，由于48%的职业年金计划参加者同时参加了个人养老金计划，加拿大自愿型养老金计划的覆盖率仅53%。

4. 结论来自Antolín和Lopez Ponton（2007）。

5. OECD（1994）较早开展关于家庭储蓄的综合研究。Whitehouse（1999）提供了关于养老金的研究结果。

6. OECD的其他研究：Yoo和de Serres（2004a，2004b），Antolín，de Serres和de la Maisonneuve（2004），分别计算了私营养老金计划税优政策的收入效应。

【参考文献】

1. Allen, S. G., R. L. Clark, and A. A. McDermed. 1993. "Pensions, Bonding, and Lifetime Jobs." *Journal of Human Resources* 28: 463 - 81.

2. Andrews, Emily. 1992. "The Growth and Distribution of 401 (k) Plans." In *Trends in Pensions 1992*, ed. John Turner and Daniel Beller, 149 - 76. Washington, DC: U. S. Government Printing Office.

3. Antolín, P., A. de Serres, and C. de la Maisonneuve. 2004. "Long - Term Budgetary Implications of Tax-Favoured Retirement Saving Plans." Working Paper 393, Organisation for Economic Cooperation and Development, Economics Department, Paris.

4. Antolín, P., and E. R. Whitehouse. 2009. "Filling the Pension Gap: Coverage and Value of Voluntary Retirement Savings." Social, Employment and Migration Working Paper 9, Organisation for Economic Co-operation and Development, Paris.

5. Antolín, P., and E. Lopez Ponton. 2007. "The Impact of Tax Incentives on Retirement Savings: A Literature Review." In *OECD/IOPS, Global Private Pension Conference Proceedings*. Paris: Organisation for Economic Co-operation and Development.

6. Attanasio, O. and J. Banks. 1998. "Trends in Household Saving Don't Justify Tax Incentives to Boost Saving." *Economic Policy* 13 (27): 547 - 83.

7. Attanasio, O., J. Banks, and M. Wakefield. 2004. "Effectiveness of Tax Incentives to Boost (Retirement) Saving: Theoretical Motivation and Empirical Evidence." *OECD Economic Studies* 39: 145 - 72.

8. Attanasio, O., and T. DeLeire. 2002. "The Effect of Individual Retirement Accounts on Household Consumption and National Saving." *Economic*

Journal 112：594 - 38.

9. Benjamin，D. J. 2003. "Does 401 (k) Eligibility Increase Saving? Evidence from Propensity Score Subclassification." *Journal of Public Economics* 87 (5 - 6)：1259 - 90.

10. Bernheim，B. D. 1999. "Taxation and Saving." NBER Working Paper 7061，National Bureau of Economic Research，Cambridge，MA.

11. Börsch-Supan，A. 2004. "Mind the Gap：The Effectiveness of Incentives to Boost Retirement Saving in Europe." *OECD Economic Studies* 39：111 -44.

12. Bunt，K.，L. Adams，Z. Koroglu，and E. O'Donnell. 2006. "Pensions and Pension Reform." Research Report 357，Department for Work and Pensions，London.

13. Department of Social and Family Affairs. 2007. "Green Paper on Pensions." Stationery Office，Dublin.

14. Disney，R. F.，and E. R. Whitehouse. 2001. "Cross-Country Comparisons of Pensioners' Incomes." Research Report 142，Department of Work and Pensions，London.

15. ——. 2003. "The Economic Well-Being of Older People in International Perspective：A Critical Review." In *Economic Outcomes in Later Life*，ed. S. Crystal and D. Shea. *Annual Review of Gerontology and Geriatrics* 22. New York：Springer Publishing.

16. Engelhardt，G. V. 2002. "Have 401(k)s Raised Household Saving? Evidence from the Health and Retirement Study." Working Paper 2002—023，Department of Economics，Syracuse University，Syracuse，NY.

17. Engen，E. M.，and W. G. Gale. 2000. "The Effects of 401(k) Plans on Household Wealth：Differences Across Earnings Groups." NBER Working

Paper 8032, National Bureau of Economic Research, Cambridge, MA.

18. Engen, E. M., W. G. Gale, and J. K. Scholz. 1994. "Do Saving Incentives Work?" *Brookings Paperson Economic Activity* 1: 85 - 151.

19. ——. 1996. "The Illusory Effect of Saving Incentives on Saving." *Journal of Economic Perspectives* 10 (4): 113 - 38.

20. Even, W. E., and D. A. Macpherson. 2000. "The Changing Distribution of Pension Coverage." *Industrial Relations* 39 (2): 199 - 227.

21. Feldstein, M. S. 1974. "Social Security, Induced Retirement and Aggregate Capital Accumulation." *Journal of Political Economy* 82 (5): 905 - 26.

22. Förster, M., and M. Mira d'Ercole. 2005. "Income Distribution and Poverty in OECD Countries in the Second Half of the 1990s." Social, Employment and Migration Working Paper 22, Organisation for Economic Co-operation and Development, Paris.

23. Gale, W. G., and J. K. Scholz. 1994. "IRAs and Household Saving." *American Economic Review* 84 (December): 1233 - 60.

24. Government Actuary's Department. 2006. *Occupational Pension Schemes 2005: The Thirteenth Survey by the Government Actuary*. London: Government Actuary's Department.

25. Hall, S., N. Pettigrew, and P. Harvey. 2006. "Public Attitudes to Personal Accounts: Report of a Qualitative Study." Research Report 370, Department for Work and Pensions, London.

26. Hawksworth, J. 2006. "Review of Research Relevant to Assessing the Impact of the Proposed National Pension Savings Scheme on Household Savings." Research Report 373, Department for Work and Pensions, London.

27. Horack, S., and A. Wood. 2005. "An Evaluation of Scheme Joining

Techniques in Workplace Pension Schemes with an Employer Contribution." Research Report 292, Department for Work and Pensions, London.

28. Hubbard, R. G., and K. L. Judd. 1987. "Social Security and Individual Welfare: Precautionary Saving, Borrowing Constraints and the Payroll Tax." *American Economic Review* 77 (4): 630 - 46.

29. Hubbard, R. G., and J. S. Skinner. 1996. "Assessing the Effectiveness of Saving Incentives." *Journal of Economic Perspectives* 10 (4): 73 - 90.

30. Iwry, J. M., and D. C. John. 2007. "Pursuing Universal Retirement Security through Automatic IRAs." Policy Brief 2007 - 02, Retirement Security Project, Washington, DC.

31. Leinert, J. 2004. "Automatische Entgeltumwandlung: Hohe Teilnahmequoten ohne Zwang." *Wirtschaftsdienst* 2004 - 2.

32. ——. 2005. *Betriebliche Altersvorsorge: Automatik statt Zwang. Warum das opting-out Modell besser ist*. Deutsches Institut für Altersvorsorge, Köln, Germany.

33. McKay, S. 2006. "Employers' Pension Provision Survey 2005." Research Report 329, Department for Work and Pensions, London.

34. Milligan, K. 2002. "Tax-Preferred Savings Accounts and Marginal Tax Rates: Evidence on RRSP Participation." *Canadian Journal of Economics/Revue canadienne d'économique* 35 (3): 436.

35. OECD (Organisation for Economic Co-operation and Development). 1984. *Tax Expenditures: A Review of Issues and Country Practices*. Paris: OECD.

36. ——. 1994. *Taxation and Household Saving*. Paris: OECD.

37. ——. 1995. *Tax Expenditures: Recent Experiences*. Paris: OECD.

38. ——. 2001. *Ageing and Income: Financial Resources and Retirement in Nine OECD Countries*. Paris: OECD.

39. ——. 2005. *Improving Financial Literacy: Analysis of Issues and Policies*. Paris: OECD.

40. ——. 2008. *Growing Unequal? Income Distribution and Poverty in OECD Countries*. Paris: OECD.

41. ——. 2009. *Pensions at a Glance: Retirement-Income Systems in OECD Countries*. Paris: OECD.

42. ——. 2010. *Tax Expenditures in OECD Countries*. Paris: OECD.

43. ——. 2011. *Pensions at a Glance: Retirement-Income Systems in OECD and G20 Countries*. Paris: OECD.

44. ——. 2012. *Pensions Outlook*. Paris: OECD.

45. Papke, L. E. 1995. "Does 401(k) Introduction Affect Defined Benefit Plans?" *National Tax Association Proceedings*: 173 - 77.

46. ——. 1999. "Are 401(k) Plans Replacing Other Employer-Provided Pensions? Evidence from Panel Data." *Journal of Human Resources* 34: 346 -68.

47. Poterba, J. M., S. F. Venti, and D. A. Wise. 1994a. "Targeted Retirement Saving and the Net Worth of Elderly Americans." *American Economic Review* 84: 180 - 85.

48. ——. 1994b. "401(k) Plans and Tax - Deferred Saving." In *Studies in the Economics of Aging*, ed. D. A. Wise. Chicago: University of Chicago Press for the National Bureau of Economic Research.

49. ——. 1995. "Do 401(k) Contributions Crowd Out Other Personal Saving?" *Journal of Public Economics* 58: 1 - 32.

50. ——. 1996a. "How Retirement Saving Programs Increase Saving."

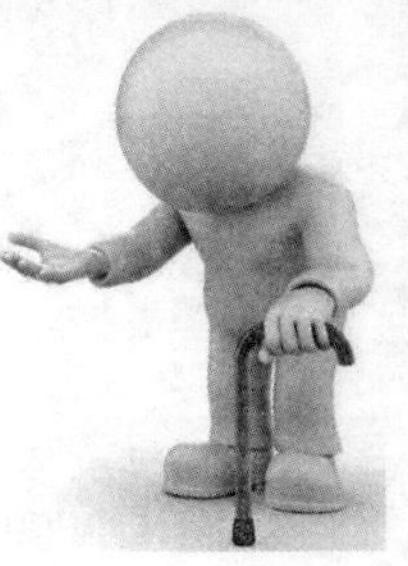

Journal of Economic Perspectives 10 (4).

51. ——. 1996b. "Personal Retirement Saving Programs and Asset Accumulation: Reconciling the Evidence." NBER Working Paper 5599, National Bureau of Economic Research, Cambridge, MA.

52. ——. 1998a. "Personal Retirement Saving Programs and Asset Accumulation: Reconciling the Evidence." In *Frontiers in the Economics of Aging*, ed. D. A. Wise. Chicago: University of Chicago Press for the National Bureau of Economic Research.

53. ——. 1998b. "Implications of Rising Personal Retirement Saving." In *Frontiers in the Economics of Aging*, ed. D. A. Wise. Chicago: University of Chicago Press for the National Bureau of Economic Research.

54. ——. 1998c. "Lump-Sum Distributions from Retirement Saving Plans: Receipt and Utilization." In *Inquiries in the Economics of Aging*, ed. D. A. Wise. Chicago: University of Chicago Press for the National Bureau of Economic Research.

55. ——. 2001. "The Transition to Personal Accounts and Increasing Retirement Wealth: Macro and Micro Evidence." NBER Working Paper 8610, National Bureau of Economic Research, Cambridge, MA.

56. Retirement Commission. 2010. *Review of Retirement-Income Policy*. Wellington: Retirement Commission.

57. Surrey, S. S. 1973. *Pathways to Tax Reform: The Concept of Tax Expenditures*. Cambridge, MA: Harvard University Press.

58. Venti, S. F., and D. A. Wise. 1990. "Have IRAs Increased US Saving? Evidence from Consumer Expenditure Surveys." *Quarterly Journal of Economics* 105 (3): 661-98.

59. ——. 1991. "The Saving Effect of Tax-Deferred Retirement Accounts:

Evidence from SIPP." In *National Saving and Economic Performance*, ed. B. D. Bernheim and J. B. Shoven. Chicago: University of Chicago Press.

60. ——. 1995. "RRSPs and Saving in Canada." National Bureau of Economic Research, Cambridge, MA.

61. Whitehouse, E. R. 1999. "The Tax Treatment of Funded Pensions." Pension Reform Primer Series, Social Protection Discussion Paper 9910, World Bank, Washington, DC.

62. Whitehouse, E. R., A. C. D'Addio, R. Chomik, and A. Reilly. 2009. "Two Decades of Pension Reform: What Has Been Achieved and What Remains to Be Done?" *Geneva Papers on Risk and Insurance* 34: 515 - 35.

63. Yoo, K. Y., and A. de Serres. 2004a. "Tax Treatment of Private Pension Savings in OECD Countries." *OECD Economic Studies* 39 (2): 73 - 110.

64. ——. 2004b. "Tax Treatment of Private Pension Savings in OECD Countries and the Net Tax Cost per Unit of Contribution to Tax-Favoured Schemes." Working Paper 406, Organisation for Economic Co-operation and Development, Economics Department, Paris.

第二部分
高收入国家经验

第三章 美国401（k）计划匹配缴费

Nevin Adams，Dallas Salisbury，Jack VanDerhei

【内容提要】

在美国，匹配缴费被广泛用于激励低收入员工参与养老储蓄DC计划，以确保计划参与率符合税收法案有关无歧视检测的要求。现有研究表明，对自愿型401（k）计划而言，雇主匹配缴费有助于提高计划参与率，而雇主匹配缴费方案中的自动加入条款，则有助于使职业生涯内具有完整缴费经历的人实现较充足的养老储蓄积累。但是，无论日益扩展的自动加入条款是否会影响可预见的需求，雇主匹配缴费保障老年收入安全的成效还有待进一步观察。

20世纪80年代早期，在401（k）计划兴起之前，确定缴费计划（以下简称“DC计划”）与雇主匹配缴费是美国养老计划的基本内容。[1]此后，匹配缴费被广泛用于激励非高薪员工参加补充养老金计划，且使相关计划符合税收法规无歧视检测的要求。无歧视检测的目的是使补充养老金计划的福利不会过分集中于高薪员工，确保计划的公平性，以满足获得税收优惠的条件。雇主按照员工缴费的一定额度匹配缴费，为低收入员工加入计划以及高薪员工达到税优政策许可范围内的缴费水平提供了激励和动力。

行业研究和相关调查持续表明，雇主匹配缴费与员工自愿缴费之间存在较强的相关性。2005年退休信心调查列出的6个方案特性中，尚未参加雇主建立的401（k）计划的人员反馈，最可能激励他们加入计划的措施就是雇主提供的匹配缴费（占工资额5%）[2]。10个人中，有3人表示“如果有雇主提供的匹配缴费，他们非常愿意加入并个人缴费”，4人表示个人可能会缴费。但是，雇主匹配缴费不会让所有未加入者缴费。2006年退休信心调查结果表明，在雇主匹配缴费计划中，员工参与率达到87%；而没有雇主匹配缴费的计划中，员工参与率为70%。

近年来，PRINCIPAL金融集团2010年开展的调查表明，雇主匹配缴费设计是员工加入401（k）计划并向该计划账户缴费的强劲动力。Fidelity投资公司的调研表明，92%的受访者认为，雇主匹配缴费是其加入养老金计划的重要原因之一（67%认为非常重要，25%认为重要）；此前未加入计划的员工中约有1/4（23%）的人表示，一旦他们加入计划，充分利用雇主匹配缴费成为提高个人缴费的原因。

目前，人们对自动加入条款设计，以及少数雇主受2008年金融危机影响而推迟了匹配缴费等情况比较感兴趣，这也引发了继续探讨雇主匹配缴费在未来计划设计中作用与角色的兴趣。

本章第一部分分析探讨401（k）计划的起源、如何快速发展成为美国主流养老金计划，以及相关法律法规环境的变化。第二部分分析在401（k）计划的兴起与成熟发展过程中，影响雇主匹配缴费水平与时点的主要因素。第三部分研究雇主匹配缴费实践与员工反应之间的关联性。第四部分探讨储蓄者对雇主匹配缴费比例变化的反应。本章也预测了未来养老金计划设计的发展趋势，关注自动加入设计条款及其对雇主匹配缴费比例与普及程度的影响。最后是本章内容总结。

一、驱动因素与结果

DC计划是雇主和员工缴费额度特定且缴费直接进入个人账户的养老金计

划。美国 DC 计划的种类包括现金购买计划（雇主缴费且具有强制性，通常缴费占员工工资的一定比例）；利润分享计划（缴费通常来自公司利润）；股票红利计划（类似于利润分享计划，但缴费来源于福利给付，通常都以公司股票方式）；储蓄计划（员工可以将确定比例的收入按照雇主匹配缴费的全部或部分缴费）；员工持股计划（简称 EPOPs，即雇主缴费进入主要投资于本公司股票的基金）。

401（k）计划属于 DC 计划，通常认为是养老储蓄计划。1974 年联邦法案确立了雇主发起的私营养老金计划的架构，直到 2006 年《员工退休收入安全法案》（ERISA）颁布后，401（k）计划才得以迅猛发展。

1. 早期设计

在 401（k）计划之前的养老储蓄计划中，员工以税后收入缴费，缴费额度上限为个人收入的 10%。这部分缴费视为个人可支配的消费因而予以征税。但是，为鼓励员工参加此类计划，雇主缴费进入员工个人账户的部分免征企业所得税，但员工需要在领取时对进入个人账户的雇主缴费及其产生的投资收益纳税。员工承担的相应延迟纳税的金额会计入信托账户持有的合格退休基金（包含一定限制条件）。

现金或延迟安排（以下简称“CODA”）不太普及。参加这一计划的个人选择获得现金支付（某种年终奖励）或延迟至某时点获得现金奖励。从法律上看，雇主可向员工提供现金或其他应纳税的福利，或向信托基金缴费，或在未来提供延迟的或其他福利（因此需纳税）。延税的运作原理是员工必须决定在实际领取养老金或获得控制权时纳税。

这类方案允许有资格参加计划的员工选择立即领取现金（通常是年度奖金或利润分享给付额），或者存入养老金计划延迟领取。但是，员工有权决定是否将现金转为基金“建设性收据”，主要依赖于对缴费的现行税收政策，由此引发了缴费是否存在“选择性”的争议。

20 世纪 70 年代早期，通过一系列的法院裁决与税收规则，美国税务局

(IRS) 将 CODA 归入利润分享计划，若满足以下条件，员工的自愿缴费可视为雇主缴费，享受延迟纳税优惠政策：

• 所申请缴费必须是本年度末已经确定的利润，不可回溯。

• 满足特定无歧视条款。当时，要求一半以上的参加者来自收入最低的2/3 低收入群体。

• 所申请缴费适用于雇主其他缴费的提取和领取规则。

随着时间的推移，许多雇主将此奖金/利润分享方式扩展到允许员工选择通过延迟支付降低现行薪资收入，并将薪资扣减推展到现金购买计划。毫无疑问，许多低收入员工倾向以现金形式拿奖金，而高薪员工大多倾向延迟领取享受税收优惠（尤其当现行个人收入所得税税率较高时）。与 70 年代早期相比，如今仅存不到 1 000 个 CODA 计划。

考虑到税优福利不成比例地偏向于高薪员工，1972 年 12 月 6 日，税务局发布了一项法规，即员工选择以常规或基本薪酬扣减方式缴费的，应计入员工应纳税收入征税。虽然该法规并未特指 CODA 计划包含奖金或在常规薪酬之外的收入，但也使其未来政策走向蒙上阴影。与此同时，美国财政部（其职能比税务局更加广泛）宣布需进一步研究这类计划的设计以决定税收政策如何适用。

2. ERISA 诞生

1974 年颁布的《员工退休收入保障法案》（以下简称“ERISA”）确定了 401（k）计划的运作制度，具有里程碑式的意义。经过国会多年来的争论与协商，终于建立了私营部门养老金计划最低标准，以及与员工福利相关的联邦收入所得税管理规定。该法案中专门有一特别条款，禁止财政部在 1977 年 1 月 1 日前颁布有关规定，旨在为国会采取行动解决该问题赢得时间。后来又两次延长了该时限，通过《1976 年税收改革法案》（Tax Reform Act of 1976）延至 1978 年 1 月 1 日，通过《1978 年税收处理扩展法案》（Tax Treatment Extension Act of 1978）延至 1980 年 1 月 1 日。

在《1978年收入法案》（the Revenue Act of 1978）中，国会最终决定在《国内收入法案》［Internal Revenue Code（Raish n. d.）］中加入401（k）条款。该条款规定了员工可以自愿在税前缴费加入合格的养老金计划，利润分享计划和股票奖励计划也被纳入税优政策支持范围。由此开启了这类计划大发展的序幕。

408（a）（8）条款也被加入该准则，明确规定在合格的现金和延迟领取计划（CODA）下，员工选择的合格信托计划的缴费应视为雇主缴费，在缴费时不承担联邦收入所得税。1981年11月10日，《国内收入法案》出台了允许从员工工资中直接扣除向401（k）计划的缴费的规定。许多雇主开始用401（k）计划替代老的税后储蓄计划，或者在利润分享计划和股票奖励计划中加入401（k）计划的选择。调查显示，该法案出台两年来，近一半的大公司已经或正在考虑提供401（k）计划。

1978年12月，休斯飞机公司的外部法律公司建议该公司采纳401（k）计划的特性，修订其储蓄计划。

1979年，强生公司开始适用401（k）计划。

1979—1982年，几家大公司如强生、百事、霍尼韦尔、FMC、JC Penney、休斯飞机公司等纷纷建立401（k）计划，多数计划在1982年1月即开始正式运作。

3. 参与率提升

《1984年税收改革法案》（the Tax Reform Act of 1984）修改了401（k）计划的规则，要求计划通过“无歧视检测”，避免计划缴费偏袒高薪员工，造成福利不公平。尽管实施了诸多限制，401（k）计划继续增长普及，其享受的税优政策对政府收入流产生了实质性影响。1984年，401（k）计划数量达17 303个，有效参加人数为7 540 000人，总资产达917.5亿美元。实际上，为减轻财政压力，1984年美国财政部还计划将401（k）条款从《国内收入法案》中删除。

《1986年税收改革法案》(The Tax Reform Act of 1986) 更加强化了无歧视规则，降低了员工税前向401 (k) 计划缴费的限额①。同时进一步要求，全部都适用415条款规定的限额。而在《1986年税收改革法案》之前，DC计划中仅超过6%的税后缴费适用415条款的限额。规定年度税前缴费的上限为7 000美元（每年根据消费者价格指数调整），也调整了无歧视检测的标准。[4]对无歧视检测的标准调整包括对收入重新定义、对高收入员工重新定义、缩小范围；与此同时，为了达到缩小雇主匹配缴费额差距和员工个人税后缴费的差距的目的，新增了一项无歧视检测（ACP，the average compensation percentage test)，无疑对高收入员工的缴费额增加了压力。为满足新增的无歧视检测要求，雇主需积极鼓励尽量多的低收入员工参加计划。事实上，提高低收入员工参与率不仅是使高收入员工延税缴费额度最大化的需要，也是合规的要求。具备在税前缴费的能力为低收入员工加入计划提供了动力，而雇主匹配缴费又进一步提供了较强的经济动力。检测标准要求越高，促进低收入员工储蓄的兴趣越高。[5]

4. 近期变化

20世纪90年代中后期颁布了一系列推动401 (k) 计划发展的法规，提高了缴费限额，简化加入程序，放宽无歧视检测，创立罗斯401 (k) 计划等，大大促进了401 (k) 计划的发展。[6]主要包括：《1992年失业收入修正案》(The Unemployment Compensation Amendments of 1992)、1996年的《小企业工作保护法案》(The Small Business Job Protection Act of 1996)、税务局的1998—30税务规则（Revenue Ruling 98—30）和2000—8税务规则（Revenue Ruling 2000—8)、《2001年经济增长与税收减免协调法案》(The Economic Growth and Tax Relief Reconciliation Act of 2001，EGTRRA)、2006年8月的《养老金保护法案》(the Pension Protection Act)。

《1992年失业收入修正案》规定，如果领取额没有转存至其他合格退休

① IRC Sec. 402 (g).

金计划或购买年金、转入个人退休账户，一次性领取额将强制征收20%的税。该法案放宽了对转存规则的限制，只要参加者要求，即可将相应的领取额直接转存至其他合格计划中。

《1996年小企业工作保护法案》是第一个鼓励401（k）计划扩展的法律。（1）提供了“安全港”方法使401（k）计划满足无歧视测试要求；（2）针对100人以内的小企业引入“简单401（k）计划”；（3）废除了国内收入法第415（e）款的限制性规定，即如果雇主同时为同一员工提供DB和DC计划，雇主向该员工DC计划［包括401（k）计划］的缴费标准较低；（4）大大简化对“高薪员工”的定义。

1996年401（k）类计划数量为230 808个，有效参加人数达30 843 000人，总资产达1.06万亿美元。

1998年，税务局发布了1998－30税务规则，该规则同意雇主自动将符合资格的新进员工加入该计划（前提是只要员工不反对）。

1998年401（k）类计划数量为300 593个，有效参加人数达37 114 000人，总资产达1.54万亿美元。

2000年，税务总署又发布了税务规则2000—8，进一步细化自动加入计划的规则，如果已加入计划的员工其个人目前延税缴费比例低于自动加入规定的缴费比例，也可自动提升缴费比例至计划规定的比例。

《2001年经济增长与减税协调法案》对401（k）计划做出重大调整。这些调整针对无歧视检测，主要是为了提高计划中的个人储蓄额。

该法案大幅提高了401（k），403（b）和457计划中员工年度缴费限额标准（2002年为11 000美元，此后每年提高1 000美元，直到2006年，此后每年度根据通胀情况调整），允许50岁及以上的老年人增加年度缴费限额（2002年1 000美元，2003年2 000美元，2004年3 000美元，2005年4 000美元）

将年度基数工资最高限额从17万美元提高到20万美元，以后年度随物价指数调整。

自2003年起，401（k）计划允许在现有缴费限额之外“促进”个人账户缴费。在415（c）条款中将年度缴费的总限额从3.5万美元提高到4万美元，允许年度指数化在1 000美元内的增长。此外，415（c）条款的缴费总限额从EGTRRA法案颁布之初的25%提高到工资的100%，2001年后加快推动雇主匹配缴费归属员工的权益（采用3年期悬崖式归属或者2～6年阶梯式归属）。

为进一步鼓励员工的养老储蓄，颁布了罗斯401（k）条款，自2006年起生效。2006年起，401（k）和403（b）计划，允许员工将延税缴费限额的一部分调整为税后的罗斯缴费。罗斯计划缴费和常规401（k）计划缴费加总计算年度的延税缴费。雇主匹配缴费都在税前计入个人账户，尽管员工的缴费全部是罗斯计划缴费。雇主匹配缴费适用计划规定的归属规则，要求员工达到一定的工作年限才能获得雇主匹配缴费的权益权属。罗斯401K条款真正实施是在2010年，此前经历了较长时间的准备，包括其他配套法规的出台，实施变化的成本和解决人们可能存在的疑惑（长期以来适应了税前缴费的理念）。

2002年，针对安然和世通公司的财务丑闻，国会发布了the Sarbanes - Oxley Act of 2002（也称“the Corporate and Auditing Accountability Responsibility and Transparency Act of 2002”）法案，其中有关401（k）计划的内容主要有两项：

• 管制期：在雇主发起的合格个人账户退休计划变更管理人时，公司管理层对非合格退休计划的所谓“内部交易”在交易管制期内被明令禁止。法律要求，不考虑交易双方的意图，这类交易实现的利润应该确保而且由发起人承担。

• 信息披露：要求计划管理人在交易管制前30日提前通知参加人和个人账户受益人。若未通知，计划管理人将面临罚款。

2003年401（k）计划数量达42.3万个，有效参加人数为4 300万人，计

划总资产达 1.81 万亿美元。

401（k）计划的大发展：

2006 年 8 月，《养老金保护法案》出台，其特别强调促进养老储蓄并鼓励参加 401（k）计划。

• 该法案为自动加入的规定提供了安全港，允许每年自动提升延税缴费额。该法案也解决了自动加入在操作实践中与某些州禁止扣发工资的法规可能存在冲突的问题。

• 该法案还使《2001 年经济增长与税收减免协调法案》中某些条款如提高扣除限制、提高转存选择和对小雇主计划的起步税等在 2010 年年底彻底终结，这还使得 2006 年生效的罗斯 401（k）条款因此获得了新生。2006 年，仅 18%的雇主允许参加者选择罗斯 401（k）计划缴费，而 2009 年该比例上升到 41%（PSCA 2010）。

《养老金保护法案》中自动加入的“安全港”规定为采纳这种设计提供了动力，尽管计划发起人不论故意或非故意地不具备获得法定安全港的全部保障的资格（Adams 2011）。2008 年 EBRI 的调研表明，在自动提升缴费的最保守假设之下，在 401（k）计划中增加自动加入条款，会对多数员工尤其是低收入员工积累额外的退休储蓄有积极的促进作用。

总之，401（k）计划的出现为美国 DC 计划带来了新的活力，使各种收入水平的员工皆可享受计划缴费延税的优惠。随着 401（k）计划的普及，更加严格的无歧视检测等规定使低收入员工的参加成为关键性要素。雇主匹配缴费是推动员工参加计划并保持计划有效参与率的关键激励因素。

二、匹配缴费水平

雇主在决定匹配缴费时最关注的核心因素是成本，与此同时，雇主也希望避免资源投入过度偏向于高薪员工，避免无法通过无歧视检测。许多雇主在工资额 4%～10%内提供一定比例匹配缴费（通常是按照 1 美元的员工缴费匹配 0.25 美元或 0.5 美元），对超过上述额度的员工缴费则不予匹配。

《1986 年税收改革法案》实施了更为严格、新的无歧视检测要求，强调低收入员工加入人数比例的要求，这使得此类计划的员工教育培训日益重要，培训内容包括方案内容介绍和鼓励参加。最初通过无歧视检测是雇主的重要关注点，但是随着法规对无歧视检测结构的调整、安全港计划设计（要求雇主提供统一的最低缴费）的引入，以及自动加入条款（着力于提高参与水平和低收入员工的缴费额）的普及，该动机逐渐弱化。

在 1984—1987 年，401（k）计划的缴费翻倍，从 163 亿美元增长至 330 亿美元。CODA 计划缴费在 DC 计划缴费中的占比也从 42%（1984 年）提高至 55%（1987 年）（Andrews 1992）。

早期提供 401（k）计划的雇主主要是此前没有建立过类似计划的小企业，或者是仅提供过利润分享计划的小企业。对此前没有建立过类似计划的企业，401（k）计划不强制要求雇主缴费（这与必然包含雇主利润的利润分享计划截然不同）。对已经参加了利润分享计划且达到一定收入水平的员工而言，《1986 年税收改革法案》禁止其以税前收入向养老金计划缴费，因此该法案实施之后小企业更加迷恋 401（k）计划。

根据 2011 年对雇主调查的结果，只有 30%的雇主（其中大企业很少）回复“全部或几乎全部”参加者的缴费水平达到充分利用雇主匹配缴费的程度（Adams 2011）。低于 1/4 的特大型企业［401（k）计划资产超过 10 亿美元］反馈，90%或更多参加者的缴费水平达到充分利用雇主匹配缴费的程度。在大型和中型企业中，该比例较低（见表 3—1）。有 23%的参加者回复一定程度上降低了员工计划缴费，其中 46%认为需要额外经费，9%认为缴费下降是因为取消了雇主匹配缴费。

尽管按照员工缴费的 50%匹配（上限为工资额 6%）是常见的雇主匹配缴费方式，实践中 DC 计划雇主匹配缴费的方式多种多样。根据 Vanguard（一家大型共同基金公司）DC 计划客户数据，77%的计划按照员工缴费的

50%匹配（上限为工资额 6%），事实上，仅适用于 60%的计划参加者。相比而言，15%的计划（覆盖 35%的计划参加者）的匹配缴费规则是，员工缴费额在工资额 3%以内部分，对员工缴费额按照 1：1 匹配；员工缴费额在工资额 3%～5%部分，对员工缴费额按照1：0.5匹配。2011 年针对约 7 000 家雇主的 DC 计划调查表明匹配缴费方式的多样性（见表 3—2 和表 3—3）。

表 3—1 足额缴费享受全额雇主匹配缴费的员工人数占比（按公司规模分类）

参与率	公司数量占比（%）					
	全部	微型	小型	中型	大型	超大型
全部或几乎全部员工（90%及以上）	29.2	37.9	25.4	21.1	16.8	22.2
绝大多数（75%及以上）	20.6	16.9	21.8	22.3	27.7	27.8
大约一半	25.6	18.2	28.5	33.1	32.0	38.9
一半以下	24.7	27.0	24.4	23.6	23.5	11.1
平均值	65.9	66.7	64.9	64.2	65.0	71.9
中位数	74.0	75.0	70.0	70.0	70.0	74.5

资料来源：PLANSPONSOR 2011 年度 DC 计划调查。

注：PLANSPONSOR 调查中的计划按资产规模分类如下：“超大型”：10 亿美元以上；“大型”：2 亿～10 亿美元；“中型”：5 千万～2 亿美元；小型：5 百万～5 千万美元；“微型”：5 百万美元以内。

表 3—2　　提供雇主匹配缴费公司的匹配缴费水平（按公司规模分类）

匹配缴费水平（与工资额 6%之比，%）	公司数量占比（%）					
	全部	微型	小型	中型	大型	超大型
＞100	4.2	4.2	4.7	2.7	3.7	5.0
100	6.2	4.3	4.8	8.0	9.9	17.8
51～99	27.3	24.4	25.1	28.9	37.0	42.6
50	30.7	33.7	29.8	28.4	30.3	19.3
＜50	31.7	33.4	35.6	31.9	19.1	15.3

资料来源：PLANSPONSOR 2011 年度 DC 计划调查。

表 3—3　　雇主缴费类型（按公司规模分类）

缴费类型	公司数量占比（%）					
	全部	微型	小型	中型	大型	超大型
雇主匹配缴费	66.4	56.4	69.7	78.7	80.4	83.3
非匹配性缴费	14.9	10.8	13.4	21.0	26.9	27.5
利润分享缴费	28.6	26.0	35.0	29.2	22.9	16.4
其他	12.4	12.7	12.0	10.5	12.8	14.5
无雇主缴费	11.0	16.2	7.6	6.6	5.5	5.6

资料来源：PLANSPONSOR 2011 年度 DC 计划调查。

三、雇主匹配缴费对 401（k）计划储蓄额的影响

计划参与率和缴费额对雇主匹配缴费都很敏感，在退休储蓄计划中发挥着重要作用。假定雇主匹配缴费对参与者而言是免费的，很有诱惑力，其对加入 DC 计划尤其是 401（k）计划提供了极大的财务激励。行业调查结果表明员工个人缴费水平接近匹配缴费最高额度，进一步证实了二者之间的关联性。

过去，雇主匹配缴费主要用于满足法规对无歧视检测的要求（Beady 2007）。但是，Ippolito（1997）给出了更可信的解释，即本质上，雇主使用 401（k）计划匹配缴费吸引和留住特殊人才，匹配缴费是给员工的奖励。Mitchell 等（2005）研究则从另一个角度提出员工需求是主因，因为高薪员工想要更多的税延雇主匹配缴费。上述两种争论都将雇主匹配缴费视为劳动力管理工具而不是对法规的回应。

1. 雇主匹配缴费对计划参与率影响的实证分析

过去 20 多年来，大量实证研究考察了雇主匹配缴费对自愿型 401（k）计划参与率的影响（Andrews 1992；Bassett，Fleming，and Rodrigues 1998；Engelhardt and Kumar 2007；Even and Macpherson 2005；GAO 2007；

Kusko, Poterba, and Wilcox 1998; Mitchell, Utkus, and Yang 2005; Papke 1995; Papke and Poterba 1995; Yakoboski 1994）。由于数据来源、研究方法及假设不同，研究结果呈现较大差异。但共同的结论是，对没有采用自动加入设计的401（k）计划而言，雇主匹配缴费对计划参与率具有积极作用和影响。

特别需要说明的是，大多数调查数据没有包括计划设计的详细信息。为减轻由此产生的影响，Mitchell等（2005）采用了2001年500个401（k）计划（覆盖74万名员工）的数据，分析雇主匹配缴费如何影响养老储蓄水平。该研究有两大创新。首先，在公司层面独立地评估高薪员工和低收入员工的储蓄行为。其次，为处理401（k）计划非线性的匹配缴费公式，将公式分为"激励因素"（雇主匹配缴费增加员工收入的程度）和"流动性因素"（表明员工为获得全额的雇主匹配缴费时所需的个人缴费额度）。

最小二乘法回归分析表明，雇主匹配缴费比例每增加10%，非高薪员工参与率约提升1%。但是，对该群体而言，参与激励措施（工资额的3%～6%）在统计上并不显著，与工资额6%以上的雇主匹配缴费呈负相关。因此，作者认为雇主匹配缴费对计划参与率的激励效果很小：

采用实证分析模型的研究表明，一般而言，不考虑是否提供雇主匹配缴费，大约65%的非高薪员工会加入401（k）计划。若提供雇主匹配缴费，计划参与率的提升范围为5%～15%，当然匹配缴费方式包括一般（工资额3%以内按员工缴费额的0.25匹配）和较高（工资额6%以内按员工缴费额全额匹配）的方案。对中等（工资额3%以内按员工缴费额的0.5匹配）方案，超过1/4的非高薪员工不会加入401（k）计划；甚至提高雇主匹配缴费，也有超过20%的非高薪员工不会加入401（k）计划（Mitchell等，2005）。

由于在自动加入条款之下，特定群体中有参加资格员工（尤其是低收入和年轻员工）的参与率会提高，因而许多研究人员想弄清楚雇主匹配缴费是否与这类计划的高参与率持续相关。

Beshears 等（2007）通过两种方式评估自动加入条款之下雇主匹配缴费对养老储蓄计划参与率的影响。首先，分析含自动加入条款的 401（k）计划的雇主以统一无差别的缴费替代雇主匹配缴费。[7] 研究发现，计划发生变化后，在新入职员工中，计划参与率降低最高达 5%～6%。

其次，汇总 9 个含自动加入条款的 401（k）计划数据，分析雇主匹配缴费与养老储蓄计划参与率的关系。研究发现，雇主匹配缴费上限每降低 1%，生效 6 个月时，养老储蓄计划参与率将随之降低 1.8%～3.8%。

因此，作者预测，在包含自动加入条款的 401（k）计划中，典型的雇主匹配缴费（工资额 6%以内按 50%匹配）额度降低将会导致计划参与率相应下降 5%～11%。

Dworak - Fisher（2011）使用国民薪酬调查微观数据分析雇主匹配缴费对 401（k）计划参与率的影响。该研究发现，对最低收入群体而言，雇主匹配缴费对计划参与率几乎没有影响，但是自动加入条款对计划参与率有显著影响。对中等收入群体而言，雇主匹配缴费对计划参与率具有潜在影响且其影响力大于自动加入条款。但是，由于该研究使用的是 2002—2003 年的微观数据，当时只有少量（6%）的计划包含自动加入条款，所以研究结论有一定局限性。

2. 雇主匹配缴费对自愿型 401（k）计划缴费行为影响的实证分析

逻辑上，雇主匹配缴费会提高员工向 401（k）计划缴费的积极性。但是，由于下述 2 个原因使得分析员工实际缴费水平非常复杂。[8]

首先，虽然较高的匹配缴费比例为员工缴费提供了较高程度的激励，但是员工个人有每年总的缴费额度（含雇主缴费和员工缴费）的目标，以满足个人理财规划要求。例如，如果员工决定自己的目标储蓄额为工资额 9%，若雇主匹配缴费为工资额 6%以内按 50%匹配，则个人需按 3%缴费；若雇主匹配缴费为工资额 4.5%以内按 100%匹配，则个人需按 4.5%缴费。因此，对部分员工而言，较高的雇主匹配缴费比例可能导致较低的员工个人缴费比例。

其次，仅考虑雇主匹配缴费比例（与缴费上限或二者之间相互作用对应）的实证分析，其结果也有不确定性。例如，若员工个人的主要目标是获得最大限度的雇主匹配缴费，个人缴费会达到上限。由此，雇主匹配缴费为工资额6%以内按50%匹配相比雇主匹配缴费为工资额3%以内按100%匹配而言，尽管两种方式的雇主匹配缴费上限都是3%，但前者会带来更高的个人缴费。

这一现象也有助于解释此前许多实证研究的结果。采用美国政府5500表格中ERISA合格计划的年度数据，Papke（1995）发现，当雇主匹配缴费比例从零增至一个小幅或中等比例时，潜在的员工缴费得以提高。若雇主匹配缴费比例较高，则员工缴费会下降。使用EBRI或ICI401（k）计划和薪酬的统计数据研究表明，Holden等（2001）用回归分析研究雇主匹配缴费比例对员工计划参与率的影响。研究发现，当雇主匹配缴费比例上升时，员工个人税前缴费最低限度下降。[9]但是，当雇主匹配缴费比例上限提高时，参加者的个人缴费率会提升。

Kusko等（1998）采用美国中型制造企业401（k）计划员工层面的数据，分析有参加资格员工的参与和缴费决策。[10]研究发现，有参加资格员工的缴费决策对雇主匹配缴费比例不敏感，尽管雇主匹配缴费比例发生了变化，大多数员工还是年复一年地保持同样的计划参与状态和个人缴费比例。此外，研究还发现，无论是雇主还是税务局等机构对缴费的限制性规定，均会对个人缴费行为产生重要影响。

Yakoboski等（1996）研究3个大公司401（k）计划后的主要结论如下：

• A公司计划规定个人税前缴费上限为工资额9%，雇主匹配缴费为工资额5%以内按30%匹配。21%的员工按照5%缴费，45%的员工按照9%缴费，1%员工按照402（g）条款当年允许的最高缴费额度缴费。A公司员工平均缴费比例为工资额6.7%。

• B公司计划规定非高薪员工个人税前缴费上限为工资额15%，雇主匹配缴费为工资额3%以内按100%匹配。21%的员工按照3%缴费，10%的员工按照15%缴费，0.1%的员工按照402（g）条款当年允许的最高缴费额度缴费。[11]B公司非高薪员工平均缴费比例为工资额5.4%。

• B公司计划规定高薪员工个人税前缴费上限为工资额10%，雇主匹配缴费为工资额3%以内按100%匹配。15%的员工按照3%缴费，10%的员工按照10%缴费，15%的员工按照402（g）条款当年允许的最高缴费额度缴费。B公司高薪员工平均缴费比例为工资额5.9%。

• C公司计划规定非高薪员工个人税前缴费上限为工资额16%，雇主匹配缴费为工资额6%以内按2/3匹配。30%的员工按照6%缴费，7%的员工按照16%缴费，12%的员工按照402（g）条款当年允许的最高缴费额度缴费。C公司非高薪员工平均缴费比例为工资额6.3%。

尽管上述研究结果只是来自3家大公司的经验，说明除了个人特征（年龄、工资和工作年限）以外，员工缴费行为在很大程度上受到方案设计参数（匹配缴费上限和税前缴费上限）和法定的年度税优缴费限额的影响。

VanDerhei等（2001）尝试通过研究EBRI和ICI401（k）计划数据库信息，追踪研究137个“纯粹”的匹配缴费公式（即不包含任何非选择性缴费的公式）的结果。[12]信息库中，对年龄在20周岁以内或者64周岁以上的参加者，如果其在当前单位工作不满一年或者年收入低于1万美元，就会被剔除。再剔除1998年未向账户缴费的现有参加者，分析群体数量为163 346人。

此前研究中，假设缴费水平是人口变量和匹配缴费水平的函数。但是，这种方法无法解释较复杂的雇主匹配缴费方式。例如，如果某计划的雇主匹配缴费为工资额2%以内按100%匹配，和工资额2%～5%按50%匹配。此外，这种方法也无法区分雇主匹配缴费比例相同但上限不同的情况，如无法区分雇主匹配缴费为工资额4%以内按50%匹配和工资额6%以内按50%匹配两种方式。

由于本研究使用的是每个方案特有的雇主匹配缴费公式，具体的雇主匹配缴费比例是确定的。因此，在已知有参加资格的员工可以获得的雇主匹配缴费比例情况下，VanDerhei等（2001）充分利用现有信息优势开展预测。

第一次增长的模型参数通过样本总量除以两个群体（已缴费员工数和未缴费员工数）得出。第二次增长的模型参数通过首次增加缴费的样本量除以两个群体（已额外缴费1%的员工数和未额外缴费1%的员工数）得出。继续反复测算直至达到所有匹配缴费格式的上限。该模型中，按照每个缴费水平分别评估有参加资格员工的决策。这种方法有助于把握匹配缴费比例增加引起的任何变化，以及理解是否允许参加者继续缴费（例如，在部分计划中，高薪员工缴费不能超过工资额的6%，而非高薪员工缴费比例可以达到15%）。

由于模型中每个百分点的缴费都被视为独立变量，员工要么按i%缴费，要么不交费。模型中二项变量都是独立变量，概率单位回归用于代表独立变量的性质。个人缴费（C）的预测模型如下：

$$P(Ci=1)=ai+b1iMTCHi+b2iAMTCHi+b3iage+b4iage^2+b5iage^3+b6iwage+b7iwage^2+b8iwage^3+b9itenure+b10itenure^2+b11itenure^3+ei$$

其中，i表示第i个水平的缴费，$MTCH$和$AMTCH$是计划的匹配缴费变量；age、$wage$和$tenure$分别表示人口变量：年龄、工资和工作年限；ei代表每个区间回归的误差。

人口变量是自变量。计划匹配缴费变量，$MTCHi$是在员工个人缴费的每个水平上的雇主匹配缴费比例。但是，这些变量仍然不足以把握每个缴费水平下的匹配缴费激励性。例如，若雇主匹配缴费为工资额6%以内按50%匹配，员工个人更加愿意按2%缴费而不是5%或6%，因为较高个人缴费能带来的额外的雇主匹配缴费价值有限。换言之，假设员工已经按工资额4%缴费，员工决定不继续第5个和第6个百分点，其成本是余下部分雇主匹配缴费的50%，即0.5%+0.5%=1%。假设员工已经按工资额1%缴费，员工决定不继续第2个至第6个百分点，其成本是余下部分雇主匹配缴费的50%，即0.5% + 0.5% × 4 = 2.5%。因此，引入额外的匹配缴费价值变量*AMTCHi*，来说明在特定缴费比例下，额外的匹配缴费选择的价值。

作者运用该模型针对每个缴费水平开展了一系列测算。每个预测方案都包括不同的缴费比例设定，由此预测匹配缴费结果的差别。在第一个缴费比例下，预测有参加资格员工的缴费可能性；在第二个缴费比例下，预测已按工资额1%缴费的员工增加1%缴费的可能性，而此前未按工资额1%缴费的员工不纳入第二个缴费比例的测算；以此类推，只有在每一个缴费比例上都持续缴费的员工才是研究对象。[13]

针对评估401（k）计划缴费上限为工资额18%的员工决策的基础模型，有两个特别说明事项。一是员工对应的即期雇主匹配缴费比例（*MTCHx*，x=1，2，…，18）；二是额外的匹配缴费价值变量（*AMTCH x*，x=1，2，…，18）。

为有效描述该模型，VanDerhei等（2001）选择以22周岁、入职时间在一年以内、年收入1.5万美元，个人缴费为工资额的4%且愿意进一步缴费的员工为例。如果这是雇主匹配缴费最后的缴费区间，则价值较低，仅81%。相比而言，如果新增个人缴费（在缴费上限以内）可以获得额外1%的雇主匹配缴费，同一个员工有90%的可能性增加个人缴费。该模型预测，在上述三个缴费区间内，当额外匹配缴费设为0时，最不可能额外缴费的员工（年轻员工和收入最低且工作年限最短的员工）对额外匹配缴费水平的增长最为敏感。

图3—1展示了典型的雇主匹配缴费计划中参与者缴费的预测情况。相同的计划设计下，年纪较大、收入较高和工作年限较长的参加者缴费额较高，该模型也可预测计划设计的变化如何影响参加者的缴费行为。例如，若将雇主匹配缴费从工资额6%以内按50%匹配改为按75%匹配，所有参加者的个

人缴费都会提高。该模型下还可以预测分段匹配缴费模式下（如雇主匹配缴费为工资额 2％以内按 75％匹配，工资额 2％～5％按 50％匹配），以及没有雇主匹配缴费情形下个人缴费的变化。

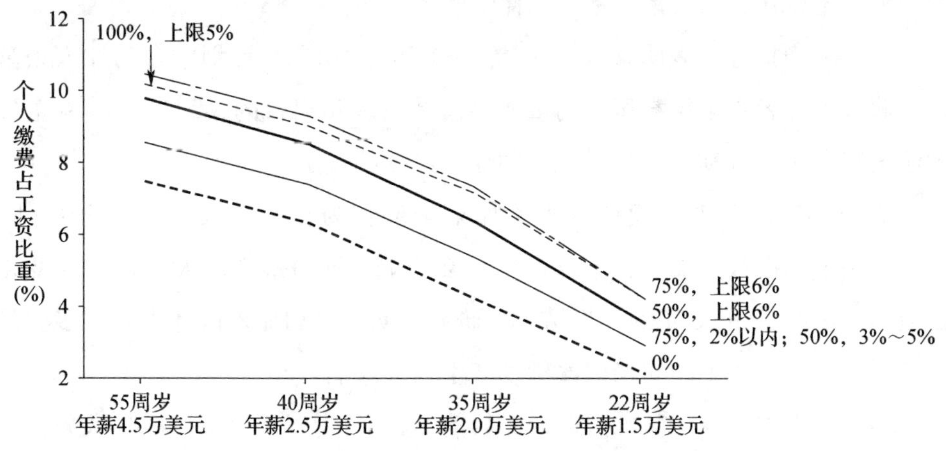

图 3—1　不同匹配缴费方式下特定人群个人缴费预测

资料来源：VanDerhei 和 Copeland，2011 。

3. 401（k）计划从自愿加入到自动加入转变的重要意义

本章前面分析了雇主匹配缴费对员工加入 401（k）计划以及缴费额度决策的重要性。但实质上，从公共政策研究来看，在于这些决策是否产生了充足养老金财富积累的结果。由于计划设计参数与参与率、缴费额、投资以及员工的取现决定等复杂因素的相互影响，难以精确模拟这些决策的结果。所幸 EBRI/ICI401（k）计划信息库记录了自 1996 年以来几万个计划和几千万员工详细的计划信息。

基于 EBRI/ICI401（k）计划信息库数据，Holder 等（2002）分析了自愿加入 401（k）计划的问题。研究表明，在整个职业生涯期间持续参加自愿型 401（k）计划的员工，可以有效积累达到一定收入替代率的养老金［一直参加最初的 401（k）计划，或转至新雇主的计划或转至个人退休账户 IRAs 皆可］。

但是，若员工不能一直具备参加 401（k）计划的资格，账户积累额就会大打折扣（Holden 等 2002）。有关研究也模拟分析了类似方案中员工的养老储蓄积累额度，发现相当多的人未来退休收入（甚至加上社保养老金之后）会很低，难以达到替代率目标（退休前收入的 70%～85%）。

另一项模拟分析表明（Holden 等 2005），401（k）计划中自动加入条款对低收入参加者用来储蓄积累的重要性。此后一年出台的《2006 年养老金保护法案》发布了有利于雇主引入自动加入条款的规定。

VanDerhei（2010）模拟分析了如果全部转为自动加入，会对 401（k）计划未来绝大多数参加者积累额产生什么影响。通过最新的大公司实际变化的数据，更新了 2008 年的分析结果。研究表明，自动加入设计将对大多数员工尤其是低收入员工的养老储蓄额度产生较大影响。

例如，根据此前的基础假设，对目前 25～29 周岁且处于最低收入分位的员工而言［假设 401（k）计划采用本分析中大公司的自愿加入设计］，其在年满 65 周岁时 401（k）计划积累额的中位数仅为 65 周岁时收入的 0.08 倍，这主要是因为绝大多数的员工账户积累额在 65 周岁时为零。

但是，若假设所有大公司的 401（k）计划都采用自动加入条款，转换工作继续参加新计划时按默认缴费比例工资额的 3%缴费，对目前 25～29 周岁且处于最低收入分位的员工而言，其在年满 65 周岁时 401（k）计划积累额的中位数将达 65 周岁时收入的 4.96 倍。在相同假设下，如果员工在转换工作后继续保持现有缴费水平，则其在年满 65 周岁时 401（k）计划积累额的中位数将达 65 周岁时收入的 5.33 倍。[14] 对收入最高的 25% 员工而言，401（k)计划账户积累额也会大幅提高，在自愿加入时 401（k）计划积累额的中位数将达 65 周岁时收入的 2.41 倍，而在自动加入条款下，该积累额将达 65 周岁时收入的 9.15 倍或 9.81 倍（差额取决于工作转换时的默认缴费比例）。

4. 自动加入条款对雇主匹配缴费比例的影响

Soto，Butrica（2009）研究发现，在 401（k）计划的大公司样本中，有自动加入条款的公司提供的雇主匹配缴费比例低于没有自动加入条款的公司。当然该结论的主要局限性有两点：一是研究信息来自美国劳工部5500表，该数据没有包含401（k）计划的雇主匹配缴费比例信息，作者估计了每个401（k)计划的雇主匹配缴费比例。二是作者根据计划管理者申报的是否具有自动加入条款信息标签，将5500表中包含自动加入条款的信息与来自养老金和投资数据库中前1 000家大养老基金包含自动加入条款的信息合并。由于数据库中没有提供自动加入条款生效时间，无法知道该设计的时效。

回归分析结果表明，在公司层面，自动加入条款与雇主匹配缴费比例显著负相关。特别是，采用自动加入条款的公司其雇主匹配缴费比例比未采用自动加入条款的公司低7%。作者认为，虽然回归分析表明自动加入条款与雇主匹配缴费比例负相关，但由于在第三方管理账户中的关键资格被忽略了，因此这并不必然意味着自动加入条款导致较低的雇主匹配缴费比例。

这个结论与此前EBRI的研究结论（2007）相悖。EBRI调查了委托Mercer咨询公司管理DB计划的雇主，估测他们近期的行为以及可能对DB计划和DC计划［401（k）类计划］实施的调整。调查结果表明，增加DC计划雇主匹配缴费的同时无疑会减少对DB计划的缴费。

尽管自动加入设计和401（k）计划的雇主匹配缴费不是这项研究的重点，但研究表明，受调查的DB计划雇主中，1/3的雇主表示他们已经提高或打算提高DC计划的雇主匹配缴费，20.9%的雇主表示他们已经提高或打算提高DC计划的雇主非匹配性缴费。虽然这两类群体存在一些交叉重叠，但在整体上，受调查的DB计划雇主中有42.5%的表示他们已经提高或打算提高DC计划的雇主匹配缴费或雇主非匹配性缴费。DB计划雇主增加DC计划缴费，这说明在过去两年内其已经不再向新员工提供DB计划，冻结所有员工的DB计划，或者未来两年内打算这样做。[15]

2007年EBRI的调查发现，401（k）计划的自动加入条款与DB计划的终止或冻结高度相关。[16]过去两年内终止了DB计划的雇主中，有80.5%的雇主已经在 401（k）计划中引入了自动加入条款或打算这样做。[17]

VanDerhei（2010）分析了大约 1 000 个大公司 DC 计划在 2005 年和 2009 年的详细信息（来自翰威特旗下的品牌数据库）。该研究专门选取了样本，即 2005 年时其 401（k）计划尚无自动加入条款但在 2009 年引入了自动加入条款的雇主。VanDerhei 对每个计划均编号注明其 2009 年默认的缴费比例、2005 年和 2009 年雇主匹配缴费的公式，[18] 以及雇主提供的所有非匹配性质的 DC 计划缴费。

为了衡量雇主在引入自动加入条款后匹配缴费投入的增加或减少，特选取如下三个指标：

• 2009 年，第一层雇主匹配缴费比例为 0.8778，即 1 美元个人缴费对应的雇主匹配缴费为 0.8778 美元；2005 年该比例为 0.8126。二者相差 0.0652 美元，样本能够代表大公司，说明雇主在 401（k）计划中引入自动加入条款后增加了匹配缴费投入。

• 2009 年，平均的雇主匹配缴费比例为 4.32%，2005 年该比例为 4%。0.32%的增长表明建立 401（k）计划的大公司引入自动加入条款后增加了匹配缴费投入。[19]

• 2009 年，平均的雇主缴费比例（含匹配缴费和非匹配性缴费）为 6.35%，2005 年该比例为 5.46%。0.89%的增长表明建立 401（k）计划的大公司引入自动加入条款后增加了匹配缴费投入。

将上述信息与同一个雇主的 DB 计划信息结合起来，可以分析能否证实 EBRI 2007 年的研究结论——401（k）计划的自动加入条款与 DB 计划的终止或冻结高度相关。

终止或冻结了 DB 计划的雇主前述 3 个指标的提升程度高于整体平均水平（见表 3—4）。例如，冻结了 DB 计划的雇主，其雇主总体匹配缴费提升了工资额的 1.64%，而所有雇主平均提升了 0.89%。终止向新员工提供 DB 计划的雇主，其雇主总体匹配缴费提升程度更高（达工资额的 2.82%）。

终止或冻结了DB计划的雇主又被分为两类，一类是在引入自动加入条款之前终止或冻结了DB计划，另一类是在2005—2009年期间改变了DB计划。如果假设401（k）计划的进步是对DB计划缴费减少的替代，有人可能认为越早修订成本越低，比等到引入自动加入退款所花费成本更低，参见表3—4所列的6项对比结果。例如，对在2005年之前冻结了DB计划的雇主，其雇主总体缴费提升额度为工资额的0.69%，而对在2005—2009年期间冻结了DB计划的雇主，该额度为2.45%。同样地，对在2005年之前终止向新员工提供DB计划的雇主，其雇主总体缴费提升额度为工资额的0.56%，而对在2005—2009年期间终止向新员工提供DB计划的雇主，该额度为3.34%。

表3—4　2005—2009年期间401（k）计划引入自动加入条款后雇主缴费比例的变化情况（按调整类别）（%）

DB计划调整	第一层匹配缴费比例变化	有效匹配缴费比例变化	雇主总体缴费比例变化
冻结	14.68	0.73	1.64
2005年前	10.29	0.24	0.69
2005—2009年	18.40	1.15	2.45
向新员工终止	15.06	0.58	2.82
2005年前	5.56	0.22	0.56
2005—2009年	17.26	0.66	3.34
全部	6.52	0.32	0.89

资料来源：EBRI数据库特定计划分析，来自Benefit SpecSelect（a trademark of Hewitt Associates LLC）。

四、缴费的可持续性

理解401（k）计划缴费者的行为及说明其适用性时，需要明确的主要问题是雇主匹配缴费方式变化时个人行为的持续性。2008年金融危机发生后，许多雇主减少、推迟或停止提供匹配缴费，这为研究此问题提供了实践依据。[20]

Towers Watson 针对 260 家公司的分析表明，为应对金融危机，其中有 231 家推迟提供匹配缴费，29 家减少了匹配缴费（Apte 2011）。研究发现，大多数公司（75%）选择恢复雇主匹配缴费，在其中又有 74%的公司重新采用了初始匹配缴费额度。在这些公司中，在金融危机前和危机后普遍采用的雇主匹配缴费方式是工资额 6%以内按 50%匹配。能够查询到计划改变日期的公司数据显示，推迟提供匹配缴费的期限中位数为 12 个月，绝大多数公司在此后 9～12 个月内恢复提供匹配缴费。

另外，2009 年年中，Fidelity 管理的 DC 计划中约有 10%的计划推迟提供匹配缴费或减少匹配缴费额。2010 年 12 月，55%的雇主表示打算在未来 12 个月内恢复提供匹配缴费。Fidelity 还表示，有 71%的大公司（员工人数超过 5 000 人）已经恢复或打算恢复提供匹配缴费。超过 60%的中型公司（员工人数 500～999 人）也已经恢复或打算恢复提供匹配缴费，而该比例在 10 个月前为 38%。员工人数 1 000 人以内的公司中有 46%的也已经恢复或打算恢复提供匹配缴费。

2012 年 2 月，税务局发布了关于雇主 401（k）计划问卷调查结果的中期报告。该调查通过网络随机抽样调查了 1 200 家雇主，结果表明，推迟提供匹配缴费或终止匹配缴费的雇主数量占比从 2%（2006）提高至 5%（2008），减少雇主非选择性缴费的雇主数量占比则从 1%（2006）提高至 5%（2008）。

根据此前研究结论，雇主匹配缴费会影响员工计划参与率和个人缴费额决策（至少在自愿型计划中），由此推测，雇主推迟提供匹配缴费将影响员工养老储蓄。例如，在雇主匹配缴费方式为工资额 6%以内按照 50%匹配的计划中，员工为获得全额的雇主匹配缴费，个人缴费需达到 6%，若雇主匹配缴费推迟，是否会使缴费总额为 6%而不是 9%？或者促使员工降低个人缴费(有可能个人零缴费)？

为研究推迟雇主匹配缴费对员工行为的影响，VanDerhei（2009）借助

EBRI 数据库，分析了 2007 年雇主缴费超过 10 万美元且 2008 年无任何雇主缴费的所有 401（k）计划（计划在 2008 年仍然持续有效）。[21] 在雇主推迟匹配缴费后仍然在 2008 年继续个人缴费的员工人数占比作为雇主匹配缴费比例的函数。[22]

以雇主推迟匹配缴费后仍然在 2008 年继续个人缴费的员工人数占比为例（2008），在雇主匹配缴费比例低于 50%的所有计划中，该比例为 86%；但对其中雇主匹配缴费比例较高的计划，该比例有所下降；在雇主匹配缴费比例为 50%～100%的所有计划中，该比例为 80%；在雇主匹配缴费比例超过 100%的所有计划中，该比例仅为 73%。

五、未来展望

为避免无歧视检测的复杂性，越来越多的雇主采纳了“安全港”设计，即要求雇主提供最低额度的统一缴费，而不是依赖于匹配缴费激励。随着时间的推移，自动加入条款的普及可能会降低对雇主匹配缴费激励性投入的依赖。参见表 3—5 和表 3—6。

自 401（k）计划诞生以来，附加的无歧视检测要求使得计划福利不至于过分偏向高薪员工，以确保计划的公平性。合规性要求迫使雇主关注非高薪员工的加入，确保计划具备税优资格。长期以来，雇主匹配缴费一直被用于向放弃参与或缴费水平很低的员工提供“免费收入”。近年来，随着《2006 年养老金保护法案》的推进，自动加入条款的引入为雇主提供了推动员工加入与扩大计划参与范围的新动力，不再局限于将财务激励与推动参与绑定。

对整个职业生涯中缴费完整的员工而言，自动加入条款鼓励一定程度的参与，使其可以获得充足的养老收入。自动加入条款普及是否会影响到预期需求，以及雇主匹配缴费对未来退休收入安全性的保障程度等问题还有待进一步观察研究。

表 3—5　DC 计划中安全港计划占比（按公司规模）

公司规模	提供安全港计划的公司数量占比（%）
微型	44.6
小型	38.6
中型	37.5
大型	41.4
超大型	41.7
全部	41.5

资料来源：PLANSPONSOR 2011 年度 DC 计划调查。

表 3—6　DC 计划中有自动加入条款的计划占比（按公司规模）

公司规模	提供自动加入条款计划的公司数量占比（%）
微型	19.9
小型	38.4
中型	50.3
大型	50.7
超大型	55.7
全部	33.4

资料来源：PLANSPONSOR 2011 年度 DC 计划调查。

六、总结

401（k）计划是美国普及程度最高的养老储蓄 DC 计划，而雇主匹配缴费在其快速发展中发挥了重要作用。雇主采用各种匹配缴费设计鼓励员工广泛参与，同时确保计划满足无歧视检测等各项法律法规的要求，避免计划福利偏向高收入员工。

有关研究实证分析了雇主匹配缴费对自愿型 401（k）计划参与率的影响。研究结果处于较大范围区间，总体而言，雇主匹配缴费对提高401（k）计划参与率有积极作用，但对不同员工群体的影响有所差异。

数据最为详尽的一份研究（Mitchell 等 2005）表明，无论是否有雇主匹配缴费，公司中大约有 2/3 的非高薪员工都会加入计划，雇主匹配缴费对 401（k）计划参与率的影响不大。非高薪员工中超过 1/4 的人未加入 401（k）计划，尽管提供较高的雇主匹配缴费额度，仍有超过 1/5 的人不会选择加入。

有关雇主匹配缴费影响员工缴费行为的研究还不够丰富，VanDerhei（2001）构建了研究框架，将参加者年龄、工资与方案特定激励措施、雇主匹配缴费比例和额度上限等因素整合分析。

近几年的主要变化是引入了“自动加入条款”。研究表明，大多数加入计划的员工选择按照默认比例缴费且遵循计划设计自动提升缴费水平。许多雇主根据《2006年养老金保护法案》的要求，采用了简单安全港匹配缴费条款。部分雇主也担心，计划参与率的提升通常伴随着自动加入条款的应用，而自动加入会提高雇主匹配缴费的成本投入。减轻雇主匹配缴费成本的方法就是降低方案的匹配缴费额度。目前确定雇主是否采纳了这种方法还为时尚早，尤其是在近几年金融市场泡沫盛行之时，因此难以区分雇主匹配缴费与其他因素的具体影响。

雇主匹配缴费对有自动加入条款的401（k）计划参与率的影响还难以定论。对9家公司样本（Bersheas等2007）的研究表明，降低自动加入的401（k)计划中雇主匹配缴费额度将会使计划参与率降低5%～11%。公共政策分析专家可能会很好奇，越来越多的计划采用了自动加入条款，上述趋势是否会继续？[23]当然，雇主匹配缴费是否有助于缩小退休收入缺口，在很大程度上取决于雇主的计划设计（自愿加入与自动加入）以及参加者的收入水平。[24]

【注　　释】

1. 美国法律对DC计划的定义是为每个参加者建立个人账户的计划，其福利水平取决于进入个人账户的缴费额，加上收入和投资收益，减去支出和投资亏损以及相关账户管理费用。员工退休时是根据个人账户基金积累值领取退休金，投资风险全部由职工个人承担。

2. 退休信息调查由雇员福利研究院（EBRI)、美国储蓄教育委员会和Mathew Greenwald协会联合开展。

3. 关于计划设计和申请的信息可以在EBRI网站的基本信息栏目中查询，网址：http：//www. ebri. org/publications/books/? fa=fundamentals。

4.《1986年税收改革法案》也改变了法律，规定自1987年1月1日起生效的计划，进入合格税优利润分享计划的缴费来源不再局限于雇主的当期或累计利润。因此，无论雇主是否有实际盈利，雇主都可以使合格税优 CODAs 继续成为利润分享计划。

5. 目前有两类无歧视检测。第一类是实际延迟纳税缴费百分比检测（ADP，即员工税前缴款额和员工收入之比）。ADP 检测要求，收入排名在前 1/3 的员工的平均 ADP 与全体合格员工平均 ADP 的差额不超过一定比例，该计划就能通过 ADP 检测。每个员工群体（高工资员工群体和非高工资员工群体）的实际延迟纳税缴费百分比是该群体内员工实际延迟纳税缴费百分比的平均值。实际延迟纳税缴费百分比的计算是将每个参加者使用工资进行缴费而延迟纳税的额度除以该参加者在计划年度内的工资总额。未进行延迟纳税缴费的合格员工也必须计算入内，其实际延迟纳税缴费百分比为零。当前年度高工资员工群体的最大实际延迟纳税缴费百分比可以由前一年度非高工资员工的实际延迟纳税缴费百分比参考确定。在确定前一年度非高工资员工实际延迟纳税缴费百分比时必须计算入内的是在前一年度内符合非高工资员工要求的员工，即使在当前年度内该员工已经不再是非高工资员工。第二类是实际匹配缴费百分比检测（ACP）。实际匹配缴费百分比检测与实际延迟纳税缴费百分比检测运行方式相同，通过标准也一样。检测方法必须在计划文件中列明。

6. 安全港是法定的或合同条款，目的是保护计划免受惩罚或承担责任。

7. 最初的匹配缴费（工资额 4%以内按 25%匹配）方式改为了按工资额 4%匹配加年度利润分享缴费。

8. 有关雇主匹配缴费对自愿加入的 401（k）计划中员工缴费行为影响的研究较多，而对有自动加入条款的401（k)计划中员工缴费行为影响的研究相对较少。Nessmith 等（2007）研究发现新员工在有自动加入条款的 401（k）计划中的参与率（86%）几乎是在没有自动加入条款计划中的（45%）两倍。但研究发现，有自动加入条款的 401（k）计划的整体缴费比例下降，因为许多新参加者本可以自愿选择较高的缴费比例但实际却选择了较低的默认比例。更多内容参见Choi等（2004）的研究。

9. 研究结果来自所有参加者（无论是否缴费）样本的回归分析，其中的匹配缴费比例和额度已知或经过推断已知。回归分析模型包括年龄、工作年限、工资、计划贷款条款（有/无），以及雇主匹配缴费比例和雇主匹配缴费水平等变量，分析他们对个人税前缴费比例的影响。

10. EBRI/ICI 401（k）计划数据库包括了6万多个计划参与者的详细信息（人口、缴费行为）。由于遵循严格的信息保密规定，个人信息无法获取。

11. 该限额影响了进入401（k）类计划、联邦政府储蓄计划及其他计划的延税额度。2012年，402（g）（1）条款规定401（k）计划享受税延的年度缴费限额为17 000美元。

12. 甚至对没有无选择性匹配缴费的计划而言，也有参加者获得的雇主缴费与计划中匹配缴费公式计算结果不一致，员工税前缴费或税后缴费，或二者兼有。明显的差异反映出401（k）计划采用的工资定义与数据库中的工资定义的差异。作者试图通过计算实际的和预计的雇主匹配缴费额（工资额一定比例），并排除二者差异超过工资额0.2%的参加者，以控制这种差异的影响。

13. 如果计划不允许员工做下一级延税缴费，则在下一级缴费区间统计时将不包含此员工。由此可以在前期选择或计划限制基础上，准确观察这些可以做下一级缴费的员工行为。

14. 技术上，随机模拟模型假设未来401（k）计划的参加资格是当前参加资格的函数。

15. DB计划中部分雇主表示已经提高或打算提高DC计划的雇主匹配缴费或非匹配性雇主缴费，其数量占比从62%（过去两年内冻结了DB计划）增长到81%（打算在未来两年内终止向新员工提供DB计划）。

16. VanDerhei（2007）假设，一些雇主不继续向DB计划缴费，但他们希望每年都有大量具备参加资格的员工加入 401（k）计划。正如许多行业研究所示，包含自动加入条款的 401（k）计划中，具备参加资格的年轻员工和低收入员工参与率很高。

17. 未来两年将终止或冻结缴费的 DB 计划适用同样的水平。

18. 许多计划采用多层级、复杂的雇主匹配缴费公式，也是 Soto 等（2009）采用简单平均的 1∶1 匹配缴费方式存在问题的另一重要原因。

19. 有效匹配比例通过员工足额缴费获得全额雇主匹配缴费的匹配缴费公式，衡量雇主匹配缴费总额。该衡量指标由雇主匹配缴费比例、匹配缴费上限、多层级雇主匹配缴费公式综合决定。例如，多层级雇主匹配缴费方式为工资额 1%以内 100%匹配和工资额 2%～5%时 50%匹配，则有效匹配比例为 1×1＋（0.5×5）＝3.5%工资额。

20. 一些雇主为了释放 DB 计划法定最低缴费所需现金流，故而转投 401（k)计划。Salisbury 等（2009）研究了 251 个推迟向 440 万员工提供匹配缴费的雇主，雇用了一半员工（约 220 万人）的公司还保留了开放的 DB 计划。

21. 目前正在开展细化研究，采用具体计划在 2006 年和 2007 年的缴费，删除年中推迟缴费的情况。

22. 该指标是用 2007 年的雇主匹配缴费加总后除以员工缴费。由于存在非匹配性的雇主缴费，或存在员工个人缴费超过获得全额匹配缴费的情况，该指标结果不够准确。目前正用 2010 年年底的数据进一步测算。

23. 由于《2006 年养老金保护法案》颁布之前，很少有 401（k）计划采用自动加入条款，因此他们的员工很可能难以代表分布广泛的所有具备参加资格的员工。

24. VanDerhei（2010）假设，开始积累的各层级员工当前年龄中位数在 25～29 周岁，预计在整个职业生涯中参加资格期限在 31～40 年。他预测，收入处于最高分位的员工将有充足的养老金积累可以购买生命年金，使退休后领取的养老金可以达到 65 周岁退休时收入的 1/3。当收入降低时，自愿型计划的低参与率变得很突出。

【参考文献】

1. Adams，Nevin E. 2011. "Points of Hue：PLANSPONSOR's 2011 Annual Defined Contribution Survey." *PLANSPONSOR Magazine November*.

2. Andrews，Emily. 1992. "The Growth and Distribution of 401（k）Plans." In *Trends in Pensions 1992*，ed. John Turner and Daniel Beller，149 - 76. Washington，DC：U. S. Government Printing Office.

3. Apte，Vishal，and Brendan McFarland. 2011. "A Look at Defined Contribution Match Reinstatements." Towers Watson，*U. S. —Insider* October. www. towerswatson. com/united-states/newsletters/insider/5641.

4. Bassett，William，Michael Fleming，and Anthony Rodrigues. 1998. "How Workers Use 401(k) Plans：The Participation，Contribution，and Withdrawal Decisions." *National Tax Journal* 51（2）：263 - 88.

5. Beshears，John，James J. Choi，David Laibson，and Brigitte C. Madrian. 2007. "The Impact of Employer Matching on Savings Plan Participation under Automatic Enrollment." NBER Working Paper 13352，National Bureau of Economic Research，Cambridge，MA.

6. Brady，Peter J. 2007. "Pension Nondiscrimination Rules and the Incentive to Cross Subsidize Employees." *Journal of Pension Economics and Finance* 6：127 - 45.

7. Choi，James J.，David Laibson，and Brigitte Madrian. 2004. "Plan Design and 401(k) Savings Outcomes." NBER Working Paper W10486，National Bureau of Economic Research，Cambridge，MA.

8. Choi，James，David Laibson，Brigitte Madrian，and Andrew Metrick.

2004. "Defined Contributions Pensions: Plan Rules, Participant Decisions, and the Path of Least Resistance." In *Tax Policy and the Economy*, ed. James M. Poterb, 67 - 113. Cambridge, MA: MIT Press.

9. Dworak - Fisher, Keenan. 2011. "Encouraging Participation in 401 (k) Plans: Reconsidering the Employer Match, Industrial Relations." *Journal of Economy and Society* 50 (4): 713 - 37.

10. Engelhardt, Gary, and Anil Kumar. 2007. "Employer Matching and 401 (k) Saving: Evidence from the Health and Retirement Study." *Journal of Public Economics* 91 (10): 1920 - 43.

11. Even, William E., and David A. Macpherson. 2005. "The Effects of Employer Matching in 401(k) Plans." *Industrial Relations: A Journal of Economy and Society* 44 (3): 525 - 49.

12. Facts from EBRI. 2005. "A History of 401(k) Plans: An Update." Employee Benefit Research Institute, Washington, DC. http://www.ebri.org/pdf/publications/facts/0205fact.a.pdf.

13. GAO (Government Accountability Office). 2007. "Private Pensions: Low Defined Contribution Plan Savings May Pose Challenges to Retirement Security, Especially for Many Low-Income Workers," GAO, Washington, DC.

14. Holden, Sarah, and Jack VanDerhei. 2001. "Contribution Behavior of 401(k) Plan Participants." EBRI Issue Brief 238, Employee Benefit Research Institute, Washington, DC.

15. ——. 2002. "Can 401(k) Accumulations Generate Significant Income for Future Retirees?" EBRI Issue Brief 251, Employee Benefit Research Institute, Washington, DC.

16. ——. 2005. "The Influence of Automatic Enrollment, Catch-Up, and IRA Contributions on 401(k) Accumulations at Retirement." EBRI Issue Brief

283，Employee Benefit Research Institute，Washington，DC.

17. Ippolito，Richard A. 1997. *Pension Plans and Employee Performance*. Chicago：University of Chicago Press.

18. Kusko，Andrea，James Poterba，and David Wilcox. 1998. "Employee Decisions with Respect to 401(k) Plans." In *Living with Defined Contribution Pensions*：*Remaking Responsibility for Retirement*，ed. Olivia S. Mitchell and Sylvester Schieber，69 - 96. Philadelphia：University of Pennsylvania Press.

19. Madrian，Brigitte，and Dennis Shea. 2001. "The Power of Suggestion：Inertia in 401(k) Participation and Savings Behavior." *Quarterly Journal of Economics* 116 (4)：1149 - 87.

20. Mitchell，Olivia S.，Stephen P. Utkus，and Tongxuan Yang. 2005. "Turning Workers into Savers? Incentives，Liquidity，and Choice in 401(k) Plan Design." NBER Working Paper W11726，National Bureau of Economic Research，Cambridge，MA.

21. Nessmith，William E.，Stephen P. Utkus，and Jean A. Young. 2007. "Measuring the Effectiveness of Automatic Enrollment." Vanguard Center for Retirement Research，Malvern，PA.

22. Papke，Leslie. 1995. "Participation in and Contributions to 401(k) Pension Plans；Evidence from Plan Data." *Journal of Human Resources* 30 (2)：311 - 25.

23. Papke，Leslie，and James Poterba. 1995. "Survey Evidence on Employer Match Rates and Employee Saving Behavior in 401(k) Plans." *Economics Letters* 49 (September)：313 - 17.

24. Principal Financial Group. 2010. "New Data from the Principal Reveals Power of Employer Match." News Room：News Release Archive，November 30. www. principal. com/about/news/2010/ris-match-stats113010. htm.

25. Raish, David L. n. d. "Cash or Deferred Arrangements (Portfolio 358)." Bloomberg/BNA. www. bna. com/Cash-Deferred-Arrangements-p7555/.

26. Salisbury, Dallas, and Elizabeth Buser. 2009. "Many 401 (k) Sponsors Suspending Matching Contributions Also Funding Defined Benefit Pension Plans." *EBRI Note* 30(6), Employee Benefit Research Institute, Washington, DC.

27. Soto, Mauricio, and Barbara A. Butrica. 2009. "Will Automatic Enrollment Reduce Employer Contributions to 401(k) Plans?" CRR Working Paper 2009 - 33, Center for Retirement Research at Boston College, Boston.

28. VanDerhei, Jack. 2007. "Retirement Income Adequacy after PPA and FAS 158: Part One: Plan Sponsors' Reactions." EBRI Issue Brief 307, Employee Benefit Research Institute, Washington, DC.

29. 2009. "Falling Stocks: What Will Happen to Retirees' Incomes? The Worker Perspective." Presentation at the Association for Public Policy and Management Fall Conference, the Economic Crisis of 2008: What Will Happen to Retirees Incomes?.

30. ——. 2010. "The Impact of Automatic Enrollment in 401(k) Plans on Future Retirement Accumulations: A Simulation Study Based on Plan Design Modifications of Large Plan Sponsors." EBRI Issue Brief 341, Employee Benefit Research Institute, Washington, DC.

31. VanDerhei, Jack, and Craig Copeland. 2001. "A Behavioral Model for Predicting Employee Contributions to 401(k) Plans." *North American Actuarial Journal* 5 (1): 80 - 94.

32. ——. 2008. "The Impact of PPA on Retirement Income for 401(k) Participants." EBRI Issue Brief 318, Employee Benefit Research Institute, Washington, DC.

33. Yakoboski，Paul. 1994. “Salary Reduction Plans and Individual Saving for Retirement.” EBRI Issue Brief 155，Employee Benefit Research Institute，Washington，DC.

34. Yakoboski，Paul，and Jack VanDerhei. 1996. “Contribution Rates and Plan Features：An Analysisof Large 401(k) Plan Data.” EBRI Issue Brief 174，Employee Benefit Research Institute，Washington，DC.

第四章　德国 Riester 养老金计划：设计、动力、目标市场成功与挤入效应

Axel Börsch - Supan，Michela Coppola，Anette Reil - Held

【内容提要】

德国 Riester 养老金计划是由政府提供补贴的自愿型私营养老金计划，其目标是为了弥补日益扩大的养老金缺口。该计划初期启动缓慢，经过几次内容修改后，迅速获得成功。该计划推动有子女的家庭储蓄的成效显著，但对低收入群体的吸引力稍显不足。无法证明该计划对其他储蓄方式存在挤出效应：自从引入该计划后，国民储蓄累计总量有所提高。

人口结构变化使全球现收现付制公共养老金计划面临很多问题，很多国家被迫削减福利。德国分步实施了削减公共养老金计划福利的措施，1992 年将养老金指数化调整的依据改为按照净收入（原来按毛收入），2004 年引入“可持续性因素”，即指数化调整与制度本身赡养率（领取人数与缴费人数之比）成反比。据预测，至 2040 年，公共养老金占收入的比重将比 2010 年下降 18 个百分点。

德国等多国政府都意识到，养老金制度的改革会使未来养老收入缺口日益扩大。因此，在改革第一支柱公共养老金的同时，需加强基金积累式第二支柱（职业年金）和第三支柱（个人养老储蓄）的发展。为加快私营

第四章 德国 Riester 养老金计划：设计、动力、目标市场成功与挤入效应

养老金计划发展，各国采用了两种竞争性的策略：一是强制参加补充养老金计划（荷兰和瑞典），二是为私营养老金计划提供较高补贴，常见的是匹配缴费或税优政策，允许将补充养老金计划缴费在个人所得税前扣除。德国采用了激励导向的政策，实施 Riester 养老金计划，该计划根据前劳动和社会保障部部长 Walter Riester 的名字命名，作为 2001 年养老金改革的一部分通过立法确定实施。[1]

Riester 养老金计划规定，由州政府为自愿型个人养老储蓄提供补贴，且以年金化方式领取为条件。实施 Riester 养老金计划的目标是提升个人养老储蓄水平，有效弥补公共养老金不断降低可能引起的老年收入缺口。由于预计低收入家庭和有子女家庭在弥补老年收入缺口方面的困难最大，大量税收支出用于这部分群体，每个人的缴费额度适用较多的税收减免。

本章集中分析公众对 Riester 养老金计划的接受度和加入动力，重点强调销售和成本因素：谁加入新的养老金计划？方案成本如何？成本由谁承担？谁最可能弥补因公共养老金改革造成的收入缺口？本章也将分析该计划是否替代其他目的的储蓄。

在 2002—2008 年间，Riester 养老金计划与匹配缴费的补贴逐步引入，这也便于分析匹配缴费补贴对参与率的影响。有关数据来自 SAVE 数据库，该数据库涵盖了家庭储蓄和资产选择、社会人口特征、储蓄和老年行为等心理决定因素，涉及时间为 2001—2010 年；也便于采用一系列解释变量来考察老年收入政策。

本文的研究可以丰富各国关于养老储蓄激励措施效用的研究内容。美国 Venti，Wise（1990）与 Gale，Scholz（1994）关于个人退休账户（IRAs）作为储蓄工具有效性的观点截然相反（见 Skinner 和 Hubbard 1996 文献综述）。Disney，Emmerson 和 Wakefield（2001）对英国情况做了全面总结。伴随着几乎所有发达国家的养老金体制改革，激发了对各国不同税收政策和补贴政策与养老储蓄行为的研究比较（Börsch - Supan 2003，2004）。本章重点分析

德国经验，更新了此前 Börsch - Supan、Reil-Held 和 Schunk（2008）的文章。

本章主要介绍新计划的方案设计、成本及有效性。第一部分介绍 Riester 养老金计划核心的初始设计特征。第二部分分析 2001—2010 年该计划的参与情况及形成参与动力的方案特性。第三部分总结 Riester 养老金计划的成本及其引起的养老储蓄变化。接下来分析该计划的有效性，第四部分是社会经济特性对加入计划动力的描述性统计。第五部分总结 Riester 养老金计划的宏观影响，特别是该计划是否对其他形式的储蓄形成“挤出效应”。第六部分展示了如何弥补养老金缺口这一终极目标。最后是本章内容总结。

一、Riester 养老金计划的初始设计

为应对老龄化挑战，弥补公共养老金改革引起的老年收入缺口，在 2001 年《德国退休储蓄法案》中引入了综合的方案，为通过审批的养老金产品提供储蓄激励津贴，即后来广为人知的 Riester 养老金计划。该计划提供两类津贴，对个人缴费提供匹配缴费，并在计算个人所得税时将所有缴费从收入中扣除；起初的审批流程相当复杂，2005 年起简化了审批流程。

1. “合格”产品的特征

方案实施初期，符合德国退休养老金法案的 11 项要求，且经过核准的产品才能获得补贴。具体要求如下：

- 参加者必须定期缴费。
- 供应商需保证每个日历年度名义投资回报率为正。
- 养老金必须转化为生命年金来领取。
- 领取时，一次性现金领取的额度不能超过账户累积资产额的 20%。
- 管理成本和营销成本的摊销期限至少 10 年。
- 所有供应商必须在监管委员会登记。

大多数 Riester 养老金计划产品由保险公司提供，部分由银行和投资基金公司提供。

2. 参加资格

并非所有家庭都具备 Riester 养老金计划参加资格，参加资格的认定比较复杂。具备参加资格的群体包括已缴纳社会保险的员工，收到工薪福利的人（如失业保险金、子女津贴等），必须是已参加公共养老金计划的自由职业者、农民和终身公务员。具备参加资格的员工的配偶，如果他们自己参加单独的养老金计划，也有权获得补贴（“间接权益”）。

3. 补贴

受政府预算限制，补贴方案从 2002 年开始逐期实施，2008 年结束。每一期都将有关参数指标值提高 1 倍。表 4—1 第 1 栏显示为获得全额津贴，缴费必须占收入的比重。全额津贴包括三类（见第 2～4 栏），第一类是基本津贴（见第 2 栏），与参加者的个人缴费额匹配，为中低收入家庭提供。有资格获得基本津贴的个人须将储蓄存入经过核准的养老金计划。方案实施之初，还要求参加者每年提交申请才能获得基本津贴。政府提供的基本津贴计入个人缴费账户。第二类津贴是子女津贴（见第 3 栏）。第三类津贴是 Riester 养老金计划缴费的税收减免额（见第 4 栏）。自 2008 年开始，该项税收减免额度一直是 2100 德国马克，如果额度没有随时间推移而上升，这项措施的作用最终会削弱。[2]

表 4—1 补充养老金计划法定激励额度（2002—2008）

年度	缴费上限（占毛收入比例/%）(1)	基本津贴（欧元/年）(2)	子女津贴（欧元/年）(3)	税收减免额度上限（欧元/年）(4)
2002	1	38	46	525
2004/05	2	76	92	1 050
2006	3	114	138	1 575
2008	4	154	185[a]	2 100

资料来源：作者整理。

注：a. 2007 年后出生的孩子，子女津贴为 300 欧元。

如果实际缴费占收入的比重低于表 4—1 第一栏中的数值，匹配缴费津贴会同比例减少；因此，需要精确地计算才能知道获得全额津贴所需的个人缴费额。这也是导致方案透明性低的另一因素。最低的个人缴费额由子女数量和个人加入 Riester 养老金计划的年份决定。

复杂的设计使绝大多数人无从了解津贴的规模。基本津贴使低收入群体获得的补贴相对较多，而高收入群体因较高的累进所得税率获得较多税收减免，因此补贴呈明显的 U 型分布（见图 4—1）。整体上，津贴占缴费的比重为 24%～90%，因收入水平和子女数量而异，平均值为 45%。按平均收入（4.2 万德国马克）计算，津贴占缴费的比重为 39%。

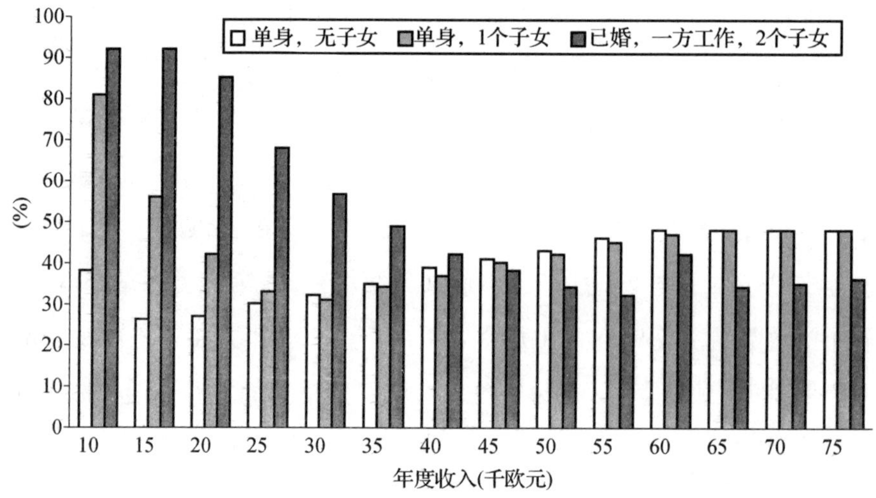

图 4—1　津贴占缴费总额（个人缴费与政府匹配缴费之和）比重

资料来源：Deutsche Bundesbank 2002。

注：补充养老总储蓄中有政府补助（直接津贴/税优）的储蓄所占份额。

4. 自住房屋

通常养老金要等到退休且须转化为年金保险领取。2001 年的法案允许提前领取的额度为 1 万～5 万马克，但必须在 65 岁之前以月度存款方式存回账户（否则，之前获得的津贴将被扣回）。2008 年改变了此项规定，若个人购买自住房屋，可以支取最高达 100%的账户积累额，不必存回。此外，贷款协议和社区建设储蓄合同也获批为 Riester 养老金计划合格产品，可享受相关补贴政策。如今，类似的住房金融产品在 Riester 养老金计划产品中的份额很小。

5. 参加动力与修正设计

第一年，引入激励措施后，约增加了 140 万个计划（见图 4—2）。[3] 市场激情消失之后，2003—2004 年，Riester 养老金计划表现平平。增长滞后及其参加资格和津贴计算的复杂性广受诟病，使得 2005 年启动了简化设计改革，以提高更多家庭和供应商的接受度。

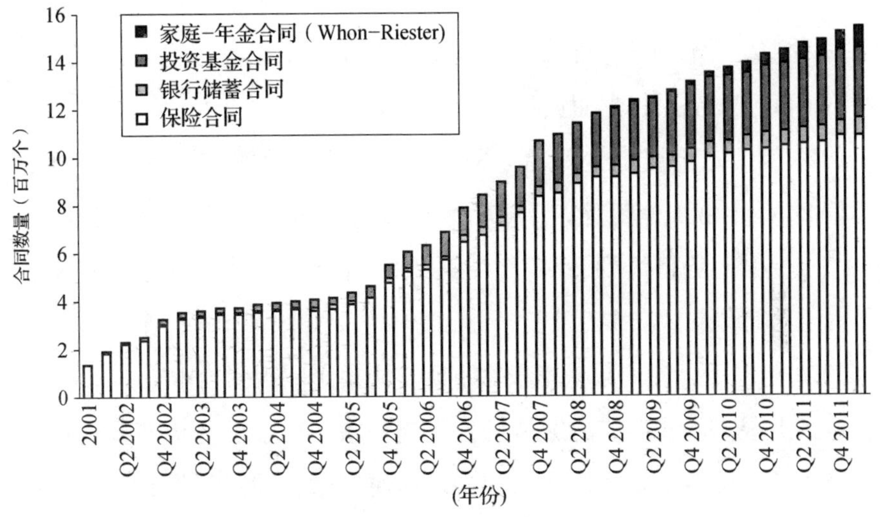

图 4—2　Riester 养老金计划发展情况

资料来源：作者根据 Federal Ministry for Labour and Social Affairs (www. bmas. de) 数据计算。

注：Q=季度。

2005 年的变化没有影响如表 4—1 和图 4—1 所示津贴额，主要变化内容如下：

1. 简化申请流程，一次性申请即可。有资格获得津贴的人可授权其养老金供应商每年代为提交申请。

2. 需要审批事项从 11 项缩减为 5 项。

3. Riester 养老金计划领取时需强制购买年金保险的账户余额占比从 80%

下降为 70%（即 30%可以一次性现金领取）。

4. 参加者个人缴费下限为每年 60 马克。

5. 养老储蓄产品和供应商信息透明度提升。要求提供更多的投资选择信息、资产组合结构和风险参数，要求供应商提供与同类产品客观比较和测算的信息。

6. 获取成本和营销成本摊销期从 10 年缩短为 5 年，增加了对供应商的吸引力。虽然没有明确成本上限规定，但在审批过程中对费用实施“软性限制”。

7. 这些变化伴随着政府发起的高管宣传推广活动。但主要的广告投入还是由 Riester 养老金计划供应商负责。

2005 年的变化规定生效后，Riester 养老金计划的需求飙升（见图 4—2），仅 2005 年第 4 季度新签合同就达 90 万份，相当于 2014 年全年总量的 4 倍；需求上升趋势持续到 2008 年，到 2008 年年底，累计建立了具备领取津贴的养老金计划 1 200 多万个。

2008 年以后，计划数量增长率下降。主要影响因素有 3 个：2008 年缴费比例达到上限；一些群体的缴费已处于饱和状态；金融危机使投资回报率很低甚至为负，必然使新客户望而却步。即便新增合同数量增长下降，但合同总数继续保持一定增速。到 2009 年年底，具备获得津贴资格的家庭中约 40%的家庭至少加入了一个 Riester 计划（Coppola 和 Gasche 2011）。

Riester 计划发展动力与职业年金的加入同步推进。相反，其他未获得补贴的私营养老储蓄计划出现了实质性的下降（见图 4—3）。

2006 年，Riester 计划将职业年金计划作为德国主要的积累制养老金计划。因此，未参加私营补充养老金计划的家庭数量占比从 73%（2001）下降为 45%（2009）。2010 年，约 1/4 的家庭同时拥有至少两种养老储蓄产品（见图 4—4）。

第四章　德国 Riester 养老金计划：设计、动力、目标市场成功与挤入效应

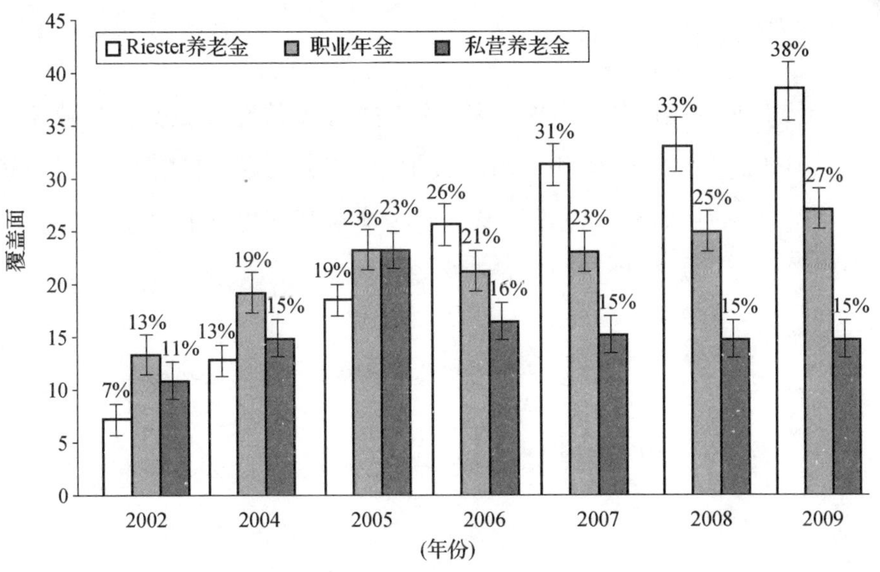

图 4—3　私营养老金和职业年金覆盖面（2003—2010）

资料来源：作者根据 SAVE 面板数据计算。

注：加权数据。

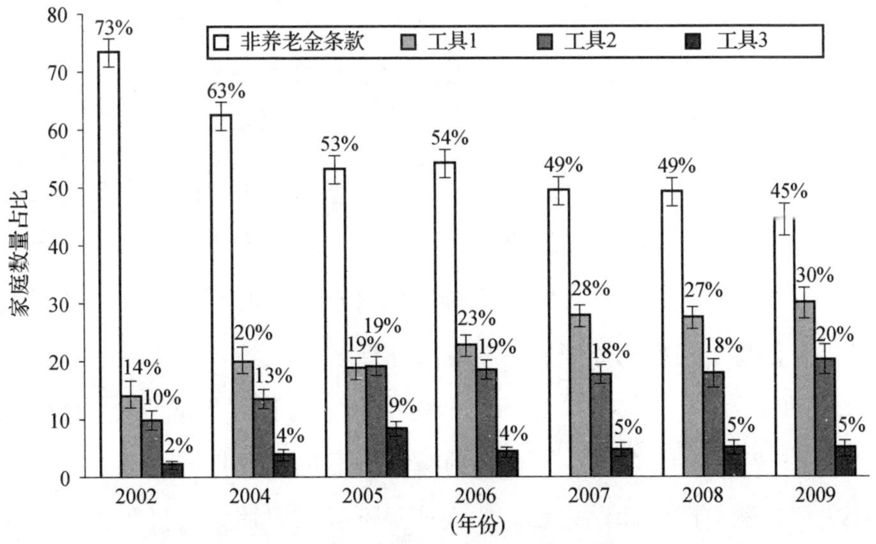

图 4—4　拥有私营养老金和职业年金计划的家庭占比（2003—2010）

资料来源：作者根据 SAVE 面板数据计算。

注：加权数据。

二、财政成本与储蓄

Riester 计划提供的各类津贴（基本津贴、子女津贴和缴费税收减免）直接增加了财政成本。2010 年相关财政成本为 35 亿马克，其中 80%用于基本津贴（见图 4—5）；同期，公共养老金的各项福利开支（养老金、残疾养老金和遗属养老金）为 2 250 亿马克。

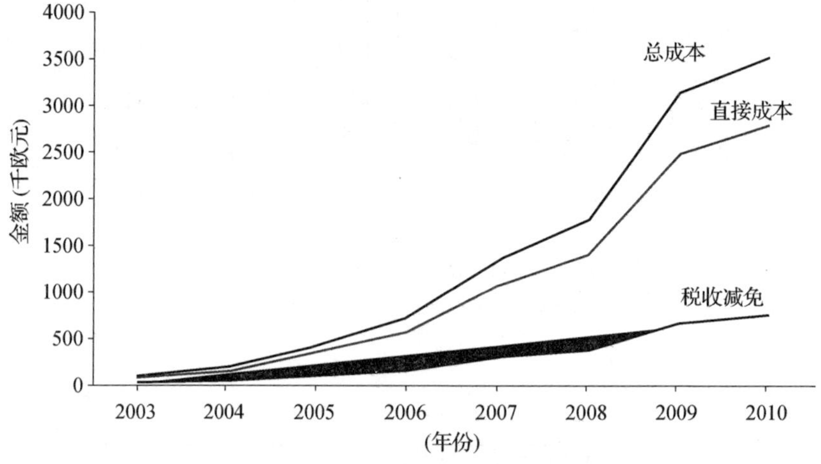

图 4—5 Riester 养老金计划财政成本（2003—2010）
资料来源：Deutsche Rentenversicherung 2011。

如图 4—5 所示的财政成本包括 Riester 计划的直接津贴支出和税收减免额度。由于 Riester 计划的直接津贴可以在向计划缴费后两年内申请，而税收减免在缴费当年即体现，因此难以准确获取每年的津贴与缴费确切的匹配信息。此外，信息不匹配的原因后面将专门分析。

Stolz 和 Rieckhoff（2008，2009，2010，2011）尝试将年度缴费与津贴额匹配（见表 4—2）。该计算包括了直接的津贴，不包含税收减免额。账户积累额是个人缴费额与匹配津贴之和。假设如果不提供津贴激励措施，个人不会向账户缴费。测算表明，1 马克津贴（不包含税收减免额）会带来 2.2 马克养老储蓄。因此，说明津贴是成效较高的措施。

Gerber 和 Zwick（2010）将中央补贴局（ZfA）的数据与收入所得税数据结合，考察税收减免的影响，并测算了更多的津贴比例以考察其有效性。当然，结合二者的综合分析也有一些局限性，如时间匹配问题，因此相关分析结果与表 4—2 中的数据不具备直接可比性。该研究发现，1 马克津贴会带来 1.9 马克养老储蓄，其中有子女家庭（2.4 马克）高于无子女家庭（1.1 马克），这一结论与 Stolz 等的测算结果类似（2.2 马克）。

表 4—2　　Riester 计划中的直接津贴与相关储蓄（2005—2008）

年度	直接津贴（千欧元）	储蓄总额（千欧元）	个人缴费（千欧元）	有效率
2005	521 917	1 762 749	1 240 832	2.4
2006	1 134 339	3 635 886	2 501 547	2.2
2007	1 445 688	4 834 565	3 388 877	2.3
2008	2 543 300	7 815 500	5 272 200	2.1

资料来源：Stolz 和 Rieckhoff，(2008，2009，2010，2011)，根据 the Central Subsidies Agency 数据计算。

三、目标市场的成功

衡量方案有效性的另一个标准是津贴对目标人群的覆盖。Riester 计划的初衷是推动低收入群体和有子女的家庭建立养老储蓄。ZfA 每季度公布计划参加情况的数据。Stolz 和 Rieckhoff（2008，2011）的研究表明，低工资者、女性和前东德的员工是获得津贴群体的典型代表。[4] 这些数据是个人数据，不是家庭数据，所以不能反映全部的家庭收入，而只反映与收入补贴相关的部分收入。

本文对目标群体分析采用 SAVE 数据（介绍详见 Börsch - Supan 等 2010，Essig 2005 和 Schunk 2006）。该调查在 2001 年、2003 年分别开展过，2005—2010 年则每年都开展。SAVE 提供了个人及其配偶（以下称家庭）的数据信息。2006 年，样本数量是 3 500 个家庭。本章所用数据严格限定为未退休的家庭。[5] 所有描述性统计以德国微观调查的收入和年龄分布标准为依据。[6]

由于近年公共养老金制度改革会逐渐降低未来退休者养老金的收入替代率，这对年青一代的影响远甚于年老一代，预计应能发现与年龄相关的差异。

此外，年青一代有更长时间获得津贴，也更可能因为有子女而可以获得更高水平的津贴。因此，正如图 4—6 所示，实际上，年轻家庭的替代率高于年老一代。

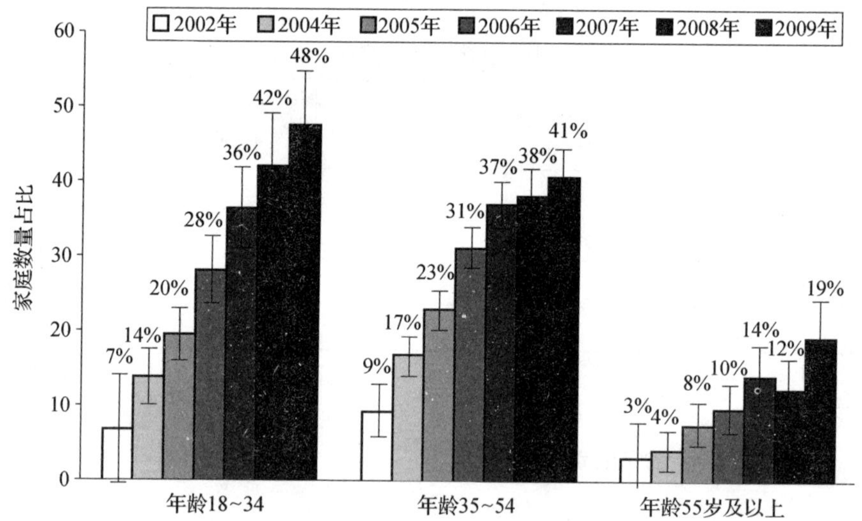

图 4—6　不同年龄群体 Riester 计划参与率

资料来源：作者根据 SAVE 面板数据计算。具备参加 Riester 计划资格的家庭。

注：等级段显示 95%的置信区间。数据加权。

1. 有子女家庭的参与率

图 4—7 表明，子女数量与参加 Riester 计划的家庭比例呈现正相关关系。由于津贴数额与子女数量成正比，有 2 个及以上子女的父母对 Riester 计划产品需求强烈。

2010 年，有 2 个及以上子女的家庭约有 60%加入了 Riester 计划，这一比例是无子女家庭的两倍多。有 3 个以上子女的家庭加入 Riester 计划的积极性更高。图 4—8 展示了子女数量对加入计划的影响。这也说明 Riester 计划特有的子女津贴激励成效显著。

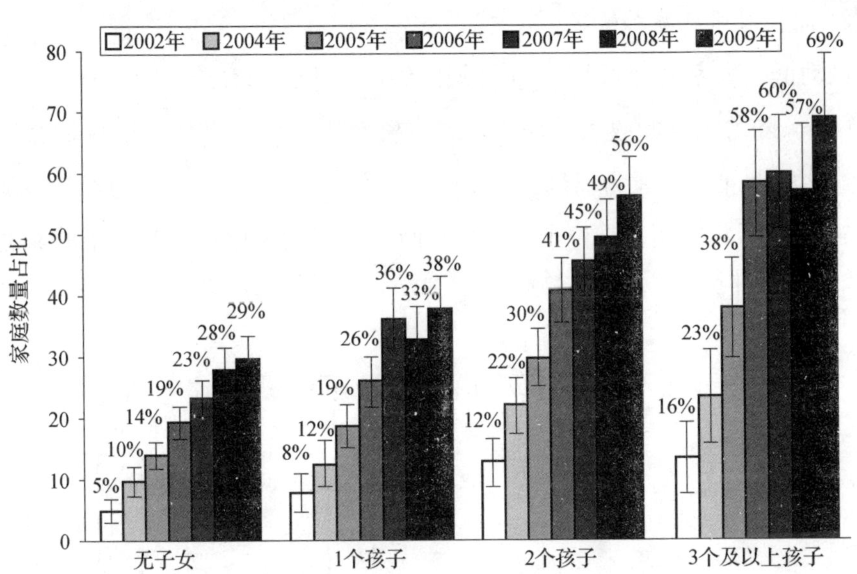

图 4—7 不同子女数量的家庭 Riester 计划参与率

资料来源：作者根据 SAVE 面板数据计算。具备参加 Riester 计划资格的家庭。

注：等级段显示 95%的置信区间。数据加权。

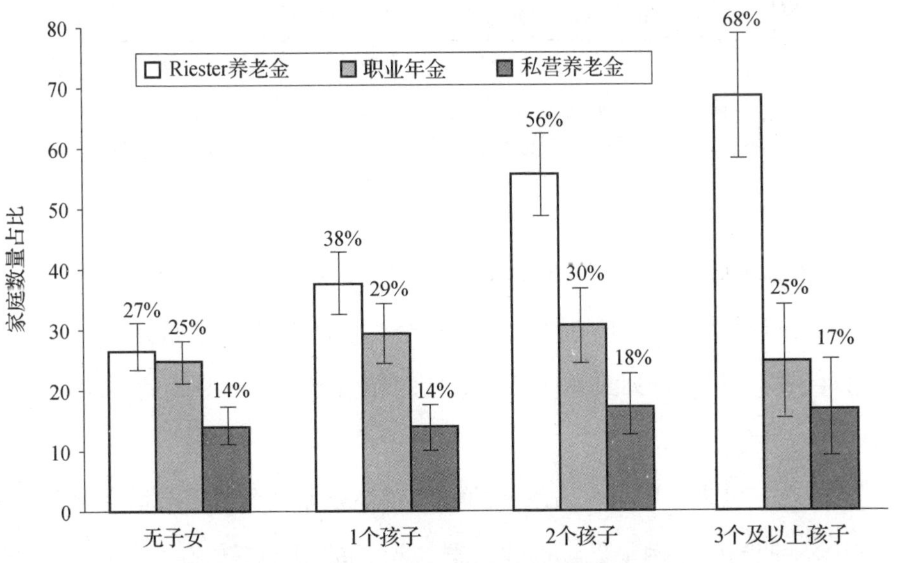

图 4—8 按子女数量分类的家庭私营养老储蓄

资料来源：作者根据 SAVE2010 数据计算。具备参加 Riester 计划资格的家庭。

注：等级段显示 95%的置信区间。数据加权。

2. 低收入家庭参加情况

推动低收入家庭加入 Riester 计划的难度高于推动有子女的家庭加入（见图 4—9）。随着可支配收入的增长，家庭资产中私营养老储蓄的份额相应上升，这在职业年金中尤为明显。最低收入分位群体中，仅 19%的家庭参加了 Riester 计划。相比而言，位于收入最高两个区间的家庭中，有一半的家庭参加了 Riester 计划。

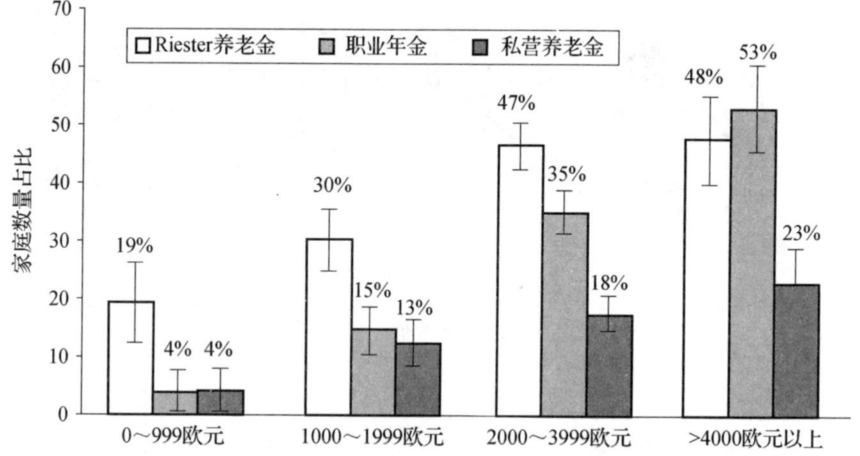

图 4—9　按家庭月度可支配收入分类的私营养老金占比（2009）

资料来源：作者根据 SAVE2010 数据计算。具备参加 Riester 计划资格的家庭。

注：等级段显示 95%的置信区间。数据加权。

由于推动低收入家庭养老储蓄的困难客观存在，通过比较低收入家庭持有的 Riester 计划是否多于其他私营养老金，也能判断该项目是否成功。因此，相对于职业年金计划或其他没有津贴的私营养老金计划而言，Riester 计划与收入的关联度更高。

自 2002 年以来，所有收入水平的群体对补充养老金的需求均在上升（见图 4—10）。期初的比例很低，低收入群体增长的幅度不如高收入群体明显。若以相对百分比来表示，这种影响更加不显著。增长特别显著的是高收入群体中职业年金和没有津贴的私营养老金计划。

图 4—10 表明，自 2002 年以来，低收入群体中参加 Riester 计划的家庭所占比重并非爆发式增长，其增长率不如中等收入群体增长显著。因此，Riester 计划对低收入群体的成效难以做出最终判断。

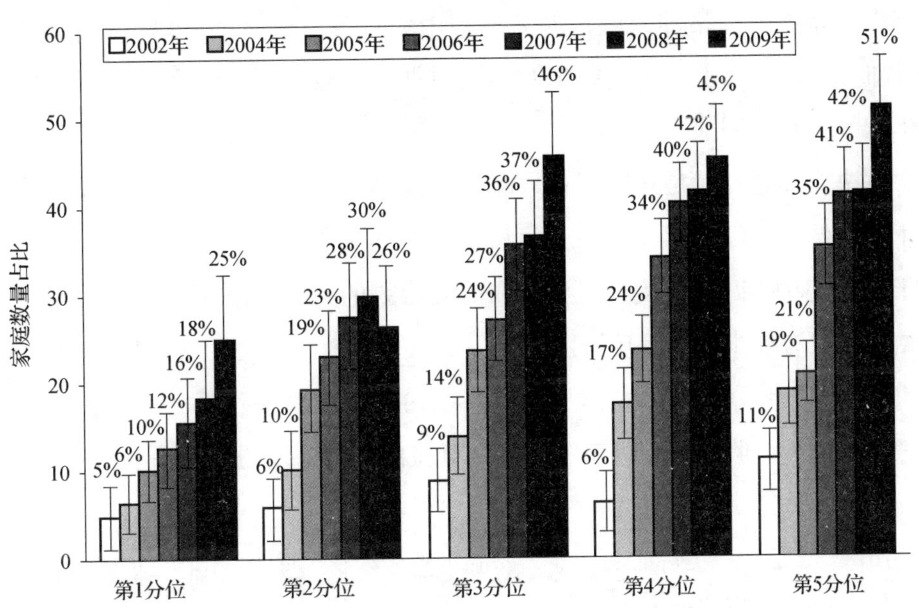

图 4—10　按家庭月度可支配收入分类的 Riester 养老金计划参与率

资料来源：作者根据 SAVE 面板数据计算。具备参加 Riester 计划资格的家庭。

注：等级段显示 95%的置信区间。数据加权。

四、替代效应或挤出效应

之前的成本分析表明，Riester 计划是昂贵的政府计划。相关津贴直接增加了政府支出，潜在地减少了国民储蓄。此外，加入 Riester 计划只是替代了其他储蓄方式，尤其是替代其他私营养老金计划。Riester 计划对宏观经济的影响为零甚至为负。

Corneo，Keese 和 Schröder（2009，2010），Pfarr 和 Schneider（2010，2011）的经济分析并不支持这一论点（即 Riester 计划只是替代效应的假设）。在这些文章中，为克服事实论据匮乏的困难，必须做出准确的假设（由于

Riester 计划设计中，表面上每个人都具备参加资格，因此没有自然的控制组）。例如，假设参加 Riester 计划或其他储蓄方式是相互独立的决定。

由于大多数家庭都具备参加资格，津贴与整体储蓄的因果关系不能清晰分辨。具备参加资格的家庭（如某些自由职业者）社会经济地位差异很大，因此难以开展跨行业分析。根据对不同时期的比较分析，研究发现证据很详细但因果关系不明显。

解决方案之一就是开展调查，询问个人津贴额度达到什么水平可以激励产生新的储蓄。Coppola 和 Reil - Held（2010）研究了专项调查获得的回复。关于行为变化的回复涉及愿望想法和前因后果的判断。图 4—11 清晰地展示了结果，只有极少数家庭反馈因为加入 Riester 计划而减少了总储蓄，绝大多数家庭的储蓄总量都在增长。最令人兴奋的莫过于大量的低收入家庭表示他们增加了储蓄。收入水平处于最高两个分位的家庭回复的模式基本相同。

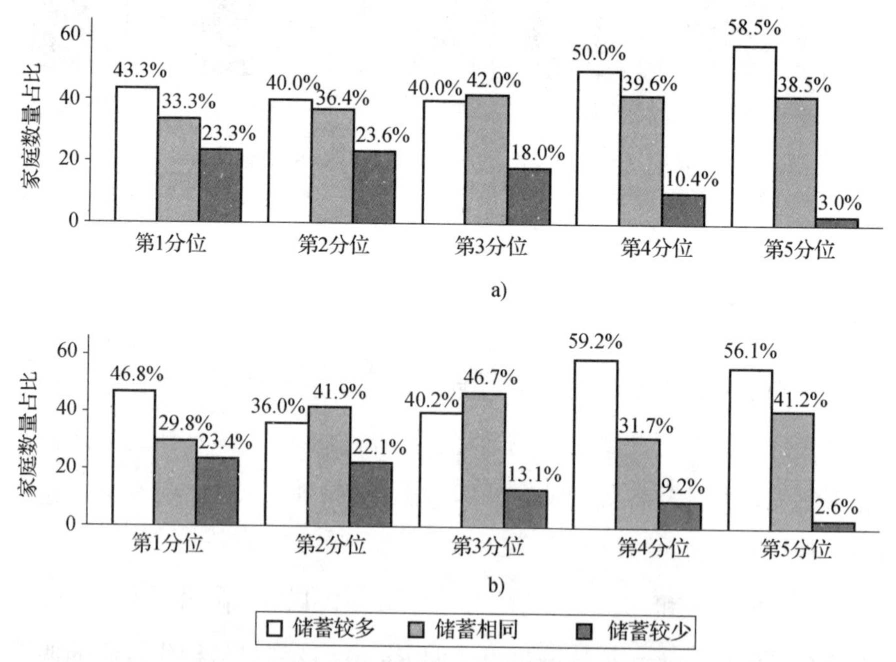

图 4—11　加入 Riester 计划后储蓄的变化

资料来源：Coppola 和 Reil-Held（2010），根据 SAVE 2008 Riester 养老金计划家庭数据计算。

注：数据加权。

作为主观性较弱的证据，表 4—3 表明，Riester 计划的增长并未伴随着其他养老储蓄的下降；引入 Riester 计划后，职业年金的规模也在增长，在 2004—2009 年间，未获得补贴的其他养老金计划则实质性地下降。可能更为重要的原因是，累计的家庭储蓄率一直上升，占可支配收入的比重从 9.4%（2001）增长到 11.4%（2010）。此外，新养老计划并未导致整体不储蓄的上升。直至 2008 年金融危机发生前，财政激励支出的规模很大，政府赤字也在减少。

表 4—3　　Riester 计划和其他私营养老金计划产品需求决定因素

变量	方案 A		方案 B	
	Riester 计划（1）	其他私营养老金计划（2）	Riester 计划（3）	其他私营养老金计划（4）
不动产购买动机	0.001	0.143	−0.001	0.147
	(0.01)	(1.67)*	(0.01)	(1.71)*
储蓄动机				
购买不动产	−0.090	−0.057	−0.089	−0.058
	(2.11)*	(1.39)	(2.08)**	(1.43)*
预防意外事件	−0.096	−0.057	−0.086	−0.052
	(1.44)	(0.86)	(1.28)	(0.79)
还债	−0.055	−0.041	−0.054	−0.043
	(1.24)	(0.99)	(1.22)	(1.03)
养老	0.229	0.694	0.218	0.691
	(3.06)***	(7.87)***	(2.92)***	(7.86)***
度假	0.009	−0.068	0.012	−0.069
	(0.18)	(1.49)	(0.25)	(1.51)
重大投资	0.042	0.039	0.035	0.037
	(0.81)	(0.77)	(0.68)	(0.72)
子女教育	−0.038	−0.091	−0.038	−0.094
	(0.81)	(2.02)**	(0.80)	(2.09)**

续表

变量	方案 A		方案 B	
	Riester 计划（1）	其他私营养老金计划（2）	Riester 计划（3）	其他私营养老金计划（4）
遗产	−0.124	0.090	−0.128	0.090
	(2.32)**	(1.80)*	(2.39)**	(1.80)*
州补贴	0.264	−0.015	0.269	0.008
	(6.03)***	(0.38)	(6.13)***	(0.20)
其他工具				
其他形式的补充养老金	0.469	0.462	0.466	0.466
	(6.27)***	(6.56)***	(6.25)***	(6.64)***
McFadden R^2	0.137		0.136	
Rho [Chi² （1）]	0.055 [1.32]		0.060 [1.54]	
样本数量	2 255		2 255	

资料来源：Bösch - Supan，Reil - Held，Schunk，2008.

注：Absolute value of the statistics in parentheses. 回归分析也包括许多社会经济变量。*** 表示 p<0.01，** 表示 p<0.05，* 表示 p<0.1。

Börsch - Supan，Reil - Held 和 Schunk (2008) 引入了许多社会经济变量，开展了补充养老金计划的经济学分析。研究表明，替代效应表现在两个方面。首先，研究采用了二变量回归模型，同步模拟加入 Riester 计划和加入其他没有补贴的私营养老金计划。如果二者的相关系数为负，说明二者兼有替代性。其次，将储蓄的竞争动机作为解释变量，若该变量的相关系数为负说明具有替代性。

表 4—3 展示了两种研究方案的结果。方案 A 中将可支配收入设为四个 1/5 的指标，方案 B 采用了可支配收入的二次方程。两个方案中，第一个相关变量（第 1 列和第 3 列）表明家庭是否加入了 Riester 计划，第二个相关变量（第 2 列和第 4 列）表明家庭是否加入了没有补贴的私营养老金计划。所有变量都取 2005 年年底的值。

回归结果令人满意（见表 4—3 底部）。此外，预测模型展现了两个等式之间的正相关性，或更精确地，可以表示为肉眼难以观察的加入 Riester 计划和加入其他没有补贴的私营养老金计划的决定过程的相关性。尽管统计上相关性较弱，但并不支持 Riester 计划对其他没有补贴的私营养老金计划存在“挤出效应”的假设。

表 4—3 列出了回归分析中反映参加者不同动机重要性的一系列变量。有三个有趣的储蓄动机：获取不动产、财产遗赠和获得政府补贴。有证据表明养老储蓄与购置不动产之间可能存在替代效应，在“储蓄用于购置不动产”的回复者中，替代效应很明显，且更为重要的是，这些人不大可能是 Riester 计划参加者。第二个呈负相关的相关系数是用于描述财产遗赠动机，研究表明，Riester 计划强制要求大部分账户积累额购买年金保险，减弱了具有财产遗赠动机人员的需求。

除 Riester 计划和其他没有补贴的私营养老金计划外，职业年金和其他终身寿险产品也是广受欢迎的提供补充养老收入的方式（Bundesministerium für Arbeit 和 Soziales 2006）。统计上，相关产品的正相关性非常显著；已经拥有至少一种上述产品的家庭更可能加入 Riester 计划。这通常解释为家庭的思维超前，倾向于采用多种养老储蓄方式。而与“购买不动产”和“财产遗赠”相反，研究结果表明，不同的养老储蓄产品之间存在“挤出效应”。

五、弥补养老金缺口

公共养老金日益降低的背景下，衡量项目成功与否主要看 Riester 计划在老年收入缺口弥补中的作用多大？Börsch - Supan 和 Gasche（2010）以可获得最高补贴的员工为例，模拟测算可领取的公共养老金和 Riester 计划给付的年金金额。图 4—12 表明，公共养老金给付额逐年下降，而 Riester 计划给付额逐年上升。

因 Riester 计划 2002 年才启动，2008 年退休人员其 Riester 计划积累额较低。2008 年之后退休者其资产积累期更长，预计到 2047 年会达到平衡。尽

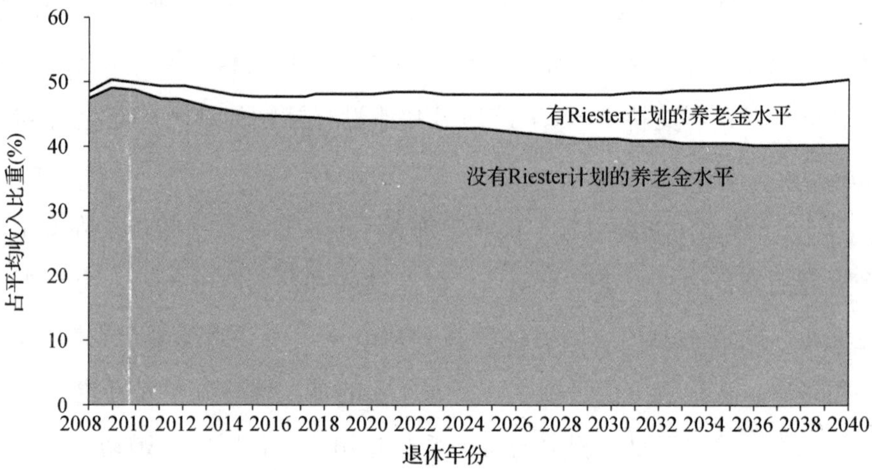

图 4—12 公共养老金和 Riester 计划养老金福利

资料来源：Bösch - Supan and Gasche 2010。

管预计从 2030 年开始，公共养老金和 Riester 计划给付之和会超过目前的公共养老金给付水平，但是处于过渡期的一代人无法完全弥补其养老金收入缺口（见图 4—13）。

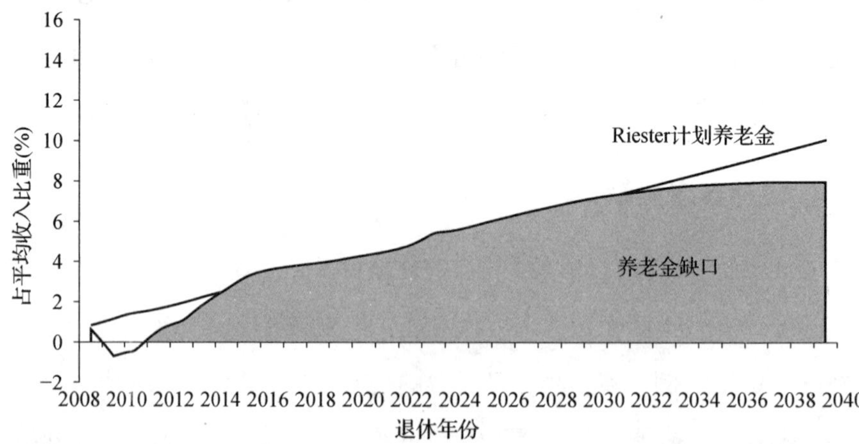

图 4—13 弥补养老金缺口

资料来源：Bösch - Supan and Gasche 2010。

由于参与率未达到 100%，且个人储蓄额度未达到上限，或发生过缴费中断现象（如因失业或其他财务压力），实际养老储蓄量应低于表 4—1 的标准。当然，由于个人还拥有其他形式的养老储蓄如职业年金和没有补贴的其他私营养老金计划等，个人养老储蓄实际量也可能高于表 4—1 的标准。

Börsch - Supan，Essig 和 Wilke（2005）以实际家庭数据做了模拟分析，以 SAVE 面板数据测算分析了所有家庭当前金融财富及其净储蓄率。假设净储蓄率保持不变且实际净回报率为 2.8%，测算个人至退休时点的财富总价值且将其转化为生命年金，再将生命年金领取额与养老金缺口进行比较。

平均而言，德国的养老金缺口大部分得以弥补。超过 2/3 的人完全能够弥补新旧养老金制度转换造成的养老金缺口。按平均家庭收入测算，Riester 计划可领取的年金与养老金缺口之比为 120%。当然，不同群体分布不对称，据预测，经济社会状况尤其收入水平不同的人其结果也大不相同。虽然中位数的家庭收入可以弥补公共养老金下降造成的收入缺口，SAVE 面板数据分析表明，约有 27%的家庭不能弥补养老金收入缺口。

六、结论

德国 Riester 计划最重要的成功经验在于，一项新的补贴式储蓄计划取得成功需要时间的积累。在美国，个人退休账户（IRAs）花了十多年时间才被收入最高的 60%人群所接受（Venti 和 Wise 1990）。德国 Riester 计划发展迅速，尤其在最初几年出现爆发式增长，之后有所停滞，直到 2005 年相关法律修订后其恢复迅速增长。德国 Riester 计划的整体增长率高于美国 IRAs。较高的参与率反映出直接的津贴的作用或在公共养老金改革背景之下福利下降的紧迫性。

关于德国 Riester 计划发展的不连续性，有几种解释。首先，产品设计不佳导致最初的市场接受度很低。尽管做了很多广告宣传，但需要公众花费时间和精力了解、认识养老储蓄的需求及如何开展养老投资问题。人们需要从环境中学习，因此该计划的发展速度取决于该养老金计划在公众中的普及程度，在达到饱和状态前都会快速增长。

难以准确判断 Riester 计划发展的动力是否反映了财务激励的成效、信息可得性、政府与供应商（主要是保险公司）付出的努力。但最引人注目的是，方案简化之后，参与率得以迅速提升。因此，重要经验之一就是使方案简单明了，使消费者容易理解和接受；在不影响方案目标的前提下，可以进一步简化方案设计（Westerheide 等 2010）。

2001 年 Riester 改革的目标群体是低收入群体和有子女家庭。相对而言，有一个以上子女的家庭更加容易接触到，而低收入家庭难以触及。虽然该计划参与率持续提升，但整体参与率水平仍然较低，在最低收入分位人群中的参与率仅为 25%。

最关键的教训则是，不能仅仅依靠高额补贴来推动低收入群体加入，信息与社会接受是更加关键的因素。Coppola 和 Gasche（2011）研究发现，关于 Riester 计划参与资格的知识水平与家庭收入直接相关，以个人实际具备资格但误认为自己不具备获得 Riester 计划津贴资格的人数占比为例，该占比在收入处于最低分位的群体中就高于在高收入群体中。

Börsch - Supan，Reil - Held 和 Schunk（2008），Coppola 和 Reil - Held（2010）所做的回归分析更加证实了这一结论。研究表明，如果其他变量、收入和家庭规模保持不变，则家庭成员受教育程度越高，参加 Riester 计划的可能性越大；反之则反是，未完成职业培训的家庭加入 Riester 计划的可能性越小。这与相关研究得出的结论一致，对未来养老金替代率了解得越多，参加私营养老金计划的可能性越高。此外，关于养老储蓄的信息和知识对达成参与率目标至关重要。

虽然 SAVE 数据不支持更进一步的深入测试，但其提供了关于可能的替代效应的环境因素证据。结果表明，希望购买住房不动产的家庭明显不可能加入 Riester 计划。Riester 计划的规定复杂难懂，无法使这些家庭获得购房所需的资产，难以说服其加入该计划。同时，Riester 计划严格的年金化给付，也使财产遗赠动机对其具有替代效应。当然，这些情况并不意味着应该取消 Riester 计划的限制。相反，Riester 计划的初衷是弥补公共养老金改革造成的老年收入缺口，这些限制措施是必要的。

很显然，购买不动产和遗赠动机与加入 Riester 计划之间仅有竞争关系，但职业年金和终身寿险是 Riester 计划的有益补充（而非替代）。这些结论具有一定参考借鉴意义。思维超前的家庭通常综合运用多种方式进行养老储蓄。因此，在此意义上，具有“挤入效应”，能促进养老储蓄。Riester 计划新增总储蓄额减去补贴和其他储蓄方式下降额之后，结果为正，说明虽然 Riester 计划的财政补贴成本高昂，但产生了正的净效应，创造了新增净储蓄。

衡量 Riester 计划成功与否的最终标准是其对现收现付公共养老金制度改革带来的老年收入缺口的弥补程度。平均而言，德国的养老金缺口大部分得以弥补。当然，不同群体分布不对称，据预测，经济社会状况尤其收入水平不同的人其结果也大不相同。虽然中位数的家庭收入可以弥补公共养老金下降造成的收入缺口，但分析也表明，约有 27%的家庭不能弥补养老金收入缺口。

Riester 计划不是解决老年收入不足问题的“神奇万灵药”，防止老年贫困还需要不同的政策工具。Riester 计划是德国中等收入阶层的成功故事。但是，它使德国消费和其他非养老储蓄总额合计下降了 94 亿马克并将其转为养老储蓄，使养老收入系统更加强劲和稳定。与此同时，通过降低现收现付制养老金体系的缴费水平，减轻了年青一代的社保缴费压力。这一变化是否能证明主观判断即 Riester 计划的税收和补贴成本支出（每年 35 亿马克），相当于现收现付制公共养老金总预算的 1.5%？还有待进一步研究。

【注　　释】

1. 实际上，德国早期现收现付养老金体系正在转向多支柱体系，包含公共养老金、职业年金和私营养老金。相关详细介绍请参阅 Börsch - Supan 和 Wilke (2004)。

2. 德国社会保障财务可持续委员会建议加入“通胀自动调整机制”。本章所用货币为欧元，汇率为 1 欧元=1.29 美元。

3. 有关起步阶段的分析，参见 Dünn 和 Fasshauer (2003)。

4. 2008 年，57.1%的受益人是女性，获得津贴补助的人有 24.4%来自前东德地区。大约 980 万人获得基本津贴，370 万人同时获得子女津贴（Stolz 和 Rieckhoff 2011）。

5. 调查对象是最了解家庭财务状况的家庭成员。

6. 在所有调查中，不能忽略一些敏感话题，如家庭财务状况等未回复时的处理（Essig 和 Winter 2003；Schunk 2006）。为防止仅分析完整案例带来的偏见，研究人员采用了迭代归误法对 SAVE 数据进行处理（Schunk 2008）。本章全部采用 SAVE 数据计算得出的结果。

【参考文献】

1. Börsch-Supan, A. 2004. “Mind the Gap Incentives: The Effectiveness of Incentives to Boost Retirement Savings in Europe.” *OECD Economic Studies* 39: 111-44.

2. Börsch-Supan, A., ed. 2003. *Life-Cycle Savings and Public Policy: A Cross-National Study of Six Countries*. London: Academic Press.

3. Börsch-Supan, A., M. Coppola, A. Eymann, L. Essig, and D. Schunk. 2010. “The German SAVE Study. Design and Results.” MEA Study No. 6, Mannheim Research Institute for the Economics of Aging, University of Mannheim.

4. Börsch-Supan, A., L. Essig, and C. Wilke. 2005. “Rentenlücken und Lebenserwartung. Wie sich die Deutschen auf den Anstieg vorbereiten.” Deutsches Institut für Altersvorsorge, Köln.

5. Börsch-Supan, A., and M. Gasche. 2010. “Kann die Riester-Rente die

Rentenlücke in der gesetzlichen Rente schliesen? ” Diskussionspapier Mai，Mannheim Research Institute for the Economics of Aging，Mannheim University.

6. Börsch-Supan，A.，A. Reil-Held，and D. Schunk. 2008. “Saving Incentives，Old-Age Provision and Displacement Effects：Evidence from the Recent German Pension Reform.” *Journal of Pension Economics and Finance* 7 (3)：259 - 319.

7. Börsch-Supan，A. and C. Wilke. 2004. “The German Public Pension System：How It Was，How It Will Be.” NBER Working Paper 10525，National Bureau of Economic Research，Cambridge，MA.

8. Bundesministerium für Arbeit and Soziales. 2006. *Renten-und Alterssicherungsbericht* 2005. Berlin. http：//www.bmas.de.

9. Commission for the Sustainable Financing of the German Social Security System. 2003. “Final Report.” German Federal Ministry for Health and Social Affairs，Berlin.

10. Coppola，M.，and M. Gasche. 2011. “Die Riester-Förderung：Das unbekannte Wesen.” Diskussions papier Mai，Mannheim Research Institute for the Economics of Aging，Mannheim University.

11. Coppola，M.，and A. Reil-Held. 2010. “Jenseits staatlicher Alterssicherung：die neue regulierte private Vorsorge in Deutschland.” In *Die Alten der Welt. Neue Wege der Alterssicherung im globalen Norden und Süden*，ed. Lutz Leisering. Frankfurt：Campus.

12. Corneo，G.，M. Keese，and C. Schröder. 2009. “The Riester Scheme and Private Savings：An Empirical Analysis Based on the German SOEP.” *Schmollers Jahrbuch* 129 (2)：321 - 32.

13. ——. 2010. “The Effect of Saving Subsidies on Household Saving：Evidence from Germany.” Ruhr Economic Paper 170，Ruhr-Universität

Bochum, Bochum.

14. Deutsche Bundesbank. 2002. "Funded Old-Age Provision and the Financial Markets." Monthly Report July: 25 - 39, Frankfurt.

15. Deutsche Rentenversicherung. 2011. "Rentenversicherung in Zahlen 2011." Deutsche Rentenversicherung Bund, Berlin.

16. Disney, R., C. Emmerson, and M. Wakefield. 2001. "Pension Reform and Saving in Britain." *Oxford Review of Economic Policy* 17 (1): 70 - 94.

17. Dünn, S., and S. Fasshauer. 2003. "Ein Jahr Riesterrente: Eine Übersicht aus Sicht der gesetzlichen Rentenversicherung." *Deutsche Rentenversicherung* 1 - 2.

18. Essig, L. 2005. "Methodological Aspects of the SAVE Data Set." MEA Discussion Paper 80 - 05, Mannheim Research Institute for the Economics of Aging, University of Mannheim.

19. Essig, L., and J. Winter. 2003. "Item Nonresponse to Financial Questions in Household Surveys: An Experimental Study of Interviewer and Mode Effects." MEA Discussion Paper 39 - 03, Mannheim Research Institute for the Economics of Aging, University of Mannheim.

20. Gale W. J., and J. K. Scholz. 1994. "IRAs and Household Saving." *American Economic Review* 84: 1233 - 60.

21. Gerber, U., and M. Zwick. 2010. "Daten zur kapitalgedeckten Altersvorsorge: Die Riesterrente." *Deutsche Rentenversicherung*, Heft 2/2010, S. 197 - 207.

22. Pfarr, C., and U. Schneider. 2010. "Angebotsinduzierung und Mitnahmeeffekt im Rahmen der Riester-Rente: eine empirische Analyse." SOEP Paper on Multidisciplinary Panel Data Research 341, DIW, Berlin

23. ——. 2011. "Anreizeffekte und Angebotsinduzierung im Rahmen der Riester-

Rente：Eine empirische Analyse geschlechts-und sozialisationsbedingter Unterschiede." *Perspektiven der Wirtschaftspolitik* 12 (1)：27 - 46.

24. Ruprecht，W. 2004. "Automatische Entgeltumwandlung in der betrieblichen Altersversor gung：Eine Replik." *Wirtschaftsdienst* 10：651 - 56.

25. Schunk，D. 2006. "The German SAVE Survey：Documentation and Methodology." MEA Discussion Paper 109 - 06，Mannheim Research Institute for the Economics of Aging，University of Mannheim.

26. ——. 2008. "A Markov Chain Monte Carlo Algorithm for Multiple Imputation in Large Surveys." *Advances in Statistical Analysis* 92 (1)：101 -14.

27. Skinner，J.，and R. G. Hubbard. 1996. "Assessing the Effectiveness of Saving Incentives." *Journal of Economic Perspectives* 10 (4)：73 - 90.

28. Stolz，U.，and C. Rieckhoff. 2005. 2008. "Förderung der zusätzlichen Altersvorsorge für das Beitragsjahr 2005 durch die ZfA." *RVaktuell* 9/2008.

29. ——. 2009. "Beitragsjahr 2006：Erstmals mehr als eine Milliarde Euro Zulagenforderung durch die ZfA." *RVaktuell* 10/2009.

30. ——. 2010. "Beitragsjahr 2007：Zulagenförderung nochmals um mehr als ein Viertel gestiegen." *RVaktuell* 11/2010.

31. ——. 2011. "Förderung der Riester-Rente für das Beitragsjahr 2008：Mehr als neun Millionen Personen mit Zulagen." *RVaktuell* 12/2011.

32. Venti，S.，and D. Wise. 1990. "Have IRAs Increased U. S. Savings? Evidence from Consumer Expenditure Surveys. " *Quarterly Journal of Economics* 105：661 - 98.

33. Westerheide，P.，M. Feigl，L. Jaroszek，J. Leinert，and A. Tiffe. 2010. *Transparenz von privaten Riester-und Basisrentenprodukten*. Abschlussbericht zu Projekt Nr. 7/09，Zentrum für Europaische Wirtschaftsforschung，Mannheim.

第五章　英国 Savings Gateway 方案匹配缴费对储蓄的影响

Will Price

【内容提要】

英国 Savings Gateway 方案是由政府主导实施，拟通过匹配缴费增加低收入群体储蓄的试点方案。英国先后开展了两期试点方案（2002—2004，2005—2007），主要差异在于匹配缴费比例、缴费上限、参加资格规定和聘用机制。当匹配缴费比例从 20%提升至 50%时，参加试点方案的可能性增加了一倍；但匹配缴费比例从 50%提升至 100%时，参与率并未进一步增长。试点方案使低收入群体的新增储蓄出现净增长，且新增储蓄并非从其他储蓄渠道转移过来。评估试点方案成效时，需考虑的重要问题是潜在的选择性偏见。

本章主要分析员工 Savings Gateway 方案的经验。英国 Savings Gateway 方案是由政府主导实施，拟通过匹配缴费增加低收入群体储蓄的试点方案（HM Treasury 2001）。英国先后开展了两期试点方案，分别在 2002—2004 年、2005—2007 年，两期试点方案的主要差异在于采用了不同的匹配缴费比例、缴费上限、参加资格规定和聘用机制。

2008 年，英国劳工部决定在全国范围推广 Savings Gateway 方案（HM Treasury 2008a，2008b）。推广方案计划于 2010 年 1 月开始实施，最多可能覆盖 800 万人，约占 16～65 周岁劳动年龄人口数的 20%。但接下来在 2010 年 5 月开展了总统普选，当选政府为推行范围广泛的财政节支项目取消了该推广方案（HM Treasury 2010）。

一、储蓄的挑战

英国政府寻求储蓄积累总额和特定形式储蓄额的双增长。英国实施了很多政策，采用税收减免提供财务激励措施，鼓励个人参加养老计划和进行非养老金计划形式的储蓄。[1]

除这些措施和其他干预措施外，资产、储蓄和整体财富都继续保持着不均衡的分布态势。图 5—1 展示了分布态势，其中收入最低分位群体平均金融资产值为负。

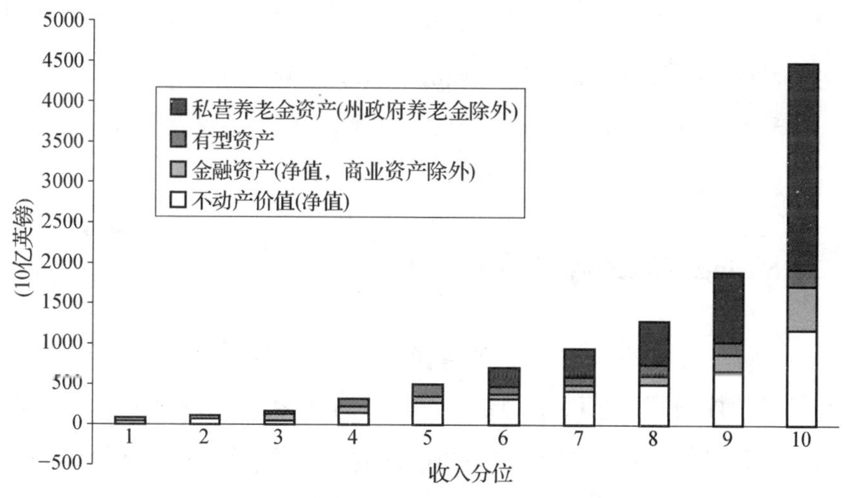

图 5—1 英国按收入分位和财富类型分类的财富总额（2008—2010）

资料来源：Wealth and Assets Survey，U. K. Office for National Statistics。

英国 Savings Gateway 方案是试点方案，政府为个人储蓄提供一定额度的匹配缴费，激励个人提高储蓄水平，这比单单实施税优政策更加公平和有效（HM Treasury 2004）。由于英国个人所得税的累进税率较高，高收入群体比低收入群体从税优政策中受惠更多，而税优政策对非纳税人毫无用处。因为预计匹配缴费的概念会比税优更易理解，匹配缴费试点方案的目标是提高养老储蓄的成效。澳大利亚、美国匹配缴费方案的成功经验激发了其他国家的兴趣，大家普遍认为，因相当部分人被税优政策排除在外，因而限制了税优政策激励作用的发挥。

英国实施的整体政策综合考虑了个人生命周期以及个人逐步积累财富的不同方法，也强调资产和负债的关系，匹配缴费方案是该整体政策的有机组成部分。整体政策将负债分为富人的负债（如房贷）和穷人的小额贷款（如高利贷）。小额的高利贷会使人陷入债务圈套之中，让人难以积累哪怕数额很低的资产。[2]

该项试点从实施之日起就饱受争议。反对者认为应避免对个人有效决策的扭曲，且匹配缴费并不比其他干预措施有效，如收入转移增加了针对穷人的特定项目或金融教育项目支出（Emmerson 和 Wakefield 2003[3]）。而支持者则认为匹配缴费是公平且有效的工具，特别适于提升穷人的储蓄水平（Sodha 和 Lister 2006）。

二、Savings Gateway 试点方案

表 5—1 列示了 Savings Gateway 试点方案的发展历程、关键步骤和时间表。从最初的计划到预期的全国推广用了 9 年时间，部分原因在于有两期试点方案（尽管可能有单一方案，差距也要 6 年），需综合权衡强调试点方案福利的重要性与难以避免的延迟。从第一期试点到第二期试点，再到全面铺开的整个过程非常迅速。虽然评估认为试点取得成功，但也错过了实施该项政策的机会窗。在缺乏其他经严格测试的可选政策的情况下，引入的备选方案可能效果不佳或成本更高，或者仍然解决不了实施这个方案的不利条件。

1. 第一期试点方案

第一期试点方案的期限为 2002—2004 年，涵盖 1 500 个账户。2005 年 3

月出台了最终评估报告（Kempson，McKay 和 Collard 2005）。在该试点方案中，匹配缴费比例为 100%，参加者在 18 个月内可以储蓄的上限为 375 英镑，每月上限为 25 英镑（例如，每月缴费上限 15 英镑）[4]。在缴费期末，匹配缴费会进入相应的账户。账户中积累金额可任意使用，这与其他国家严格限定储蓄额用途的实验有所不同。5 个地区中有 4 个地区，其社区团体帮助找到试点方案最需要的目标低收入群体。[5] 这些团体是另一个独立的试点方案的组成部分，即“社区金融与培训发起人”。虽然 Savings Gateway 试点方案的参加者也可获得金融教育服务，但很少有人去参加培训，因此这项服务对其是否加入试点方案的影响微乎其微。在第 5 个地区，有一封信专门寄到公民家中，提醒他们参加试点方案。

表 5—1　　Savings Gateway 方案时间表

事项	时间
政策计划书初稿	2001
出台初期试点方案	2001—2002
开展第一期试点方案	2002.8—2004.11
最终评估第一期试点方案	2005.3
开展第二期试点方案	2005.3—2007.2
中期评估第二期试点方案	2006.7
最终评估第二期试点方案	2007.5
宣布 2010 年开始全国推广并开展全国推广方案优化咨询	2008.3
总结 50%匹配缴费比例方案的咨询结果	2008.12
通过 Savings Gateway 账户法案	2009.7
劳动预算中最终确认 2010 年 7 月推广	2010.3
英国首相大选	2010.5
首次保守党—自由党联盟政府预算宣布取消全国推广方案	2010.6
计划实施时间	2010.7
废除 Savings Gateway 账户法案	2010.12

资料来源：作者根据政府文件制作。

第二期试点方案的评估效果很棒。因其规模小，限定了可测试的设计参数，界定了结果能够在更大范围推广的程度。该评估综合运用了问卷调查、匹配缴费账户供应商提供的实际数据及面对面的访谈。无法参加此类账户的参照群体作为控制群体。

试点方案中缴费上限为 375 英镑，在 18 个月试点期末，账户缴费额的平均值为 282 英镑，中位数是 375 英镑（因绝大多数人按上限缴费）。[6] 试点之前，试点方案的参加者中，56%的人没有任何储蓄，13%的人储蓄总额低于 200 英镑，仅 17%的储蓄总额超过 500 英镑。

试点方案提高了储蓄额。但核心问题是这些储蓄是储蓄净增量还是储蓄存量的转移（来自其他储蓄方式或借贷）。

评估结果表明，试点方案鼓励参加者增加了真正的储蓄增量。大多数人的储蓄来自常规收入，几乎没有证据显示新增储蓄是从其他储蓄方式或借贷转化而来（Kempson，McKay 和 Collard 2005，47）。

2008 年英国政府在关于在全国范围推广此方案的咨文中总结道："该试点方案改变了人们的储蓄行为，41%的参加者在试点期结束后 3 个月或更长时间内继续储蓄，32%的参加者表示他们更可能进行养老规划。"此外，大量（60%）的参加者认同"存入 Savings Gateway 账户使他们感觉更加安全可靠"（HM Treasury 2008b，8—9）。

表 5—2 展示了开户时和账户到期后反馈意见的调查结果。总体上，储蓄态度和行为有了积极的转变，表明"说自己不储蓄"的人数占比大大降低。[7]

2. 第二期试点方案

在第一期试点优势的基础上，政府在 2005 年实施了一个新的、范围更广的试点方案。[8] 第二期试点方案的主要变量包括关键参数和缴费水平，由此可以预测出不同匹配缴费比例和缴费上限设计的影响。该方案也将不属于任何方案目标群体的人员纳入，以测试是否以及在什么点位上激励支出的回报会递减。由于第一期试点方案采用了社区团体结合金融教育的方式，成本太高，无法在全国推广方案中采用，该试点方案也计划测试适用于全国性方案的电

话和直邮方式的招募机制。

表 5—2　　在第一期试点方案开始和结束时参加者的储蓄方式

	在开立账户时的储蓄方式					
		我根本没有储蓄	我倾向储蓄但无特别理由	我储蓄以购买需要或喜欢的东西	我倾向长期储蓄	在到期时回复的人数占比（%）
在账户期满时的储蓄方式	我根本没有储蓄	34	20	12	7	18
	我倾向储蓄但无特别理由	8	35	10	12	12
	我储蓄以购买需要或喜欢的东西	40	33	67	27	50
	我倾向长期储蓄	18	13	12	53	19
	在到期时回复的人数占比（%）	31	8	47	14	100

注：灰色背景的栏目代表每次调查都相同的回复（例如，在开户时说不储蓄的人，在结束时有 34%的人的回答与开户时相同，而有 8%、40%和 18%的人则因为各种原因说自己储蓄了）。栏目每往下移动一栏代表开展试点方案之后储蓄的变化。

对照组和实验组从以下三类数据库随机选择：福利记录、随机数字编号、电话号码数据库；很少能从家庭住址簿中找到可以送信的地址。对照组从具备一定条件的目标群体中选出。实验组可参加此类账户，部分人拒绝参加但同意参加评估，允许研究者判断提供此类账户是否产生影响（尽管个人拒绝接受），实验组中部分人接受并开立了账户。该评估采用了试点开始和结束时对每个群体的调查数据，既有面对面访谈数据，也有来自供应商——英国 Halifax 银行的账户管理数据（现在的 HBOS）。

第二期试点方案范围更大，包括 2.2 万个账户。试点区域有 6 个地区，实施了 3 种匹配缴费比例（20%、50%和 100%）和 3 种不同的月度缴费上限（25 英镑、50 英镑和 125 英镑），收入范围更大，目标是探寻匹配缴费能否发挥效应以及能发挥最大效应的临界点。

表 5—3 展示了如下指标的平均值和中位数：缴费额、匹配缴费比例和缴费上限。表 5—3 数据表明，整体上，匹配缴费水平越高，带来的个人缴费也越高（当然收益会快速递减）。

表 5—3　　　　第二期试点方案储蓄余额的平均值和中位数

地区	匹配缴费比例（%）	缴费上限（英镑）	转化率（%）	月度缴费净值（英镑）		账户最终余额（匹配缴费增加之前）（英镑）	
				中位数	平均值	中位数	平均值
1	20	50	6.5	50	33	750	543
2	20	125	10.3	125	89	2000	1 546
3	50	50	21.8	50	39	800	680
4	50	25	16.2	25	21	400	349
5	50	25	22.8	25	20	400	343
6	100	25	19.7	25	20	400	338

资料来源：Emmerson 等 2007。

月度缴费上限具有决定性的影响。匹配缴费比例最低（20%）但月度缴费上限为 125 英镑的参加者，其缴费额高于匹配缴费比例为 50%或 100%但月度缴费上限很低的群体。绝大多数人都按照缴费上限储蓄。这一结论与相关研究一致，体现了匹配缴费对行为造成影响的基本规律。

较高的匹配缴费比例对开立账户可能性具有较大影响。在匹配缴费比例为 10%的两个地区，平均参与率低于 9%；在匹配缴费比例为 50%的三个地区，平均参与率约 20%；匹配缴费比例为 100%的一个地区，转化率为 20%。[9] 实践表明，匹配缴费比例既影响是否参加的决策，又影响参加后的储蓄额度。因此，应当在方案初期提供较高的匹配缴费比例，促进人们加入，后续年份逐渐降低匹配缴费比例。

总之，对第二个试点方案的评估表明，已开立此类账户的人员有 34%的可能性提高个人储蓄额。结果表明参加者的其他个人消费有所下降，说明新增储蓄来源于对其他消费的替代。没有证据表明方案缴费来自借贷款。现有统计测算无法说明储蓄增长会使总体整体财富增长。事实表明，低收入群体比高收入群体的整体储蓄增加得更多。

3. 选择性偏见

研究结果是否包含难以观测的差异即选择性偏见是一个关键问题。为此，评估者采用了两种计量经济学的估测策略，以明确 Savings Gateway 账户的影响。随机选择的参照组（为获此类账户）提供了较强的可控性。允许完全随机地开展实验，对比获得开户权对储蓄率的影响，因而完全没有选择性偏见。

也有人比较了已开户人员和拒绝开户人员存在的选择性偏见。事实上，已开户人员和拒绝开户人员的差别容易观察。开户人员教育程度较高、收入较高、住处离供应商较近。计量经济学的结果中包含了这些可以观测到的解释变量，尽可能地分析其影响。当然，无法将群体不可观测的差异纳入测算，这些差异使开户人员更可能积极回应激励措施。

第二份评估报告的评估结果多数集中于获得开户权的群体与未获得开户权群体的差异（不论个人是否开户）。这两类群体不存在选择性偏见。这些比较没有评估在试点阶段对开户和参加的实际影响。因为这要求比较开户者和两类研究群体，以及基于这样的假设和判断，即储蓄差异是否是政策造成的，或因不可观测的差异使然，抑或二者共同作用导致？

本章展示的两种结果都需要附加说明。大多数有权开设账户的人选择不开户。不开户的原因可能难以观察到，因此引入了选择性偏见。这种偏见会影响结果，尽管研究者掌握了年龄、性别、就业状况、种族、居住期限、教育、健康、收入、家庭结构和计算能力等变量。

三、对储蓄、消费和整体净财富的影响

正如此前所强调的，对储蓄、消费和整体净财富的影响依赖于是否对比分析了获得开户权的人，或者对比分析了实际开户群体与未获开户权群体。

就获得开户权群体而言，很少有证据表明其增加储蓄额的可能性提升，部分证据表明导致其缩减了家庭外消费如外出就餐等，没有证据表明净财富值有变化（见表 5—4）。在实际开户群体中，事实表明其增加储蓄额的可能性大增，且在外就餐的消费额度明显下降。但是，尚无强有力的证据表明其对财富变化的影响。

表 5—4　　Savings Gateway 试点方案对储蓄、消费和财富净值的影响

事项	占具备开户资格的参加人员比重（%）	占已开户的参加人员比重（%）
储蓄增加值超过月度缴费上限 2 倍的概率	5.3*	34.2*
外出就餐费用超过 25 英镑（40 美元）的概率	−4.2*	−21.8*
净财富增长的概率	1.0	4.8
净财富增长超过月度缴费上限 2 倍的概率	−0.12	−1.2

资料来源：IFS 和 Ipsos Mori，2006；Emmerson 等，2007。
注：* 在 1%水平时显著。

这些结果中有些难解之谜。在定性评估中，人们通常说储蓄来自当期收入而不是转移自其他储蓄账户（极少数高收入参加者是从现有储蓄中转过来）。如果因为实施了试点方案，人们用当期收入增加储蓄从而增加账户积累额，净财富理应上升。

四、计划的全国推广

由于政府认可第二份评估报告的结论，决定实施一个全国性的方案。在 2008 年的预算中公布了将在 2010 年启动全国性方案。此外，还发布了全国方案运营的咨询报告，政府顾问提出了在全国推广的主要理由：

• 绝大多数人都认为匹配缴费是激励储蓄的简便且易懂的措施。

• 为激励个人储蓄，不必按 1∶1 的缴费额度匹配。

• 试点方案提升了储蓄额，尤其对低收入群体成效显著；但对高收入群体而言会引起现有储蓄的转移。

• 居住在 Halifax 银行附近的人更可能开户，这说明参与便捷性占据主导地位。

• 储蓄者在开户和到期时获得的指导和帮助使个人了解了更多的知识，但自愿参加的金融教育不起作用。

• 向低收入群体推广设计好的匹配储蓄账户可带来普惠金融的益处，如形成正规储蓄，提升常规储蓄额度，让人们首次与金融机构紧密合作（HM Treasury 2008b）。

为简化管理，决策者决定现有福利或税优的享受资格将参照 Savings Gateway 账户的规定，最多将有 800 万人口——约 20%的劳动年龄人口有参加资格，使该方案的潜在影响更加重要。经反复论证，最终将匹配缴费比例设定为 50%。账户持续期为 2 年，月度缴费上限为 25 英镑。评估结果显示，缴费上限被多数人视为合理储蓄水平的建议或目标，产生了显著的影响。因此，选定试点方案中的最低缴费上限可能是控制财政成本的最有效措施。设置较低的缴费上限能缓解储蓄替代的难题，即高收入群体或现有储蓄额较高的群体可以将现有储蓄转至试点方案以获得匹配缴费。此外，假设有人通过向不具备参加资格的朋友或亲戚借贷，试图钻制度的空子，缴费上限控制在较低水平也能控制成本。但是假设账户是短期的，在账户满期时可以完全加入，一旦将这种制度固化在储蓄结构中，要防范这种制度套利的风险就比较困难。

与其他国家严格限制账户积累额用途仅限于教育或购房相比而言，如果储蓄目标是为个人应对风险，提高面对不确定事件的灵活性，这样严格的限制具有优点，但提高动用账户积累额的自由度也很重要。

英国政府引入并通过了在 2009 年实施该方案的法案（the Savings Gateway Accounts Act，2009）。随后与潜在的供应商和有关利益方（如与低收入群体工作的团体）积极合作，规划制度的最终设计和计划全国推展。[10]

五、普选与 Savings Gateway 的终结

原定的推广日期是 2010 年 7 月。2010 年 5 月英国的普选之后，保守党一

自由民主党联盟替代工党成为新的执政党。为应对公共财政的压力，新政府在 2010 年 6 月宣布了第一次预算结果，认为无法承担推广 Savings Gateway 方案的成本（HM Treasury，2010）。

虽然新政府废除了这个方案，但为低收入群体储蓄提供匹配缴费的理念在政治圈中已广受赞同。从公平角度看，这一政策符合“自助”逻辑，且为税优政策不能覆盖的群体提供了加入激励。个人责任和个人财务管理加强了个人的努力以提升个人生活水平，中央政府提供的基本支持和帮助可使各州政府从救助个人收入不足中解脱出来。不应控制账户资金使用的观点是与赋予个人自由支配的观点一致的。大家对如何尽力帮助人们建立个人储蓄非常感兴趣，不希望破坏成为储蓄者的努力，将可能的储蓄转为高成本的信用卡和消费卡。

六、总结与政策实施

Savings Gateway 方案试图解决长期以来令人困扰的低收入群体低储蓄甚至负储蓄的难题。希望试点通过引入匹配缴费激励并推动人们的储蓄。这种方法提供了便于计算的财务激励额，对低收入群体而言比税优政策更加重要。政府先后开展了两期试点方案并进行了独立的效果评估。

试点方案提供了定性依据，说明了匹配缴费对人们生活的影响，包括提升了个人感情上的体验和被管理的感觉。这说明通过建立储蓄账户，低收入群体也可积累相当多的储蓄额。

第二期试点方案的结果表明，已开户的低收入者明显通过减少消费提高了其储蓄额。而高收入者更可能将其他储蓄方式的积累额转化为试点方案的账户积累额，这说明设置合适的激励目标非常重要。

还有许多可观察的特性纳入控制之列。但是，一些难以观测的特性对储蓄增加趋势的影响无法总结。第二期试点方案表明，相对于未获开户权的参照组而言，参加试点者整体储蓄增加的可能性是 34%。但是，如果排除有开户权但并未实际开户者，该可能性降为5%。

试点过后，原执政政府计划在全国推广该方案，其承认目前缺乏推动低收入群体提高储蓄的有效措施。计划在全国推广的方案吸取了试点方案的经验和教训。但2010年大选之后新上任的执政党认为全国推广方案耗资巨大，政府无力承担因而予以废除。

主要经验总结如下：

• 匹配缴费对储蓄有积极的影响。匹配缴费为无法享受税优政策的群体提供了储蓄动力。当然一旦将低收入群体以外的人群纳入考虑，为人们做某些事埋单而人们可以自由决定时，主要的挑战就是成本负担问题。但是，其他可选方案（税收减免、直接补助、金融教育）也面临类似或更严峻的问题，成本可能更高。若选择不作为，只会使低储蓄和缺乏金融包容继续存在。

• 研究表明，匹配缴费比例超过50%之后，其上升带来的回报会减弱。匹配缴费比例越高，个人参加该计划的可能性越大，但缴费上限对个人储蓄额具有决定性的影响。未来政策可以考虑在方案初期设置较高的匹配缴费比例鼓励加入，之后再逐步降低该比例。

• 独立地评估试点效果是提升政策成效的关键。虽然这会给决策者带来不可避免的控制损失，但真正的收益是方案设计的优化，或者避免继续实施难以达成预期目标的政策。

• 如参与主体需要主动选择参与计划的方式（如将个人资金转入账户），很难达到完美的试验设计。一系列不可观察的因素使选择性问题无法避免。当然，通过以真实的人群开展试验极有价值，这有助于采取措施模拟市场变化。

• 实践中，参加者的行动需要5～10年之后才能完整地考察评价。试验结果（如形成储蓄习惯或避免高成本负债）需要真实的经验而不是口头描述（通常过于乐观）的意图或计划。

• 实施试点方案增加了政策出台到方案建立的时间。这其中无论方案多么完美，都错过了行动的机会窗。如能增加研究预算资助的试点方案数量，加速实施和评估方案，成效可能更优。

• 政治风险会影响私营部门作为销售渠道参与的意愿，因为如果方案不能如期推进，前期的管理系统和培训投入就会付诸东流。达成政治共识有助于降低政府不能实施和持续干预的风险。

• “选择结构设计”非常重要。许多成熟市场的经验表明，较高的匹配缴费比例容易吸引个人加入方案。一旦人们开设账户，个人会将缴费上限作为缴费目标值。此时，方案设计者对个人账户积累额的掌控力度得以提升。

【注　　释】

1. 方案包括 1986 年开始实施的个人股票方案（PEPs）、1990 年实施的特定储蓄免税账户（TESSAs）、1999 年开始实施并替代 PEPs 和 TESSAs 的个人储蓄账户（ISAs）。

2. 有关争议没有针对这些条款，但目标是提升个人消费与储蓄以使个人避免在高成本且不安全的债务上浪费钱财（如信用卡、商场消费卡）。

3. 两位作者都是第二期试点方案独立评估团队的成员。

4. 本章汇率为：1 英镑＝1.613 2 美元。

5. 新就业人员收到各种形式的就业和失业福利。

6. 中位数高于平均值，主要是因为绝大多数人按照缴费上限缴纳，但少数人没有这样，因此，中位数也是最大值。

7. 有些人逆向而行。在账户到期时，之前表示“计划在所开立账户中长期储蓄”的人中，有 7%表示他们根本没有储蓄。这说明其情况在过程中发生了变化，或者说明几次调查中同一个人表述的偏好具有强烈的不稳定性，因此，在解释调查结果时需要特别关注。

8. 2005 年英国的财政状况已开始紧缩，当时开展了第二期试点方案。因此，尽管向全国推广的政治压力彰显，但全国推广方案所需资金还基本具备。

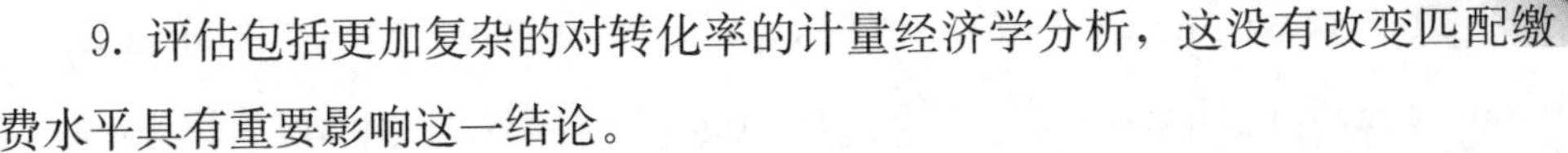

9. 评估包括更加复杂的对转化率的计量经济学分析，这没有改变匹配缴费水平具有重要影响这一结论。

10. HMRC Savings Gateway 新闻设定为“当我们迈向夏天的推广活动时，让您知道是什么？如何做和何时做？”（HMRC 是英国税务机关）（HMRC 2010）。

【参考文献】

1. Emmerson，C.，and M. Wakefield. 2003. “Increasing Support for Those on Lower Incomes：Is the Saving Gateway the Best Policy Response?” *Fiscal Studies* 24 (2)：167 - 95.

2. Emmerson，C.，G. Tetlow，M. Wakefield，P. Harvey，N. Pettigrew，and R. Madden 2007. “Final Evaluation of the Saving Gateway 2 Pilot：Main Report.” Institute for Fiscal Studies and Ipsos Mori，London.

3. HM Treasury. 2001. “The Modernisation of Britain's Tax and Benefit System.” No. 8 and No. 9，London.

4. ——. 2004. “Pre-Budget Report：Opportunity for All：The Strength to Take the Long-Term Decisions for Britain.” London.

5. ——. 2008a. “Budget 2008：Stability and Opportunity：Building a Strong，Sustainable Future.” London.

6. ——. 2008b. “The Saving Gateway：Operating a National Scheme.” March，London.

7. ——. 2010. “Budget 2010：Responsibility，Freedom，Fairness：A Five Year Plan to Rebuild the Economy.” June，London.

8. HMRC. 2010. “Saving Gateway News Updates Designed ‘To Let You Know the What，How and When as We Progress Towards Launch This Summer.’ ” London.

9. IFS (Institute for Fiscal Studies), and Ipsos Mori. 2006. "Interim Evaluation of Saving Gateway 2: A Report Prepared for Government." London.

10. Kempson, E., S. McKay, and S. Collard. 2005. "Encouraging Saving among Low-Income Households: Final Report on the Saving Gateway Pilot Project." Personal Finance Research Centre, University of Bristol.

11. Sodha, S., and Lister, R. 2006. "The Saving Gateway: From Principles to Practice." Institute for Public Policy Research, London.

第六章　日本养老金匹配缴费 DC 方案

Noriyuki Takayama*

【内容提要】

日本的 DC 养老金计划已经实施了十多年。但事与愿违，其参与率一直较低，部分原因是账户余额只能在 60 岁以后领取。从 2012 年 1 月起，日本自愿型 DC 职业年金计划开始实施一项新的与众不同的匹配缴费制度，即员工可以根据雇主缴费在税优基础上进行匹配缴费，这与其他国家的设计截然相反。虽然这项政策实施时间较短无法判断结果，但根据日本在实施 DC 养老金计划方面的经验和员工缺乏参与动力的实践判断，该计划难以取得明显成效。

许多国家已经采用匹配缴费这类激励措施以扩大养老金覆盖面（Palacios 和 Robalino，2009）。在日本，除了政府移转支付外，雇主匹配缴费对扩大社会保障覆盖范围起到了至关重要的作用。本章介绍了日本养老金制度架构（见图 6—1）和匹配缴费在该制度中的作用。

* 感谢 Japan Society for the Promotion of Science（JSPS）提供的代际公平学术项目（PIE）研究资助（批准号：22000001）。

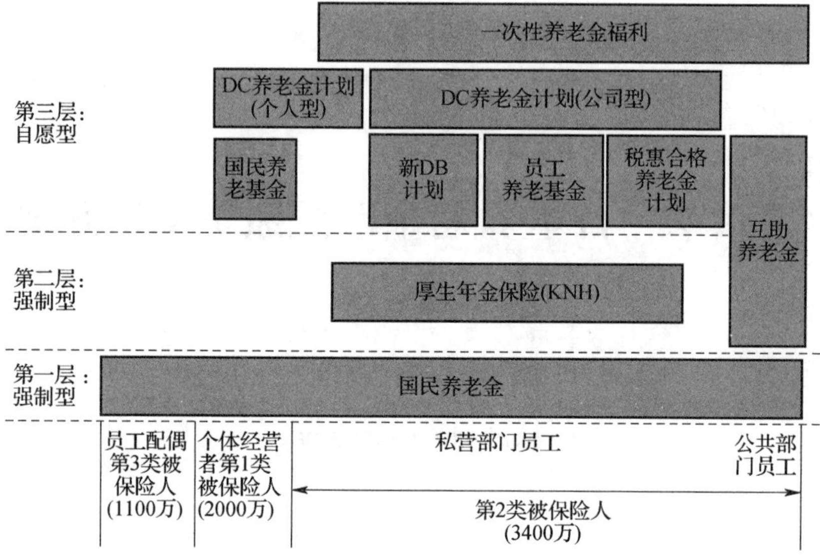

图 6—1 日本退休福利一览（截至 2011 年 3 月）

日本职业养老金制度主要采用由雇主在员工退休时以一次性付款的形式提供退休福利。大约 85%的雇主采用这种方式，使其成为退休收入的重要组成部分，对于长期正式员工来说尤为如此。据日本人事院 2011 年的一项调查显示，服务了 20 年或 20 年以上的私营部门正式员工，从雇主那里获得的所有退休福利（包含年金）的现值约为 2 500 万日元[1]。这一数额相当于员工从社会保险中获得年度养老金的 10～12 倍。

经多年发展后，日本自愿型 DC 养老金计划于 2012 年 1 月开始实施一项新型匹配缴费制度。该项制度具有鲜明的日本特色。与美国花费更长时间建立起来的雇主为基础的制度相比，美国制度中的“匹配缴费”是指雇主缴费，而日本的“匹配缴费”则是指员工根据雇主 2011 年在职业年金计划中的缴费来匹配个人缴费，这种新型的员工匹配缴费已经享受到了税收优惠，新的税收方式将缴费排除在收入之外并将税款推迟在基金累计结余中缴纳直至取出结余款。如今，许多日本人正在观望这项新制度在养老金领域产生的效果。

本章介绍了日本的匹配缴费养老金计划，探讨了其已产生的影响及未来可能产生的结果。本章的结构安排如下：第一部分简要介绍日本的社会保障体系；第二部分说明雇主和政府匹配缴费是如何扩大养老金覆盖范围的；第三部分介绍日本的职业年金和个人养老金计划；第四部分探讨日本DC养老金计划中新型的员工匹配缴费；第五部分阐明日本职业养老金未来前景。

一、日本社会保障养老金计划

日本社保包含两个层次的DB制度：第一层提供统一水平的基本福利；第二层提供与收入挂钩的福利。表6—1总结了日本社会保障养老金相关的基本数据。日本所有居民都具有第一层福利的资格，它不仅涵盖了员工，还包括个体经营者、失业者和无业成年人，包括全职家庭主妇（和家庭主夫）。只有每周工作30小时或30小时以上的正式全职员工才有资格获得与收入挂钩的养老金。该制度还为普通员工供养的配偶提供了养老金福利。

表6—1　　日本社会保障概况

方案类型	1965年	1985年	2008年
私营部门厚生年金保险（KNH）			
缴费人数（百万人）	19.0	27.0	34.0
老年福利领取人数（百万人）	0.2	3.3	13.0
缴费率（%）	5.5	12.4	15.4
来自总收入的转移支付占累计福利比重（%）	20.0	20.0	0.0
年度缴费（万亿日元）	0.3	7.5	22.7
来自总收入的年度转移支付额（万亿日元）	0.01	0.90	0.00
年度福利总额（万亿日元）	0.04	6.50	340
经常账户盈余/赤字（万亿日元）	0.34	5.30	−13.50
基金储备（万亿日元）	1.4	50.8	116.6
国民年金			
第1类缴费者（百万人）	17.2	17.6	19.4
老年津贴受助人数量（百万人）	0.0	6.8	24.0
每人每月缴费金额（千日元）	0.10	6.74	14.42

续表

方案类型	1965 年	1985 年	2008 年
年度缴费额（万亿日元）	0.02	1.60	1.70
来自总收入的年度转移支付额（万亿日元）	0.01	0.80	1.90
年度福利金额（万亿日元）	0.01	2.80	4.30
经常账户盈余/赤字（万亿日元）	0.04	0.04	−1.30
基金储备（万亿日元）	0.19	2.60	7.20

资料来源：健康福利和劳动部，2009 年。

向养老金计划缴费 25 年或以上的人才有资格领取养老金。正常的退休年龄是 65 岁，缴费期限满 40 年方可获得全额基本养老金。2012 年，缴费满 40 年的人领取的最高福利为每月 6.6 万日元。与收入挂钩的养老金，按每缴费一年对应终生平均工资的 0.5481%计算。对于一个典型的男性退休人员（40 年投保期间获得社会平均工资）和其供养的配偶而言，当前的替代率（包括基本养老金）约占终身平均工资的 60%。未来该项福利平均水平将会减少到 50%。

2012 年，私营部门员工主要计划的缴费率约为工资额的 16%，雇主和员工各承担 8%[2]。2012 年只参保了统一水平的基本福利的人，每人每月缴费额约为 15 000 日元。筹资基础是现收现付制，加部分基金积累。政府承担一半的统一比例的基本福利成本并负担所有管理费用。[3]

二、实施匹配缴费扩大社保覆盖面

1. 厚生年金保险（KNH）

日本私营部门员工主要的养老金计划是厚生年金保险。最初设计是按基金积累制，初期不支付福利而建立基金储备。1942 年建立此项制度的主要原因是为了降低第二次世界大战期间日本民众的购买力（从工资中强制性扣款），从而降低通货膨胀率。

雇主缴费的强制性职业养老金福利于 1937 年出台，随着 KNH 的建立而被废除。KNH强制要求雇主和员工缴费。[4] 雇主缴费替代了其对以往职业养老金福利计划的缴费，有效建立了匹配缴费的理念。为鼓励员工缴费，政府还实施了从一般收入转移支付的方式，转移率初步定为承诺福利的10%。

日本第二次世界大战后发生的恶性通货膨胀消耗了KNH的所有资金储备，并对员工福利造成了极为不利的影响。因此，1948年，（总）缴费率从11%下降到3%。为此，大多数雇主主动提高了其职业养老金福利。1954年，转移性收入从10%增加到15%，1965年增加到20%。上述增长扩大了保障范围。[5]

20世纪50年代至80年代末，日本经济长期快速增长，KNH缴费率逐渐恢复到以前的水平，1973年提高到6.4%，1986年提高到12.4%。该制度覆盖面也在扩大。1988年之前，KNH仅限于有五个或以上员工的营业场所。自1988年起，该计划覆盖了所有营业场所的员工。

来自雇主和政府的缴费，加上工业化发展，使KNH的覆盖范围不断扩大，缴费人数从1942年的350万人增长到1970年的1 350万人。到2010年，其覆盖了3 440万人。

然而，某些团体仍游离于该体系之外。每周工作时间少于30小时或工作期限不满两个月的员工尚未纳入KNH。当前执政党（日本民主党）正考虑进一步扩大KNH覆盖面，将每周工作达到20小时的员工纳入保障范围。

2. 国民年金

1961年建立的国民年金涵盖了个体经营者和无业者，他们可获得统一水平的基本福利，按固定比例缴费。为鼓励人们参与该计划，政府一开始就将缴费水平设定得很低，再逐步地增加。还可从一般收入中提供匹配缴费，最初的匹配缴费为个人缴费额的一半。[6]

1961年的变化也影响了正式员工供养的配偶，他们可自愿参加国民年金计划；自1986以来，尽管有特殊规定，配偶的参加却是强制性的。正式员工供养的配偶（通常是全职家庭主妇）自动享有统一水平的基本福利，而无须直接缴纳国民年金。该项福利给付的资金既可来自 KNH 缴费，还可从一般收入中转移支付。[7]

低收入者可获豁免缴费资格。然而，不缴费者仅享有 1/3 的统一水平的基本福利，相当于转移性收入的价值。[8] 根据上述各种规定，国民年金涵盖的人数从 1961 年的 1 820 万人逐渐增加至 1979 年的 2 790 万人。

自 1986 年起，私营和公共部门的正式员工也加入了国民年金计划。其缴费率为收入的一定比例；KNH 的统一水平的基本福利与提供给个体经营者和无业人员的统一水平的基本福利一致。这种安排使国民年金制度筹资实现国家层面的整合。[9] 国民年金计划中的被保险人数量从 1986 年的 6 330 万人增加到 2007 年的 7 010 万人（健康福利和劳动部，2009）。目前社保养老金的覆盖率接近 100%。

国家社会保障制度的发展还只是日本养老金收入体系故事的一部分。由于 20 世纪 90 年代初“泡沫经济”的破灭，日本经历了持续的通货紧缩。许多雇主都试图通过减少正式员工的数量并将其替换为每周工作少于 30 小时的人来控制其劳动力成本。这种向更多非正规（或“非典型”）就业的转移，在某种程度上是由于 KNH 缴费率提高造成的。[10]

大部分非正规就业员工都不在 KNH 涵盖的范围内，因此没有与收入挂钩的养老金。他们必须加入国民年金计划，但许多人未缴纳养老保险费，由此将导致未来社会保障覆盖面降低。2010 年，约 550 万人（尤其是年轻人）拖欠缴纳国民年金统一水平的基本福利缴费。[11]

2009 年，转移性收入从统一水平的基本福利的 1/3 增加到 1/2。这种变化增加了国家预算的额外负担。目前，转移至社保养老金的收入中约有一半通过政府举债融资，这也是造成政府财政赤字不断增加的原因之一。

三、职业养老金与个人养老金

历史上，日本企业在员工离职时一次性支付退休福利。由于员工工作年限很长，在退休前离职的情况较少见，这种就业安排最终都是有效的退休计划。主要通过“记账式”储备制度融资，即雇主预计负债金额但不会拨出专项资金来支付福利。

在20世纪60年代中期，出台了两类主要的DB养老金计划——员工养老基金（EPF）和税收优惠养老金计划（TQPP）。许多公司将其所有或部分的一次性支付的养老金福利转移至这两个计划，以获得税收优惠并平滑现金流支出。2001年10月日本出台了DC养老金计划，次年出台了新型DB养老金计划。两者在适用法律、监管机构、计划管理规则和税收方面均有所不同。

一些人自愿从金融机构购买个人年金产品作为补充养老金。自1991年4月起，个体经营者可自愿参加国民养老金计划来补充其退休收入。以下部分讨论了养老保险制度的第三层，详细总结请见表6—2。[12]

表6—2　　日本职业养老金和个人养老金概况

计划类型	2001年	2011年
DB计划		
一次性支付退休福利[a]		
税收优惠养老金计划（TQPP）		
计划数量	73 582	8 051
成员人数（百万人）	9.16	1.26
累计资产金额（万亿日元）	19	4
员工养老基金计划（EPF）		
计划数量	1 737	595
成员人数（百万人）	10.9	4.5
累计资产金额（万亿日元）	57	28
新型DB计划		
计划数量	316	10 053
成员人数（百万人）	1.35	7.27
累计资产金额（万亿日元）	—	42
国民养老基金		

续表

计划类型	2001 年	2011 年
成员人数（千人）	787	548
累计资产金额（万亿日元）	1.5	2.6
DC 计划		
公司型		
计划数量	361	3 705
成员人数（百万人）	0.33	3.71
累计资产金额（万亿日元）	—	5.5
个人型		
计划数量	7 481	79 639
成员人数（千人）	14	132

资料来源：养老基金协会，2012 年。

注："—" 代表缺此信息。

a. 约 94%的员工有一个一次性支付的养老金福利计划。2011 年，私营部门服务 20 年或 20 年以上的员工，从其雇主处获得的所有养老金福利的现值为 2 500 万日元，其中以一次性方式给付的额度平均约 1 000万日元。

1. 公司建立的养老金计划

20 世纪 60 年代以前，日本雇主发起的养老金计划几乎都是在退休或离职时一次性给付。近几十年来，固定收益养老金也变得普遍起来。自愿终止（辞职）情况下的领取金额通常低于非自愿终止（强制退休、退休前死亡、残疾或解雇）情况下的领取金额。

DB 计划

20 世纪 60 年代出台的 DB 计划曾经是日本主流的雇主养老金计划。其福利计算公式通常与薪酬相关，或采用积分制。与薪酬相关的计划以最终工资或职业生涯内平均工资为基础。福利特指可供计算退休金的薪酬乘以根据服务年限和离职原因确定的系数。积分制中，福利等于累积分数乘以单位价值。每年根据员工的工资等级，或职位、年龄、工龄，或这些因素的组合来计算积分。单位价值是否增加由雇主自行决定或通过工会谈判决定。

2002 年，日本出台了现金余额计划。技术上这属于 DB 计划，但与 DC

计划类似，因为都从与预定年金转换系数相关的账户余额中获取福利。

在日本，DB 计划可通过各种方法积累基金。积累基金的方式选择可以独立于该计划的设计。有五种基金类型：

- 退休津贴计划（RAPs）
- 员工养老基金计划
- 税收优惠养老金计划
- 基金型 DB 计划
- 协议型 DB 计划

退休津贴计划

退休津贴计划是一项没有基金积累的计划，雇主给付责任通过记账方式确认储蓄额。直到 2002 年 3 月，RAPs 记账储蓄额可在纳税前扣除。

通常，基金储备未被隔离开，累积权益的安全性保障取决于雇主的财务稳健性。由于没有为福利支出实际储备基金，公司通常自行管理这种计划。为便于实施，给付通常只能一次性地支付。相比其他类型的计划，RAPs 计划为雇主提供了更大的灵活性，便于其修改调整。[13]

员工养老基金计划

日本于 1966 年 10 月建立了 EPF 框架。EPF 是经健康福利和劳动部的批准，由单个雇主或多个雇主联合建立的独立法人实体。这是一个外部筹资的养老金计划，主要目标是向参加者支付养老金。

EPF 与社会保障体系紧密结合。每份 EPF 合同将 KNH 下与收入关联的一部分养老金分出，并在这部分的基础上从基金中提供额外的养老金。作为代表政府支付了与收入关联的养老金的回报，EPF 获得缴费退税。EPF 下的整个体系称为 Daiko 体系。

针对分出的福利部分，EPF 提供的福利必须大于在社会保障体系下可以获得的福利（亦称为“优加福利”），并在此分出福利基础上提供额外的福利。[14]福利分配必须无任何歧视差别。分出福利和优加福利称为“基本部分”，额外福利称为“额外部分”。

获得基本部分福利的资格是参加 EPF 一个月。该福利必须以终身养老金的形式支付。如果参与者在 15 年服务期内终止雇佣关系，与当前积累福利价值等值的资产会转移到养老基金，由养老基金接管未来支付福利的责任。[15]获得“额外部分”福利最高补贴的资格要求是：服务 20 年可获得年金，服务 3 年可获得一次性给付。年金支付时间不得晚于 65 岁。额外部分和优加部分的积累额中，一半以上必须以终身年金方式支付，最长保证给付年限为 20 年或最高保证支付年龄为 85 岁。除选择生命年金以外，受益人可选择一次性全额领取，但一次性领取总额必须低于利用法定最低预定利率计算得出的生命年金现值。EPF 可提供残疾保障和遗属福利。

虽然允许员工缴费，但雇主通常负担优加福利和额外福利的所有缴费。雇主的缴费可扣除企业所得税，也不计入员工的应纳税所得额。员工个人缴费全部免税。这种税收优惠政策将 EPF 与 TQPP 和新 DB 计划（如下所述）区分开来。

投资收益延迟纳税。计划资产通常不缴纳年度专门的企业所得税。但超过分出福利 2.84 倍的计划资产要缴纳专门的企业所得税。一次性支付给受益人的养老金需要纳税（享受与服务年限挂钩的扣税），但其税率低于个人收入所得税。年金领取额享受专门的收入免税政策。遗属福利不需纳税。

由于投资环境不利，在过去 15 年中许多 EPF 都终止了。健康福利和劳动部必须在 EPF 资产清算前批准 EPF 的终止。在批准终止前必须满足严格的条件。如果 EPF 资产少于相应的分出福利价值，则需要一次性缴费补足差额。一旦终止了 EPF，对应分出福利价值的资产将被转移到养老基金协会，由养老基金协会接管分出福利未来的支付责任。全部剩余资产根据 EPF 计划文件确定的分配规则分配给参与者和受益人。参与者可以选择一次性提取这些福利或将其转移到养老基金协会以便未来领取年金。

雇主必须补偿分出部分产生的投资损失，并在其账面上确认分出部分的预计福利价值。分出部分过去曾经为 EPF 带来额外利润。然而一旦投资环境恶化，分出部分便开始妨碍 EPF 的运作。

许多雇主和工会游说呼吁立法，允许 EPF 将分出部分返还至最初的社会保障体系中。自 2002 年 4 月起，EPF 可以这样做（Daiko - henjo）。一旦 EPF 将分出部分送回，额外福利和优加福利则转化为新 DB 计划。

EPF 数量在 1997 年达到最高峰（1 225 个）。此后开始急剧减少，到 2011 年降至 568 个，覆盖了 440 万员工。到 2009 年，Daiko - henjo 总计达到 813 个。

税收优惠养老金计划

1962 年实施的 TQPP 曾经是日本两大职业养老金计划之一。该计划是由外部筹资并享受税收优惠政策的养老金计划。因为没有最低参与要求，因此 TQPP 在中小型企业中很盛行。

TQPP 无受益资格的要求（与 EPF 和新 DB 计划不同），且在雇佣关系终止后给付（相比之下，EPF 和新 DB 计划是在参与者达到规定年龄后才给付）。给付方式为给付五年或五年以上的固定年金或终身年金（大多数 TQPP 只提供给付五年的固定年金）。受益人可选择一次性全额领取而不是领取年金，但是一次性领取的总额少于按照计划文件中规定利率计算的年金的现值。TQPP 可提供遗属抚恤金，但不提供残疾保险金。

政策制定者最终意识到 TQPP 的规定并不能充分保护员工获取福利的权利。因此，要求雇主在 2012 年 3 月前将 TQPP 转换成其他类型的养老金计划。部分 TQPP 建立者转向其他类型的养老金计划；大多数建立者只是简单地终止了 TQPP，但却没有为员工提供任何其他的退休计划。

新 DB 计划

2002 年 4 月，日本推出了两种新的 DB 计划，即基金型和协议型，旨在统一规范并加强对参与者既得福利的保障。

基金型 DB 计划类似于 EPF，由专门的管理委员会管理，但无分出福利。

基金型 DB 计划的法定最低参与人数为 300 人。将合同分出福利让与政府后，现有的 EPF 可转成此计划。

由于 TQPP 运营无法得到全面监管，并且也没有最低标准规定以保证年度评估和维护能够得到全部经费，因此协议型基金替代了无法保护既得福利的 TQPP。协议型基金类似于 TQPP。但与 TQPP 不同的是，协议型基金与首席经理签订一项合约，需要遵从最低基金规则、信托义务和披露要求。

协议型 DB 计划无法定最低参与人数规定。领取方式必须是期限不低于五年的固定年金或终身年金。养老年金必须在 60～65 岁正式退休时给付，但提前退休时可在 50 岁领取。受益人可选择一次性全额领取而不是领取年金。一次性全额领取的金额必须小于或等于有保证给付期限年金的现值。获得最高受益资格的要求如下：领取年金需达到 20 年工龄，一次性全额领取福利金应达到 3 年工龄。遗属抚恤金和残疾保险金也可提供。

为保护参与者的既得福利，实施了基金积累规则。雇主缴费成为基金计划资产。若计划条款允准，员工缴费可超过总缴款额的 50%。精算评估至少每五年必须开展一次。每个雇主根据长期预期投资回报制定假设利率，但必须高于或等于健康、劳动和福利部规定的最低假设利率。

新 DB 计划法规也允许实施现金余额计划。工资积分与利息积分（基于如下利率确定）一并计入名义账户：

• 固定利率。

• 国债利率或其他客观衡量的稳定指数（国民工资指数或生活成本指数适用，股票指数不适用）。

• 固定利率和国债利率的组合。

• 有适当最小值或最大值的固定利率和国债利率。

一次性给付额转化为年金的年金转换系数可不考虑计划设计结构，实施指数化。

2011 年，日本有 610 个基金型和 11 593 个协议型 DB 计划，共覆盖了

730 万员工。

DC 计划

2001 年 10 月 DC 计划开始在日本实施，政府批准的 DC 计划数量持续增长。2011 年 10 月底，有 4 013 个单一计划获批，涵盖 1.6 万家雇主。公司 DC 计划参加人数达 410 万人，个人 DC 计划参加人数达 13.2 万人。

这一趋势的动因在于许多公司将工龄工资体系改为绩效工资体系。传统养老金计划有利于长期工作的员工，与新的人力资源管理方式不匹配。

越来越多的企业试图在养老金规划设计时体现出个人工作绩效。企业也在尝试提高员工对养老金的理解和关注。更具显性化特色的养老金计划如 DC 计划和有个人账户的现金余额计划有助于实现此目标。

日本劳动力市场与员工的流动性也很强。在终身雇佣制模型基础上设计的传统养老金计划显然不适于吸引和留住优秀人才。

企业重组规则管制放宽后，企业兼并和收购也日益普遍。企业兼并和收购时，需要实现养老金的协调。灵活调整适应企业组织结构变化的需要成为 DC 计划出现的重要推动力。

目前日本有两类 DC 计划，即团体 DC 计划和个人 DC 计划。雇主缴费是固定的，不考虑其收益：按照参与者工资的固定比例缴费或为每个参与者提供固定金额缴费。团体 DC 计划最初不允许员工个人缴费，但自 2012 年 1 月起废除了此项规定。

个人 DC 计划中，员工或个体户可决定是否向计划缴费。但雇主不能向个人 DC 计划缴费。（在日本，DC 计划中的“匹配缴费”是指员工按照雇主缴费额对应缴费，而并非指像在英国和美国那样雇主按照员工缴费额对等缴费）

对于参保 KNH 的正式员工，一旦其雇主建立团体 DC 计划，他就有资格参加 DC 计划。团体 DC 计划有两项单独的缴费限制。若 EPF 或新 DC 计划与雇主的 DC 计划一并由雇主维护，则雇主汇入个人账户的缴费限额为每月

25 500 日元/人。若雇主不维持此类计划，则限额为每月 51 000 日元/人。

若雇主未建立 DB 计划或团体 DC 计划，则员工有资格参与个人 DC 计划。此类计划的缴费限额为每月 23 000 日元/人。个体户可参与个人 DC 计划，该计划和国民养老基金的综合缴费限额为每月 68 000 日元。公关部门员工和全职主妇/主夫有资格选择参与团体 DC 计划或个人 DC 计划。

参与者可以从个人账户投资选择列表中（至少有三个选项）选择投资方式。投资选项通常包括银行存款、共同基金（投资信托）和保险产品。其中一个投资选项必须是保本型产品，比如定期存款或担保投资合同。雇主的有价证券也可作为一种投资选项，尽管这种情况很少见。不允许选择不动产投资。每三个月参与者可有一次机会改变其投资选项。每年计划管理者必须向参与者报告至少一次账户余额信息。

参与计划 10 年以上的参与者年满 60 岁时将给付。若参与者从公司离职时未满 60 岁，则参与者必须将账户余额转存到新雇主单位的 DC 计划或个人 DC 计划。有两个情况例外。若员工离职时参加计划的期限未满三年且无资格参与任何类型的 DC 计划（全职主妇/主夫或公共部门员工则可能属于这种情况），则可获得以现金支付的归属个人的账户余额（若有）。若账户余额小于或等于 50 万日元，则可一次性全额领取，不需考虑参与计划的时间。例外情况旨在去除保留记录的负担并且避免对小额账户余额的维护。

参与者可在 60～70 岁期间任何时点领取养老金，但最迟不得超过 70 岁。养老金是一次性全额给付或分 5～20 年分期支付，也可提供终身年金。工作满三年后，在团体 DC 计划中参与者拥有 100%的既得权利。

如果个人 DC 计划的参与者变换工作，其账户余额必须转存至新雇主单位的团体 DC 计划。若新雇主未发起团体 DC 计划，则账户余额仍属于个人 DC 计划。

团体 DC 计划中，雇主缴费属于免税业务支出费用，并且不被视作员工的应税所得。个人 DC 计划中，参与者可从其应税所得中扣除应缴款项，并且投资收益可延迟纳税。转存时免税。受益人一次性全额领取额按照养老金征税，享受一定税收优惠（按照相关工龄减税规定）。缴费时间被视作为工龄。养老年金作为特殊收入获得税收减免。

四、员工匹配缴费 DC 计划

养老金法规于 2011 年 8 月颁布，批准员工于 2012 年 1 月起就目前的 DC 计划进行匹配缴款。这项新的员工匹配缴费计划的结构如下（详情参见 Endo 2011）：

1. 团体 DC 计划中，员工可自愿地匹配缴费。

2. 员工匹配缴费的缴费额不得超过其雇主的缴费额。

3. 员工和雇主缴费额之和不得超过税收优惠政策规定额度的上限。

4. 雇主有责任确保缴费额不超过限额。

5. 员工缴费由雇主从每个员工的工资中扣除。员工缴费在缴费阶段免纳税。投资收益在计划积累阶段不征税。

6. 仅在 60 岁后才给付养老金。领取的养老金属于应税所得，尽管可以适用专门收入减免税收规定。

早期缴费税收优惠与收益是新计划的两大卖点，旨在使团体 DC 计划更具吸引力。但是批评者认为第二项和第三项要求使员工匹配缴费过多。考虑到缴费综合税优限额为每月 51 000 日元，则雇主和员工的缴费上限都是 25 500日元。若雇主缴费额低于 25 500 日元，则员工的最大缴费额必须相应降低。因此，员工匹配缴费的上限会随雇主缴费额相应变化，这导致不同企业中工资相同的员工享有不同的匹配缴费上限。

员工匹配缴费的新计划要求雇主负担额外的管理费。若雇主就 DC 计划所缴费用与每个员工的工资成一定比例，则每年雇主都必须审查和确定其员工匹配缴费额不能超过规定的上限。

员工缴费税收优惠变得更为复杂和不公平，引起了争议，因为个人 DC

计划允许每月匹配缴费上限为23 000日元或68 000日元，然而团体DC计划允许员工匹配缴费上限为25 500日元。个人和团体缴费计划之间的隔阂几乎已不存在，但是DC计划中存在员工间缴费不公平现象。

五、DC养老金计划和匹配缴费未来展望

DC计划在日本已经实施了十多年。该计划在引入时曾被寄予厚望，希望能够迅速推展，但现实不如预期。2011年3月，日本职业养老金计划的累计资产总额中，DC计划仅约5.5万亿日元，DB计划约80万亿日元。

为何日本DC计划发展如此缓慢？过去大多数中小型企业可按照其职业养老金计划向早期离职或达到法定退休年龄的员工一次性全额支付退休金。DC计划严格限制仅能在60岁之后才可领取养老金。因此相对于没有此项限制的现有DB计划，DC计划对员工和雇主的吸引力大大降低。这是第一个原因。

第二个原因是DC计划的缴费上限太低（现有DB计划没有缴费上限）。这就导致可能推广此项计划的潜在服务供应商认为DC计划不能盈利。

第三个原因是DB计划的福利减少需获得2/3计划参与者的同意。雇主希望建立DC计划，替换部分其现有的DB计划时，这项要求就成为了一个瓶颈，使其纷纷打消了转换计划的念头。

第四个原因是国内资本市场近20年来投资回报极低（或亏损）。2011年10月，日本国内约60%的计划参与者DC计划积累资产本金遭受了损失。

日本DC计划未来发展的突破口很可能取决于两方面，首先是是否放宽领取限制，允许员工在60岁前离职时领取现金，另外还取决于能否较大提升缴费上限。长期以来，日本没有为个人储蓄提供税优激励，但养老储蓄是唯一的例外。DC计划规定不能在60岁前领取现金，目的是使DC计划获得与雇主建立的养老计划类似的税优政策。DC计划的个人缴费必须遵守这项规定，才能享受税收优惠。但雇主缴费不被视作个人储蓄，而是养老金。因此

这与雇主提供的其他福利待遇不一致，此举旨在限制基于就业变化领取此类计划中的雇主缴纳的养老金。

匹配缴费规定最近才引入DC计划，其对DC计划扩展的影响还不得而知。目前关注焦点在于，匹配缴费将会刺激成长中的DC制度有效开展。新的安排设计允许员工在雇主愿意向计划缴费的基础上进行个人匹配缴费，但这与其他国家的方法相反（其他国家是政府/雇主为员工提供匹配缴费刺激员工参加计划）。这种反向设计可能基于日本的国情和习惯，但无法为任何一方带来强有力的刺激，反而会给双方带来额外限制和潜在负担。

市场对此类新计划的接受度有限，说明了养老金制度的设计创新如引入匹配缴费来提升养老金计划的参与率和储蓄额度等，需要与一国的文化、行为习惯和认知，以及养老金制度的历史发展等有机结合。日本社会保障制度较完善，能为所有人提供基本福利并且补充DB计划比较盛行（正如第二章OECD其他国家的证据所示），导致公众对补充DC计划的需求不可能很强烈。

长期来看，DC计划在日本还会继续增长，但是短期内进展可能会不显著。拓展此类计划的关键取决于相关计划是否能逐步适应日本的本土环境，满足参与者的需求并变得更加人性化。

【注　　释】

1. 此章节中币值以日元表示，1日元=0.0128美元。

2. 日本针对私营企业员工的主要养老金计划、厚生年金保险（KNH）的缴费费率将逐年提高，直至2017年达到18.3%，2017年后基本将与按需付费的DC计划相同。

3. 关于日本社会保障养老金制度的更多详情，请参考Takayama（2003，2004，2006）。

4. 1937年前，日本国内私营企业员工和个体户的养老保障主要由家庭提供。部分企业自愿设立其职业退休金计划，以此提高其员工的忠诚度并向雇用期满的员工一次性全额支付福利金。自 1875 年以来，日本国内公有企业的劳工领取养老年金和一次性支付的退休金（请参见 Sakamoto 2011）。

5. 在 20 世纪 60 年代和 70 年代，社会保险范围是雇主聘用员工的主要卖点。

6. 因为预算吃紧，从国家退休金普通收入转拨款项的现象已在 1976 年改变，转变成了在支付福利金时匹配缴费；当时开始提供 1/3 的定额给付养老金。

7. 此权利引起了争议性问题（详情请参考 Takayama 2009）。

8. 2010 年约 550 万人免予缴费（厚生劳动省 2009）。

9. 从一般收入转拨到 KNH 收入相关福利金的规定在 1986 年废除，并且转变成对等国家养老金的定额给付基本福利金。

10. 日本国内非典型员工在 1990—2010 年间几乎从 880 万成倍增长到 1 710万。同一时期，KNH 缴费费率从 11.3%上涨到 15.7%。

11. 在缴费时拖欠账款的非典型员工和个体户约占 40%，相当于日本所有社会保障养老金制度内总计约 8%的主动参与者。

12. 此小节由 Urata 和 Takayama 修订（2006）。同时请参考 Clark 和 Mitchell（2002）。

13. 根据厚生劳动省于 2008 年开展的一项调查，64%一次性全额支付退休金的雇主利用了 RAP。

14. 附加福利必须至少高于立约免除部分的 10%。

15. 养老基金协会于 1967 年成立，与 EPF 联盟。协会的主要目标是向一段时间后退出 EPF 的人提供养老金，以及向 EPF 解散的人支付立约免除福利金。

【参考文献】

1. Clark，R. L.，and O. S. Mitchell. 2002. “Strengthening Employment-

Based Pensions in Japan." NBER Working Paper 8891, National Bureau of Economic Research, Cambridge, MA.

2. Endo, T. 2011. "Pension Reform in Japan: The 2011 Law and Future Issues." *Benefits & Compensation International* 41 (5): 15 - 22.

3. Ministry of Labor, Health and Welfare. 2009. *The* 2009 *Actuarial Report on Social Security Pensions*, 2009. (In Japanese.)

4. Palacios, R., and D. A. Robalino. 2009. "Matching Defined Contributions: A Way to Increase Pension Coverage." In *Closing the Coverage Gap: The Role of Social Pensions and Other Retirement Income Transfers*, ed. R. Holzmann, D. A. Robalino, and N. Takayama, 187 - 202. Washington, DC: World Bank.

5. Pension Fund Association. 2012. *Statistical Figures on Occupational Pensions*. (In Japanese.)

6. Sakamoto, J. 2011. "Civil Service Pension Arrangements in Japan." In *Reforming Pensions for Civil and Military Servants*, ed. N. Takayama, 113 - 29. Tokyo: Maruzen Publishing Co., Ltd.

7. Takayama, N., ed. 2003. *Taste of Pie: Searching for Better Pension Provisions in Developed Countries*. Tokyo: Maruzen Publishing Co., Ltd.

8. ——. 2004. "Changes in the Pension System." *Japan Echo* 31 (5): 9 - 12.

9. ——. 2006. "Reforming Social Security in Japan: Is NDC the Answer?" In *Pension Reform: Issues and Prospects for Non-Financial Defined Contribution (NDC) Schemes*, ed. R. Holzmann and E. Palmer, 639 - 47. Washington, DC: World Bank.

10. ——. 2009. "Pension Coverage in Japan." In *Closing the Coverage Gap: The Role of Social Pensions and Other Retirement Income Transfers*,

ed. R. Holzmann, D. A. Robalino, and N. Takayama, 111 - 18. Washington, DC: World Bank.

11. Urata, H., and N. Takayama. 2006. "Pension Regulation in Japan: Issues and Reforms." In *Labour Market Regulation and Deregulation in Asia*, ed. C. Brassard and S. Acharya, 197 - 218. New Delhi: Academic Foundation.

第三部分
中等收入国家经验

第七章　智利以年轻人就业与缴费补贴完善养老金体系

Hermann von Gersdorff，Paula Benavides

【内容提要】

智利养老金体系的替代率未达到预期目标，迫使政府削减大量退休人员的养老金。智利为年轻人提供就业补贴，有助于扩大社保覆盖面和提升替代率。智利经验表明，影响大多是短期的，而关于补贴是否有助于提升目标群体社保覆盖面的问题随之浮出水面。除对就业和劳动力参与有一些影响之外，补贴不可能成为将较低的社保养老金变为基本支柱的措施，而年轻人就业补贴似乎更适合作为高失业时期反周期的政策工具。

本章主要介绍智利的两种年轻人就业补贴方案。第一种是2008年建立的年轻人社会保障补贴（SPTJ），它是根据智利深化养老金改革的20.255号法律确定。第二种是2009年开始的年轻人就业补贴（SEJ），它是根据智利20.338号法律确定。两种津贴旨在激励劳动力供给和需求以促进年轻人正规就业的提升。第一种年轻人社会保障补贴提供了明确、直接的社保缴费津贴。

本章结构如下，首先介绍智利养老金体系和智利年轻人劳动力市场的指标。其次描述两种津贴方案的设计目标，考察津贴对社保覆盖面、就业和财政成本的影响。再次展示了对年轻人就业补贴方案效用评估的结果，为改革提供了可资借鉴的经验教训。最后总结上述方案的经验。

一、智利的养老金体系与年轻人劳动力市场

1. 智利养老金体系

自2008年改革以来，智利养老金体系包含三大支柱：强制的、自愿的和第二支柱。强制养老金体系是DC计划，始建于1980年（3.500号法案），并在2008年（20.255号法案）进行了改革，在政府对资产和账户的强力监管之下由私营部门负责养老基金管理。所有正规部门员工都必须参加强制养老金体系，自由职业者则逐渐实施强制加入。截至2012年，要求自由职业者按应税收入的前40%为自己和员工缴纳养老保险费，除非他们正式退出。而与社保缴费相关的应税收入基数将增加至70%（2013）和100%（2014），2015年变为强制缴费，不可能退出。从2018年开始，社保医疗保险缴费也将强制化。没有劳动收入的人员也可以自愿加入养老金体系。

社保养老金缴费率为10%，全部由员工承担；雇主按照1.49%为员工缴纳残疾和遗属保险。资产管理费用由员工按工资的一定比例（不按资产规模的比例）支付，占工资额的0.77%～2.36%。[1]社保缴费总比例为21%，其中含医疗保险（7%）和工伤保险（0.95%）。社保强制缴费的工资上限为每月3 000美元（2012）。

2011年8月，社保养老金管理资产为1 500亿美元，占当年GDP的60%。约有890万人加入了养老金体系。2011年7月缴费的440多万人中，98%为正式雇佣员工，61%为男性（Superintendencia de Pensiones，2011），详见表7—1。

2011年3月领取强制养老金的人数为887 255人，其中2/3的人领取养老金，约一半的养老金领取人收到了政府补贴（见图7—1）。养老金平均值为353美元/月。养老金的平均值很低，因为大多数妇女受益于公共转移支付

的子女津贴但很少向养老金账户缴费。

表 7—1　　智利各类养老金计划缴费人数及其平均收入（2011.7）

项目	缴费人数（百万人）	平均收入（美元）
男性	2.70	1 060
女性	1.74	936
合计	4.44	1 010

资料来源：Superintendencia de Pensiones.

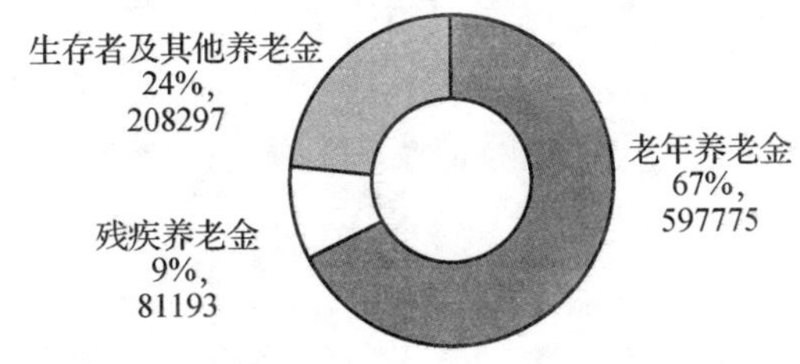

图 7—1　智利各类养老金计划参加人数和占比
资料来源：作者根据 Superintendencia de Pensiones（2011）数据计算。

自愿的支柱包含了几种储蓄工具，自愿储蓄账户（1987）、自愿养老储蓄（2002）和集合自愿养老金储蓄（2008）。截至 2011 年 6 月，自愿养老金计划的参加人数是 927 558 人，总资产为 70 亿美元。

养老金储蓄集合计划是新型储蓄工具，允许雇主为员工的养老储蓄提供匹配缴费。雇主自愿决定是否提供此类计划，也可自行制定计划条款。[2] 但是，一旦该计划成为劳动合同的一部分，雇主必须如约缴费。员工有权决定是否参加雇主提供的计划。这种方式起步很慢，到 2011 年 6 月，仅建立了 1 904个计划。

2008 年养老金体系改革，引入税优和补贴以提升自愿型养老储蓄。未享受税优政策的员工，若参加自愿养老储蓄计划可以获得雇主匹配缴费（匹配比例达员工储蓄额的 15%，上限为每年 470 美元）。

第二支柱覆盖了个人养老储蓄不足难以防止老年贫困和残疾风险的群体。这些福利与个人资产化系统整合在一起。一旦最贫困的 60%人群中的某个人符合年龄和户籍要求，尽管他们根本没有养老金，他/她也可以领取基本养老金（PBS）；或者社会养老金补助（APS）将提供给本人养老储蓄积累与社会补助之和未达到社会养老金补助（PMAS）最高标准的人。智利有四种养老金：老年基本养老金、残疾基本养老金、老年社会养老金补助和残疾社会养老金补助。

截至2011年12月，智利第二支柱养老金的受益人达108万人（见图7—2）。此项财政支出占GDP的0.7%。其中老年社会养老金补助的受益人规模最大（436 791人）。老年基本养老金每月给付额157美元，老年社会养老金补助为每月92美元。

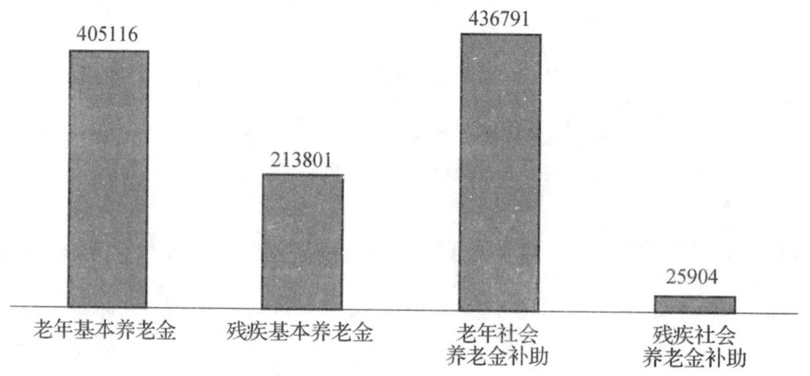

图7—2 智利基本养老金的受益人数（按养老金类别）（2011年12月）
资料来源：作者根据Superintendencia de Pensiones（2011）数据计算。

2. 智利年轻人劳动力市场

2010年智利人口1 710万人，预计人口增速为19%，到2050年将达到2 040万人，其中65岁以上老年人口增速快于整体增速。由于现有人口中15～24周岁群体规模最大，因此未来适龄劳动人口数量还将保持增长。

2011年，智利15～64周岁劳动人口的平均就业参与率是66.2%，其中男性该比例为78.6%，接近OECD国家平均值（79.7%，2010）；女性该比例为53.9%，低于OECD国家平均值（61.8%，2010）。智利平均失业率分别为8.4%（2010）和7.4%（2011）。2011年智利15～24周岁劳动人口的平均就业参与率仅 38.4%，低于 OECD 国家均值 47.4%（2010），也低于该国整体比例（66.2%）。

2011 年，智利 15～64 周岁人口的失业率为 17.5%，是 15～64 周岁人口失业率的两倍（7.4%）；该比例也高于 OECD 国家均值 16.7%（2010）（见图 7—3）。

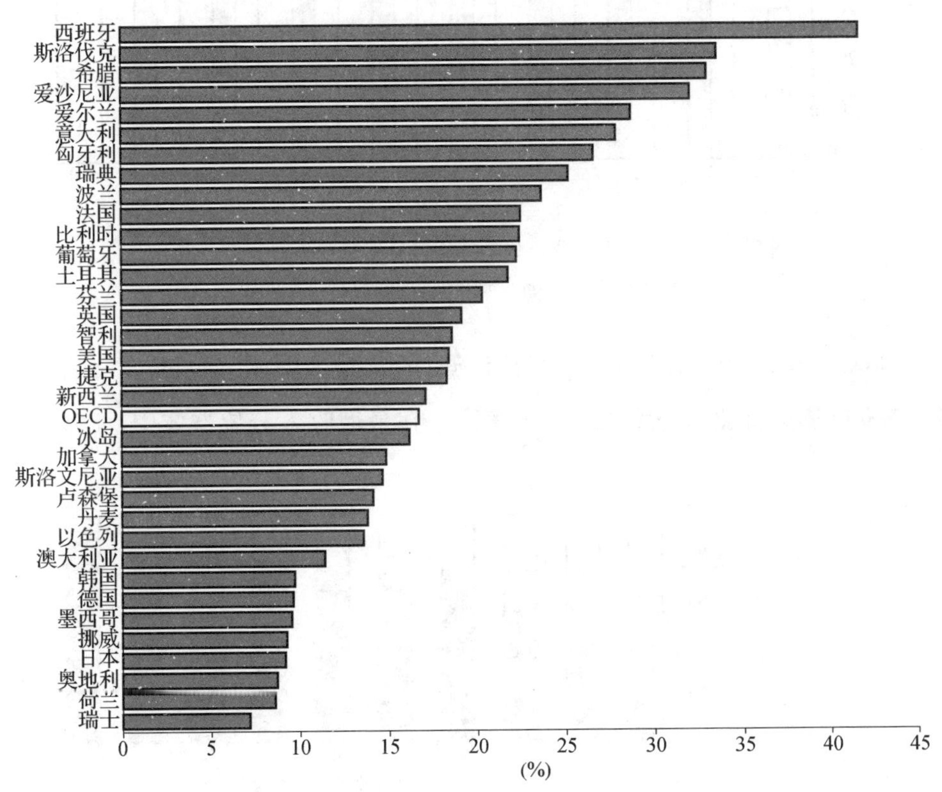

图 7—3　部分 OECD 国家 15～24 周岁人员失业率（2010）

资料来源：OECD（2011）。

2009 年智利全国社会经济调查结果表明，不同收入水平人员的参与率差异很大（见图 7—4）。对18～29 周岁群体，收入处于前 4 个分位的群组其劳动参与率明显高于其他 6 个分位的群组。但该差异在18～24 周岁群体中则不明显，因为处于较高收入分位的人员更加可能接受更高的教育而尚未进入劳

动力市场。

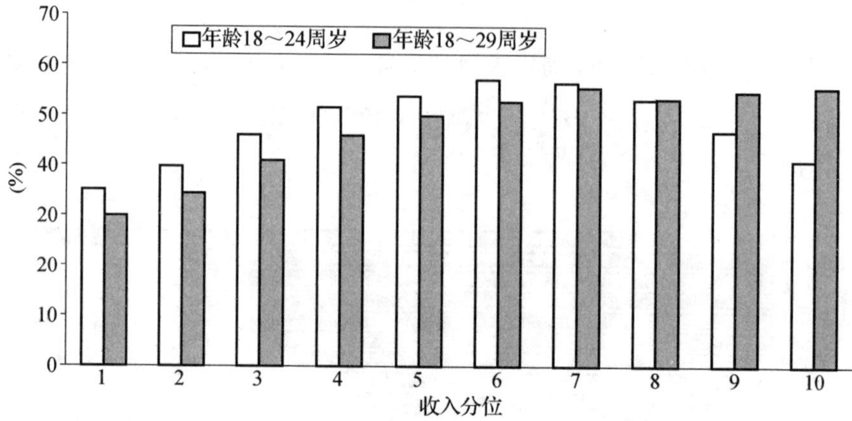

图 7—4　智利按收入分位分类的年轻员工劳动力参与率（2009）

资料来源：National Socioeconomic Survey 2009。

低收入的年轻人在进入劳动力市场时面临较大障碍（见图 7—5）。18～24 周岁群体的就业参与率低、失业率高。在最低收入分位群体中，56%的人

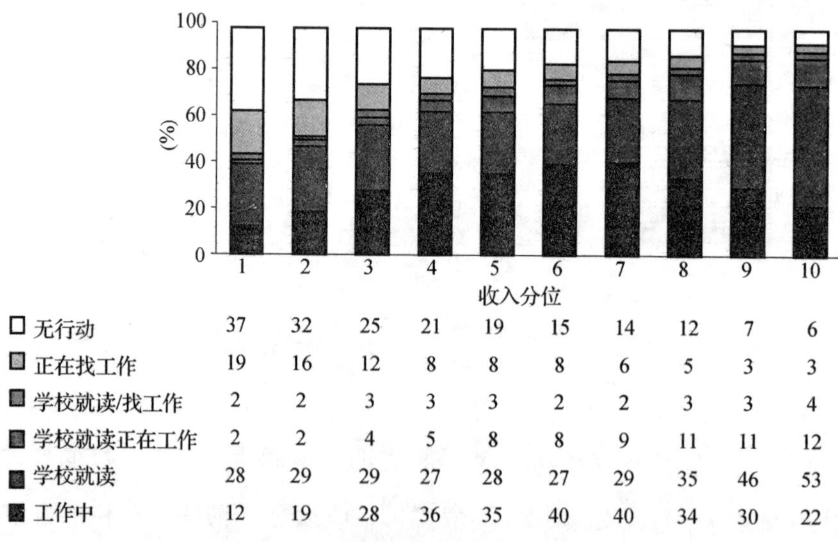

	1	2	3	4	5	6	7	8	9	10
□ 无行动	37	32	25	21	19	15	14	12	7	6
■ 正在找工作	19	16	12	8	8	8	6	5	3	3
■ 学校就读/找工作	2	2	3	3	3	2	2	3	3	4
■ 学校就读正在工作	2	2	4	5	8	8	9	11	11	12
■ 学校就读	28	29	29	27	28	27	29	35	46	53
■ 工作中	12	19	28	36	35	40	40	34	30	22

图 7—5　智利 18～24 周岁年轻人按收入分位的活动状态（2009）

资料来源：National Socioeconomic Survey 2009。

处于未就业（37%）或寻找工作但未接受教育（19%）的状态。年轻人低收入群体面临高失业风险。随着该群体收入水平的提升，失业比例逐渐下降，在第10收入分位降为9%。2009年，18～24周岁群体中收入第1分位的人员失业率高达50%（见图7—6）。

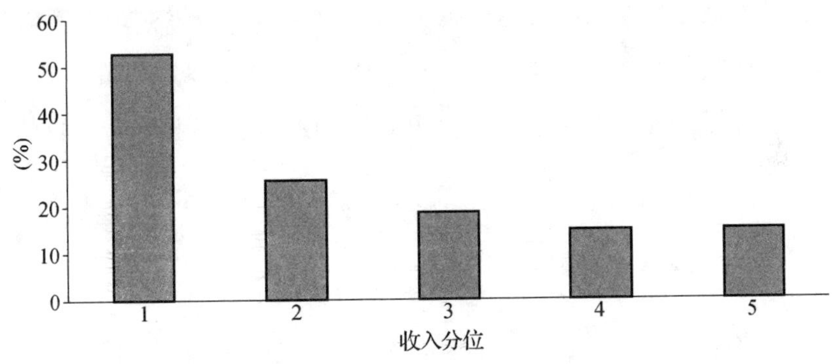

图7—6　智利按收入分位分类的18～24周岁年轻人失业率（2009）

资料来源：National Socioeconomic Survey 2009。

年轻人就业市场环境非智利所独有，许多OECD国家也面临同样的挑战。但是，智利低收入年轻人面临的挑战尤为严峻，由此推动政府采取措施，将这部分年轻人带回劳动力市场并纳入社保的覆盖范围。

二、年轻人就业补贴方案

智利养老金覆盖面较低，因此政府决定引入就业补贴，提高养老金缴费以提升未来领取的养老金水平。[3] 决策者争议的焦点在于就业补贴应在事前提供还是事后提供。第二支柱采用事后补贴的方式奖励养老储蓄，激励未享受税优政策的低收入员工尽量多向养老金计划缴费，争取达到最高标准。妇女获得的子女津贴仅在退休时支付。关于事后支付津贴的争议在于其推迟了相关财政成本的计量，降低了为最可能依赖社会救助提供老年收入的目标群体提供补贴的成本；如果绝大多数受益人领取的养老金不仅仅以个人储蓄为基础，则没有必要建立专门的管理制度，在每次缴费时支付事前津贴并支付管理费给养老基金管理人。

解决争议的方式是采取有利于年轻员工的事前补贴，这主要有两大原因：首先，在年轻员工中建立缴费文化。如果补贴能在24个月内迅速到位，则有助于产生定期向个人账户缴费的效应。其次，智利创立了养老储备基金来应对未来公共养老金给付责任，这会抵消部分养老基金积累。2008年的经济危机，结合股票委员会的研究结果，提升了就业市场反周期措施的执行优先度，因而决定实施更高额度的事前就业补贴，以期对改善失业率产生更快、更直接的影响。

三、年轻人社会保障补贴

现行养老金体系产生了大量的低收入群体，急需改革，因此2008年养老金改革的核心是强化第二支柱。养老金收入低的原因在于员工在年轻时缴费额度较低，且经常在正规部门和非正规部门之间变换工作，缴费不连贯。

2008年改革建立了SPTJ方案用于提升正规部门就业水平，扩大社保覆盖面及提升目标群体养老储蓄额度。该方案包括两部分补贴，分别在不同时间实施。

SPTJ第一部分补贴于2008年10月1日起实施。若雇主雇用了18～35周岁的员工且其月收入低于540美元（即最低月工资360美元的1.5倍），可获得相应补贴。补贴额度根据员工的前24次养老金缴费，按最低工资标准计算的养老金缴费的50%确定。雇主必须按时为员工缴费才能获得该项补贴。在第二部分补贴实施前，该部分补贴开始支付给雇主以较低有效工资雇佣的员工。

SPTJ第二部分补贴是2011年7月1日开始的缴费补贴，专为符合第一部分补贴要求的员工提供。员工可独立于雇主申请该项缴费补贴，该补贴与雇主获得的补贴数额相同，直接进入员工的养老金账户，每当员工恢复正规就业，补贴就按员工24次缴费的总额支付。

图 7—7 展示了每月平均的补贴领取人数、2009 年 3 月（开始支付）至 2011 年 12 月期间给付的补贴金额。平均每月津贴为 12.5 美元/人。多数补贴在 2009 年 10 月至 2010 年 2 月期间支付，虽然支付高峰（23 317 人）出现在 2010 年 4 月。2010 年年中，当开始实施 SEJ 方案后，就业补贴的数额迅速下降。SEJ 方案支付的补贴标准更高，雇主可以只利用其中一种津贴。由于员工可以加入 SPTJ 和 SEJ 两种补贴方案，2011 年年底的缴费补贴尤为值得关注。此间，50%的补贴受益人为女性。财政支付的补贴额在 2009 年达到峰值，达 180 万美元（见表 7—2）。

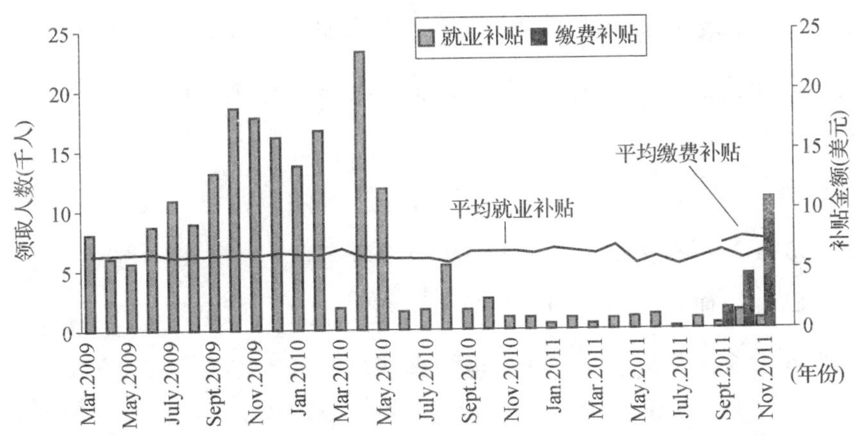

图 7—7　智利年轻人社保补贴领取人数与平均值（2009.3—2011.12）

资料来源：笔者根据 Superintendencia de Pensiones（2011）数据计算。

表 7—2　智利财政支出的年轻人就业津贴（2008—2011）（百万美元）

年度	SPTJ	SEJ
2008	0.0	0.0
2009	1.8	10.6
2010	1.3	71.6
2011	0.8	88.1

资料来源：Chilean Budget Office.

1. 年轻人就业津贴

为减轻经济危机的影响，股票委员会提出一系列建议。2009 年 3 月，政府实施了新的就业补贴（SEJ），提供给员工及其雇主和自由职业者。SEJ 和 SPTJ 类似，目标基本相同，但引入 SEJ 主要是由于目标群体的失业率较高；SPTJ 主要考虑养老金体系。2009 年 7 月 7 日开始实施 SEJ 方案，目标是促进年轻低收入员工正规就业。

为获得津贴，受雇员工需要满足三个条件：年龄在 18～25 周岁之间；属于智利收入最低的 40%家庭；每月毛收入低于 740 美元，每年收入低于 8 800 美元。雇主必须按时为所有员工缴纳社保，不限于享有补贴的员工，符合条件的自由职业者也可获得补贴，申请时需提交按时缴纳社保和医疗保险费的证明。

补贴额的 2/3 归属员工，1/3 归属雇主。补贴额按照收入水平测算，月收入低于 328 美元（社保和医疗保险缴费工资基数）时，补贴按工资的 30%计算，补贴额达到 98 美元后保持至 98.4 美元水平（对应月工资 410 美元），之后随收入增长补贴额不断下降直至为零（对应月工资为 740 美元）。（见图 7—8）

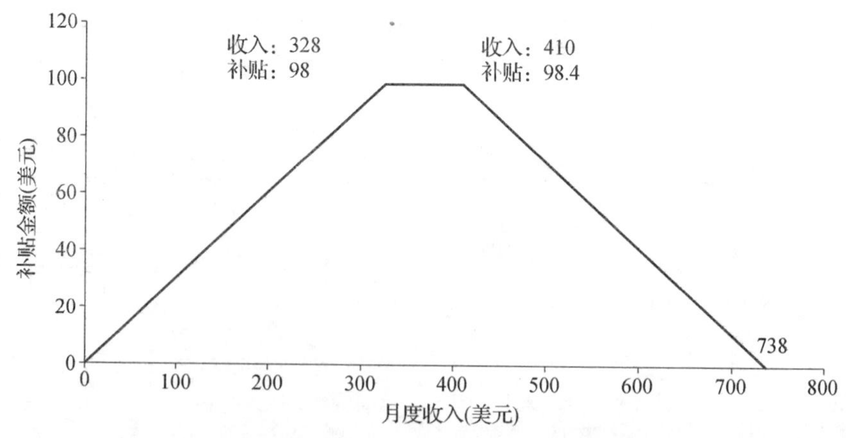

图 7—8　智利按收入水平分类的 SEJ 月度补贴

资料来源：作者计算。

同时兼做几份工作的员工只能获得一份补贴，补贴额以每月所有毛收入为计算基准。对员工而言，每月补贴额的75%可以获得提前支付。每年会根据年度毛收入重新计算当年补贴额。员工年满25周岁后如仍在上大学，每年也可继续领取补贴。员工在18周岁后，休产假期间也可领取补贴。2010年，平均每月有67 048位年轻人领取补贴，人均月补贴额为33美元（见图7—9）。

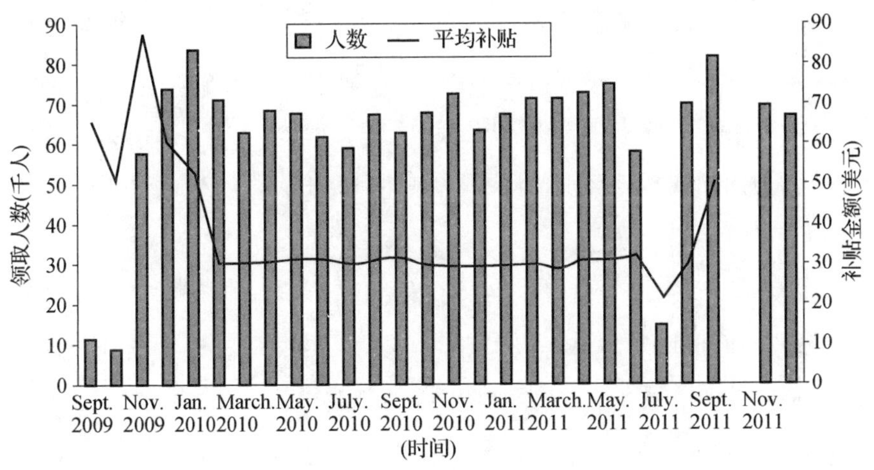

图7—9　智利SEJ补贴支付的人数与平均金额

资料来源：National Employment and Training Service。

财政支付的补贴日渐增长，2011年达8 800万美元（见表7—2）。

SEJ补贴对财政支出和公共政策的影响较大。2011年预算办公室要求开展独立评估（Centro de Microdatos 2011）。由于补贴方案实施时间较短，评估结果不涉及对未来养老金影响或对来自社保养老金潜在储蓄的影响，聚焦于补贴对就业的影响。该项评估采用了失业保险有关数据、社会保障指数（FPS）机制和补贴本身的数据信息。采用非连续的回归分析方法，比较年龄范围内的受益人与年龄范围外的群体，比较FPS得分范围内的人群与无获得补贴资格的人群。

评估表明，SEJ的覆盖面较低，在获得补贴资格的群体中，覆盖率为

4.6%（2009）和4.8%（2010）。该补贴使多数年轻人受益，获得了更为稳定的工作，同时也提出如下问题，即在各种情形下，有多少年轻人获得了正式工作，补贴损失的负担是多少？

利用补贴的雇主占比很低（3.75%）：对劳动力需求的补贴覆盖面低于劳动力供给补贴的覆盖面。对收到补贴的全部员工而言，企业仅对10%（2009）和11%（2010）的员工申请补贴。采用补贴的雇主中，44%都是员工人数在10人以内的小微企业。

运用年龄因素评估分析的结果显示，SEJ的影响不明显，可能是因为SPTJ方案中员工年龄上限为35周岁。FPS主要靠个人申报，功能较弱。因为收入处于最低的两个分位合计占智利总人口的60%，这也给影响评估的结果带来了一些问题。

评估表明，SEJ对劳动力供给具有积极的影响，有资格获得补贴的群体其就业和劳动力市场参与率得以提升，尤其在2009年。评估预计，就业可能性在2009年增长了4.5个百分点，2010年增长了2.1个百分点。就业可能性提升的峰值出现在2009年8月和9月，说明最初的补贴宣传活动和受益人身份识别产生了即时的影响。

按照员工缴费时段占工作时段的比例来衡量，补贴似乎对正规就业有重要影响。获得补贴资格的员工缴费的月份数量增长了6.6%，而未获得补贴资格的员工仅增长4.8%。据估计，就业参与率分别增长了3%（2009）和2.7%（2010）。

评估总结认为，在失业率高企时期，SEJ是提升低收入员工就业的有效工具，但是2010年其成效下降带来了新问题，即在就业岗位增加、失业率下降时期是否有必要继续保留补贴。而对SEJ在2009年产生重要影响的原因也未进一步分析，尚不清楚究竟是工具本身发挥了作用？还是经济危机和总统大选使公众强力推动年轻人使用补贴。评估认为，SEJ并不适于解决社保和养老金这类长远的问题。

2. 不同补贴方案的互动与比较分析

表 7—3 展示了 SPTJ 和 SEJ 两类补贴方案的主要特征。两类补贴都以促进年轻人正规就业为目标，特别强调按时缴纳社保费用，期望逐步培养缴费文化，最终提升养老金水平。但是，由于结果时间滞后性较大，补贴无法替代 2008 年实施的最低保证养老金。

表 7—3　　智利两类年轻人就业补贴方案比较

项目	SPTJ	SEJ
开始日期	•雇主补贴：2008 年 10 月起 •员工补贴：2011 年 7 月起	雇主补贴和员工补贴：2009 年 7 月起
年龄要求	18～35 周岁	•18～25 周岁； •怀孕和继续上学者可延长（如继续教育未完成则到 21 岁即满期）
目标	无	根据 FPS 标准测算的处于收入最低的两个分位内
工资要求	<540 美元（1.5 倍最低月工资标准）	<740 美元/月，全年平均计算
补贴给付时效	对最初 24 次个人社保缴费给付补贴（无论个人是否持续缴费）	满足上述要求即可获得补贴，无上限规定
补贴标准	雇主：5%最低工资额（50%的养老金缴费），每月约 19 美元； 员工：5%最低工资额进入员工个人账户	•员工：20 个点的补贴 •雇主：10 个点的补贴 补贴额按照工资的一定额度计算： •工资额的 30%，月工资<328 美元 •99 美元，328 美元<月工资<410 美元 •99 美元－30%×（实际工资额－410 美元），410 美元<月工资<740 美元
员工类型	受雇员工	•有劳动代码的受雇员工 •缴纳个人所得税且正在缴纳社保养老金和医疗保险的自由职业者

雇主可选择提供任何一种补贴。如果雇主只选择一种补贴，可能性最大的就是 SEJ，SEJ 补贴额度高，能最大幅度地降低雇主支付的有效工资。员工可同时选择两类补贴，没有证据表明哪类补贴更受员工青睐，对未来养老金的影响也不甚明确。但如下年轻人只能享受 SPTJ 补贴：收入不属于最低

两个分位的低收入年轻人、年龄在25～35周岁但社保缴费未满24个月，没有劳动代码的员工（如事业单位员工）。

四、总结

智利作为发展中国家，其实施的年轻人就业补贴专门针对占比4%、最穷的人口，取得了有意义的经验。对该方案影响力的评估结果与国际经验相符。该方案有利于促进正规就业和劳动力市场参与，但补贴设计和目标（采用FPS，主要靠个人申报）可进一步优化。最初的补贴设计考虑采用定位措施。但在2009年大选之前匆忙推广就业津贴时，却决定从FPS开始。新的定位机制尚未开发出来，就结果而言，直到开始完全地修订两种就业津贴时才可能开发。

另一重要问题是两类补贴的目标存在重复。SPTJ显然是为了提升养老金缴费，但是SEJ补贴的额度更高，两类补贴的重叠要求评估SPTJ的可持续性以及受益人重复的可能性。此外，还需强调的问题是雇主对津贴适用较少。

有迹象表明，补贴方案变为竞选的政策工具。在竞选前，保留补贴的人数达到峰值，此后推广的努力程度下降。优化方案设计时应该考虑这个因素。

对SEJ方案和有关国际经验的研究表明，就业补贴的影响是短期性的，因此，对就业补贴是否能持续促进年轻人参加社保尚有疑问。虽然补贴有助于提升就业和劳动力参与率，但是补贴无法成为第二支柱解决养老金问题的可选措施。因此，就业补贴适宜作为高失业时期反周期的政策工具。

【注　释】

1. 0.77%的管理费是近期资产管理人针对正规就业新进员工计划公开竞拍的结果。2008年养老金制度改革引入了竞拍制度，为所有新进员工按竞拍结果选择为期两年的最低资产管理费。最近一次竞拍结果是2012—2013年期间适用0.77%的管理费标准。其他员工也可按相同的管理费标准加入有关的资产管理公司。

2. 计划可以设定雇主缴费归属员工的最低期限。

3. 从全球来看，就业补贴的成功经验很少。Bucheli（2005）针对多个国家劳动力市场的研究发现，就业补贴获得者并不比没有获得补贴的群体更好，当然弱势群体（长期失业、妇女）除外。Puerto（2007）证实，新兴经济体实施就业补贴的成效优于发达国家（其结果更加综合）。Marx（2001）针对大量文献的研究发现，就业补贴的影响远低于在理论模型中的预期。主要问题在于，多数未获得补贴的年轻人在没有补贴的情况下已经找到工作（负担损失）。准确定位补贴方案的目标是成功的关键。

【参考文献】

1. Bucheli，Marisa. 2005. "Las políticas activas de mercado del trabajo：un panorama internacional de experiencias y evaluaciones." Serie de estudiosy perspectivas de CEPAL，Comisión Económicapara América Latina y el Caribe，Montevideo.

2. Centro de Microdatos，Departamento de Economía，Universidad de Chile. 2011. "Informe final de evaluación de impacto del programa de subsidio al empleo joven."

3. Marx，Ive. 2001. "Jobs Subsidies and Cuts in Employers' Social Security Contributions：The Verdict of Empirical Evaluation Studies." *International Labour Review* 140（1）：69 - 83.

4. OECD（Organisation for Economic Co-operation and Development）. 2010. *Off to a Good Start? Jobs for Youth*. Paris：OECD.

5. Puerto，Olga. 2007. "International Experience on Youth Employment

Interventions: The Youth Employment Inventory." Background paper for the World Bank's 2007 Economic and Sector Work on Sierra Leone Youth and Employment, World Bank, Washington, DC.

6. Superintendencia de Pensiones. 2011. "Panorama Previsional de Septiembre de 2011. " http: // www. spensiones. cl/portal/informes/581/w3-article - 7793. html.

附件 智利劳动力市场结构（2010、2011）

性别/年龄 总计	参与率 （劳动力人数/人口）		就业人数/人口		失业率 （失业人数/劳动力人数）	
	2010年	2011年	2010年	2011年	2010年	2011年
15～19	19.4	20.2	14.9	15.8	23.1	21.7
20～24	57.5	57.4	47.8	48.2	16.9	16.0
25～29	77.0	78.0	68.2	70.0	11.5	10.3
30～34	80.1	81.7	73.9	75.7	7.7	7.3
35～39	79.9	80.5	74.4	76.0	6.9	5.6
40～44	78.9	80.1	74.3	76.0	5.9	5.1
45～49	76.1	78.6	72.1	75.4	5.3	4.1
50～54	73.7	75.4	69.5	72.3	5.7	4.2
55～59	67.7	68.6	64.7	65.9	4.4	3.9
60～64	52.2	54.4	50.1	52.3	4.1	3.8
65～69	34.5	37.1	33.4	35.9	3.2	3.2
70+	13.1	15.2	12.9	14.9	2.1	1.8
15～24	37.5	38.4	30.5	31.7	18.6	17.5
15～64	64.8	66.2	59.3	61.3	8.4	7.4
男性						
15～19	23.4	23.8	18.8	19.3	19.6	19.0
20～24	67.1	66.2	56.7	57.1	15.5	13.7
25～29	87.2	87.9	77.9	79.6	10.7	9.5
30～34	93.5	94.8	87.3	89.3	6.6	5.7
35～39	94.4	94.5	89.0	90.4	5.7	4.4
40～44	94.5	93.7	90.1	90.0	4.6	3.9

续表

性别/年龄 总计	参与率 （劳动力人数/人口）		就业人数/人口		失业率 （失业人数/劳动力人数）	
	2010 年	2011 年	2010 年	2011 年	2010 年	2011 年
45～49	93.6	94.2	89.6	91.1	4.2	3.3
50～54	91.8	92.3	87.3	88.9	4.9	3.7
55～59	87.5	87.7	83.6	84.5	4.6	3.6
60～64	75.6	77.2	72.4	74.1	4.2	4.0
65～69	51.3	54.4	49.5	52.5	3.5	3.5
70＋	22.6	24.7	22.1	24.2	2.5	2.0
15～24	43.8	44.3	36.6	37.6	16.6	15.2
15～67	77.8	78.6	72.1	73.6	7.4	6.3
女性						
15～19	14.9	16.0	10.5	11.8	29.5	26.3
20～24	47.1	48.1	38.2	38.8	19.0	19.4
25～29	66.8	68.0	58.5	60.3	12.5	11.3
30～34	66.0	68.8	59.9	62.3	9.3	9.3
35～39	66.1	67.4	60.5	62.6	8.4	7.2
40～44	64.0	66.6	59.1	62.1	7.6	6.8
45～49	59.8	63.7	55.8	60.3	6.8	5.3
50～54	57.2	59.3	53.2	56.4	6.9	4.9
55～59	48.9	51.2	46.9	48.9	4.2	4.3
60～64	31.4	33.7	30.2	32.5	3.7	3.6
65～69	18.9	21.1	18.5	20.6	2.4	2.5
70＋	6.1	7.8	6.0	7.7	0.9	1.4
15～24	30.4	32.0	23.8	25.3	21.7	21.1
15～64	51.8	53.9	46.7	49.1	9.9	8.9

资料来源：National Institute of Statistics.

第四部分
发展中国家经验

第八章　中国城乡居民社会养老保险制度

Mark C. Dorfman，王德文，Philip O'Keefe，程杰

【内容提要】

中国最近建立的全国城乡居民养老保险制度标志着中国朝全民养老保险的宏伟目标迈出了重大一步。制度的设计包括地方政府提供的个人缴费补贴以及与之相关的收益确定型基础养老金待遇，参保人员达到缴费年限及待遇领取年龄时，或是达到待遇领取年龄人员的子女参保缴费，即可享受待遇。通过提供较低的基础养老金且在全国建立起一个兼顾各地经济需求和地方情况差异的综合制度，政策的设计有助于实现广覆盖的目标。待遇水平及筹资方式的设计旨在平衡充足的待遇水平与适度财政承诺的需求，与此同时，又允许地方政府根据实际情况提高养老金待遇。制度的设计也许能够扩大覆盖，但是其待遇水平不足以为大多数参保人群提供足够的老年经济保障。展望未来，人人享有养老保险的目标在很大程度上取决于持续参保的激励机制，政府完善养老金的转移接续，并逐渐实现养老保险制度整合，以及统筹风险的能力。

自 20 世纪 80 年代初的经济改革以来，中国城乡及不同区域之间的养老金制度覆盖存在着巨大差距，养老制度也进行了多次改革。与诸多前计划经济体一样，从 80 年代以来，中国缴费型养老保险制度对劳动力的覆盖率骤

降。在 90 年代初实施了一些试点项目之后，政府建立了全国城镇缴费型社会养老保险制度框架，不过制度设计允许地区间存在差异。在过去几年，政府明确提出改革原则，即保基本、多层次（城镇养老保险制度）、有弹性（农村养老保险制度）和可持续。正是秉承这些原则，中国政府在十七大上承诺到 2020 年建立一个综合统一的社会保障体系。

作为现行社会保障改革的一部分，政府在 2009 年 9 月建立了农村养老保险全国制度框架——“新型农村养老保险试点项目”，即现在的“新型农村社会养老保险制度（新农保）”；在 2011 年 7 月，政府推出了城镇居民养老保险制度。这两个制度都隶属于 2010 年颁布的《社会保险法》的大框架之下。这两个制度的设计都包括提供缴费补贴的缴费确定型的待遇和政府提供大量补助的固定金额的基础养老金。两项制度都很快在全国推开，目标是到 2013 年实现地域上的全覆盖。制度在扩大参保率方面取得了骄人的成绩：在 2012 年初，国家农村养老保险制度的参保人员超过了 2.5 亿，领取基础养老金的人数超过了 1 亿。

中国所实施的农村养老保险及城镇居民养老保险制度无疑是世界上低收入或中等收入国家规模最大的自愿养老金储蓄及最低老年救助制度之一。制度规模之大及扩面速度之快早已超过了中国政府最初的目标。

广覆盖是制度设计的核心目标。与这一目标相一致，最低缴费标准很低，待遇水平也非常有限，除了最为贫困的地方之外，制度的财政费用也较低。制度的设计将收益确定型的基础养老金与最低缴费年限联系起来。一个与既往不同的独到设计之处是制度规定只要达到养老保险待遇领取年龄人员的适龄子女参保缴费，他们就有资格领取基础养老金。基金的筹资方式允许有额外资金的地方政府提高待遇水平，与此同时，通过中央政府的资金保证最低水平的基础养老金。虽然最初的参保水平表明参保率增长势头强劲，只有时间才能证明这种参保率是否可以持续。

本章内容如下：第一部分对 2009 年出台的《国务院关于开展新型农村社

会养老保险试点的指导意见》和 2011 年颁布的《国务院关于开展城镇居民社会养老保险试点的指导意见》进行了背景介绍。第二部分分析了改革后制度的设计特点。第三部分评估了制度的设计及改革实施后的初步情况，包括待遇水平的适度性、参保人员和财政的可负担性及机构制度问题。最后评估了中国的改革经验及其对其他国家的适用性。

一、城乡居民养老金制度的历史沿革

1. 农村养老保险制度

农村养老金制度的发展有两个里程碑事件。第一是民政部 1992 年建立的农村养老保险制度，第二是人力资源和社会保障部 2009 年建立的新型农村养老保险制度。[1] 这两个制度都是建立在典型的中国政策制定过程的基础上，即自下而上，地方试点先行，试点经验为中央指导意见的制定提供依据。中央指导意见则是力图实现制度设计与管理的标准化。以往的制度在这方面都不尽如人意。新旧制度间的主要区别也许就是中央政府对新制度有很大的财政支持力度，为地方政府提供了史无前例的巨大激励，促使其遵循全国一致的制度设计。

旧制度在 20 世纪 90 年代时经历了稳定但涨幅不大的扩张，到新农保制度建立前，即 90 年代末旧制度扩面停滞不前，各地的设计也极不统一。制度的发展呈现几个阶段。

农村养老保险制度的建立与扩展：1986—1998

《“七五”计划》(1985—1990) 首次提出提供农村社会养老保险的政策方向，政府在《“七五”计划》中承诺抓紧研究建立农村社会养老保险制度。[2] 这个制度是建立在由民政部牵头在北京和山西省各县开展的试点基础之上，试点的设计强调由政府、集体和个人共同筹资，个人承担主要筹资责任。

20 世纪 90 年代初在扩大农村社会养老保险制度方面有显著的政策推动，大部分地区都是简单的缴费确定型的设计，在一些地方集体提供小额补助。

在1991年，民政部被指定为农村养老保险制度的主管部门并开始在山东省5个县开始实施试点。各地的试点经验为民政部1992年出台的《县级农村社会养老保险基本方案试行》提供了依据，该文件给出了建立农村社会养老保险的系列原则，同时允许地区差异。这一政策文件颁布以后，农村社会养老保险制度的覆盖面在90年代有大幅扩张，截至1998年底，覆盖了31个省、2 123个县（接近全国农村县的3/4）。这也是在新型农村社会养老保险制度建立之前旧农保制度达到最高覆盖水平的阶段，有8千多万农村劳动者参保缴费，60多万人领取养老金待遇（见图8—1）。

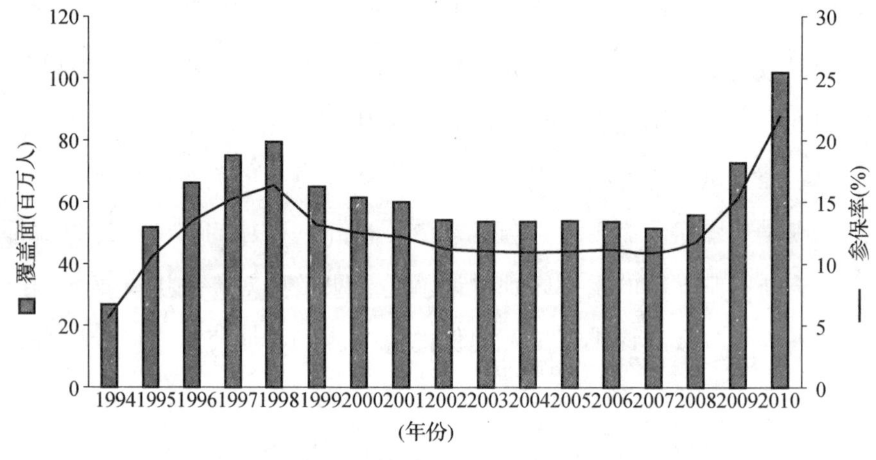

图8—1　农村社会养老保险制度的参保和覆盖情况，1994—2010

资料来源：国家统计局，1995—2011。

随之不久地方制度的运行及缺乏一个良好的治理框架引起了人们的关注；1997年的亚洲金融危机凸显了重新思考农村社会养老保险制度的必要性（见Chen 2002、Liang 1999、Ma 1999和Shi 2006对以往农村社会养老保险制度局限性的讨论）。随后在1998年的机构改革中，农村养老保险制度的主管部门由民政部调整为劳动和社会保障部（即现在的人力资源和社会保障部）。

收缩与停滞：1999—2002年

对农村社会养老保险制度的效果和可持续性的关注使得90年代末出现了

政策的巨大调整，限制这一制度的扩张。到2001年，这一政策调整使得制度覆盖面骤降到不足6 000万人，然后截至2007年，在约1 900个县，参保人数稳定在5 000万～5 500万人（见图8—1）。虽然出现了这一收缩，一直有新的人员开始参保缴费，且现有制度的累计基金持续增长，从2000年到2007年翻了一番多。随着现行制度日趋成熟，到2007年领取待遇的人员接近400万人。

复兴发展：2003—2009年

劳动和社会保障部在2003年发布的《关于认真做好当前农村养老保险工作的通知》为建立新的农村社会养老保险制度提供了推动力。在此期间建立的新农村养老保险制度主要分为三类：社会统筹加个人账户、一个固定水平人人享有的养老金加上个人账户或仅有个人账户。政府的筹资责任究竟是补入口还是补出口，各个地方的做法各异。政府是在总结地方试点经验的基础上开始实施全国试点。[3] 虽然从未进行过严格的评估，农村养老保险制度在此期间的一些设计缺陷制约了政策目标的实现，并影响到随后地方与国家试点项目的设计。

国家政策指南及全国覆盖：2009年至今

2009年发布的《国务院关于开展新型农村社会养老保险试点的指导意见》是农村养老保险制度扩面的一个里程碑事件。新的制度框架使得农村居民参保率快速上升，且通过中央政府大量的资金投入，使得各地有史以来第一次能够建立可持续的筹资机制。截至2010年底，新农保的参保缴费人员超过了1.03亿人，占农村就业人口的22%，与2008年相比大幅提高。2011年制度持续快扩张，2 343个农村县和县级市及区开设实施新农保（占总数的3/4），参保缴费人员突破2.58亿人，待遇领取人员1亿人（Wen, 2012）。[4]

2. 城镇社会养老保险制度

早期的养老保险制度主要针对城镇企业职工。在以往试点经验的基础上，政府在 1998 年发布了城镇职工社会保险制度的指导意见。政策文件规定为正规就业部门的城镇职工提供五种保险：养老、医疗、生育、失业及工伤险。缴费型城镇企业职工养老保险制度包括两个组成部分：具有收入再分配职能的待遇确定型的基础养老金（由社会统筹基金支付），及来自各地自己管理的缴费确定型积累制个人账户的养老金。

城镇企业职工养老保险制度对城镇有工资收入的劳动者（包括私营部门及外企）实现了稳步覆盖扩张。不过，这一制度未能覆盖在非正规就业部门的自雇就业人员，或在小型私营企业工作的劳动者，以及失业人员（在社会保险制度中统称“城镇居民”）。此外，公务员及事业单位职工都有自己的养老金制度。

大约在 1997 年，地方政府，包括北京、成都、广州、上海及一些其他地方开始探索为没有固定工资收入的城镇居民建立自愿缴费型基本养老金制度试点。[5] 上海的社会养老金制度为所有没有其他收入来源的城镇居民提供避免他们出现贫困的收入保障，完全由地方政府出资。广州同样为没有其他固定收入的城镇老年人建立了城镇养老金制度。[6] 北京市 2009 年所建立的制度与城镇企业职工养老保险制度的设计类似，地方政府提供每月 280 元的基础养老金。[7] 这些试点为 2011 年出台的城镇居民社会养老保险全国制度框架提供了有益的参考信息。

政府在 2011 年 6 月出台了《国务院关于开展城镇居民社会养老保险试点的指导意见》，旨在为所有城镇老人，包括失业人口及未享受其他养老待遇的人员提供最低收入保障。制度总体仿照了新农保的设计（见表 8—1），这提供了一个统一的政策框架，有助于今后城乡居民养老保险制度的整合。这一制度预计能够至少覆盖 5 000 万名未享受职工基本养老保险待遇以及国家规定的其他养老待遇的人员。在开始运行后仅仅 6 个月的时间，参保人员超过了 1 300 万人，包括 640 万的待遇领取人员（Wen，2012）。政府制定了到 2012 年底实现制度对所有城镇地区全覆盖的宏伟目标。

表 8—1　　中国老农保与新农保及城镇居民社会养老保险制度对比

特点	老农保	新型农村社会养老保险	城镇居民社会养老保险
原则	保基本	保基本、广覆盖、有弹性和可持续	与新农保相同
覆盖	年满 20 岁及以上的农村居民	年满 16 岁（不含在校学生）及以上的农村居民	年满 16 岁（不含在校学生）及以上的城镇非从业居民
筹资	个人缴费加集体补助	个人缴费、政府补助、集体补贴	个人缴费、政府补助
个人缴费	10 个档次缴费标准，每月 2～20 元	5 个档次缴费标准，每年 100～500 元；要求符合参保条件的子女参保缴费（制度实施时已满 60 岁的农村老年人可以按月领取基础养老金，但其符合参保条件的子女须参保缴费）	10 个档次缴费标准，每年 100～1 000 元
政府补助	集体每月补助 2 元，乡镇企业及集体经济可享受税收减免	地方政府每人每年补贴标准不低于 30 元，60 岁时可享受每人每月 55 元的基础养老金	与新农保相同
待遇领取条件	年满 60 岁，可领取养老金；立即受领	等待期：最低缴费年限 15 年	与新农保相同
养老金待遇	账户储蓄额除以 120，不过在身故之前都可享受待遇	个人账户全部储蓄额除以 139，加上每月 55 元的基础养老金	与新农保相同
基金管理	县级专户	县级专户	县级专户
转移接续	非常有限	从理论上而言，各地之间的新农保制度间及新农保与城镇居民养老保险制度之间可实现转移接续；不过与城镇企业职工养老保险制度间几乎没有什么可携带性	与新农保相同

资料来源：作者依据有关政策文件汇总。

21 世纪前十年所实施的一些试点项目超越了城市与农村地区的界限，在一些地市建立城乡居民社会养老保险制度。[8] 在快速发展的地区，当地合并了城镇及农村居民养老保险制度，为城乡居民建立起一个整合的社会养老保险制度，一些地方甚至为有城市户口和农村户口的居民提供相同的待遇水平。和新农保及城镇居民养老保险制度一样，此类制度是扩大社会养老保险对没有工资收入的劳动者的覆盖面，并实现政策制定者统筹城乡发展的目标的有益途径。除了少数例外情况，几乎所有的地方制度都采纳了国家新农保/城镇居民养老保险制度指导意见，或是与国家的制度设计略有所不同。譬如成都市调整了当地的制度设计，使之总体上符合全国新农保制度框架，不过在设计细节上与国家新农保/城镇居民养老保险指导意见都有所差别（Wang、Chen 和 Gao 2011）。

二、社会养老保险制度的设计特点

旧农保是自愿型的，筹资来源主要是个人每月 2～20 元的缴费，集体提供 2 元的配套缴费补贴。男女退休年龄都是 60 岁，老年农民可以从银行按月领取养老金，直到身故。地方民政局负责制度的管理（往往是县级民政部门），使得制度的管理过于碎片化；管理费用由缴费收入来负担（随后设定了 3%的上限）。主要依靠制度执行机构（各级人力资源和社会保障部门）履行基金的监督监管职责，财政、审计部门会对其进行监督。

几个设计问题阻碍政府实现政策目标：

• 各地制度覆盖差别迥异，4 个沿海省份占了总参保人数的约 45%，基金积累总额的 64%。集体往往不提供缴费补助，仅有少数富裕省份才会这么做。

• 养老金待遇水平很低，即使如此，至少 200 个县仍然不能保证待遇的全足额发放（Wang 2000）。投资回报率同样很低。

• 管理费用高达缴费收入的 3%，基金监督力度也不够。到 2000 年底，约有 20%的积累基金被用于违规资产投资，如房地产、股票、企业债券和非银行金融机构。基金实现县级管理，严重制约风险统筹。

国务院在 2009 年颁发了《关于开展新型农村社会养老保险试点的指导意见》；在 2011 年 7 月，发布了《关于开展城镇居民社会养老保险试点的指导意见》。这两个政策文件将各地方及省级试点扩大到全国范围，纳入一个统一的全国政策框架。各地开展当地农村社会养老保险建设所积累的各种经验为中央政策制定者提供了重要信息，并随之体现在国家政策指导意见的设计中。

国家的政策指导意见是基于保基本、广覆盖、有弹性和可持续的原则。新农保制度的主要设计特点如下（见表8—1）：

• 自愿参加，有参保激励。年满16岁（不含在校学生）、未参加城镇职工基本养老保险的农村居民，可以在户籍地自愿参加新农保。参保激励包括缴费补贴。

• 要领取基础养老金，最低缴费年限15年以及对于制度实施时已经年满60岁的人，可以领取基础养老金，但其符合参保条件的子女或配偶应当参保缴费。

• 制度的设计包括两部分：享受缴费补贴的个人账户以及累计缴费年限达到15年或符合其他待遇领取条件可按月领取固定金额基础养老金。文件规定的每月基础养老金为55元，不过地方政府可以根据实际情况用地方财政提高基础养老金标准。个人账户储存额目前每年参考中国人民银行公布的金融机构人民币一年期存款利率计息；个人账户养老金的月计发标准为个人账户储存额除以139（与现行城镇职工基本养老保险个人账户养老金计发系数相同）。待遇指数化调整的政策较为模糊，“国家根据经济发展和物价变动等情况，适时调整全国新农保基础养老金的最低标准”。[9]

• 参保人员年满60岁，可以按月领取养老金。制度实施时，已经年满60岁，不用缴费，可以按月领取基础养老金，但其符合参保条件的子女应当参保缴费。距离领取年龄60岁不足15年的，应该按年缴费，也允许补缴，累计缴费年限不少于15年。

• 制度筹资包括中央财政补助的基础养老金（中西部地区给予全额补助，东部地区给予50%的补助）；个人缴费（100～500元5个缴费档次，参保人自主选择）；地方政府对参保人缴费给予补贴，补贴标准不低于每人每年30元

（不是缴费档次越高，缴费补贴越高），地方政府可以酌情提高缴费补贴；以及鼓励有条件的村集体对参保人提高缴费补助，但不是强制的，且政策没有规定具体的村集体补助标准。

• 试点阶段，个人账户基金暂实行县级管理，目标是尽快实现省级管理。各级人力资源和社会保障部门履行新农保的监管职责。文件指出随着试点扩大推开，逐步提高管理层次的重要性，强调建立健全新农保财务会计制度，单独记账、核算，按有关规定实现保值增值，并做好新农保与其他养老保险制度的衔接的重要性。

城镇居民养老保险制度的设计与新农保如出一辙，同样金额的基础养老金（中央确定），同样的筹资模式，同样标准的地方政府缴费补贴。这一制度旨在为失业人口、没有雇佣合同的城镇劳动者及没有其他退休收入的城镇退休人员提供最低水平的自愿养老金储蓄安排。需要指出的是，城镇居民养老保险制度仅面向户籍地城镇居民，来自农村地区或其他城市地区的外来务工人员只能在户籍所在地参保。[10]城镇居民养老保险制度的一个设计特点是这一制度有 10 个缴费档次，最高一档为每年 1 000 元。

三、制度设计与初步实施情况的评估

1. *覆盖面*

政府确定了到 2012 年底城乡居民社会养老保险实现全地域覆盖的目标。[11]鉴于这两项制度是自愿参保，全地域覆盖并不意味着覆盖所有个人，但是政府决心实现最大的参保水平，尤其是那些以往没有其他任何形式的老年收入保障的人群。实现全地域覆盖主要是通过在全国建立这两项制度，利用行政手段促进参保缴费。

似乎政府能够按计划实现全地域覆盖的目标。截至 2012 年第一个季度，共有 3.76 亿城乡居民参加了这两个制度，1.07 亿人在领取养老金待遇。有 16 个省已经实现了全地域覆盖，10 个省整合了当地的城镇与农村居民养老保险制度（中国劳动社会保障新闻网）。最先开始实施的一些省市，如北京、海南、江苏、宁夏、青海、上海、天津、西藏和浙江，往往参保率很高。以很早就开始实施新农保试点的江苏省为例，据报道，该省的覆盖率已达到97％（Huang 2010）（见表8—2）。

表8—2　　部分地区当地新农保和城镇社保方案参保率

地区	参保率（来自调查或管理数据）（％）	资料来源
新农保方案		
江苏省	97.0	Huang (2010)
江西（11个地区）	73.6（当地新农保试点方案参加者）	Mu和Lu（2010）
陕西省神木和姚县、青岛市即墨区	75	Wu（2011）
河南省顾桥镇	96.5	Li（2011）
城镇社保方案		
成都	27.8	Wang、Chen、Gao（2011）
安徽省试点县	平均值高于50，最低20.1	Luo（2011）
20个省68个试点县68个试点村的1 942户农村家庭	平均值57.6	华中师范大学农村研究中心（2010）
陕西省咸城，试点县	54.9（农村移民）	Liu（2011）

资料来源：Cheng 2012.

管理数据所反映的试点县参保率与基于调查数据所测算出的参保率之间有显著差异，测算出的参保率往往低些。因此需要以审视的态度对待地方报告的覆盖率或是参保率数据。本文作者实地考察的结果表明地方官员往往没有一套标准的参保率计算办法——分母仅包括45岁及以上的人员（由于15年最低缴费年限的规定），或者将养老金领取人员算到项目覆盖总人口中，这可能使当前缴费人员和待遇领取人员这两类人群间的差别变得非常模糊。如图8—1所示，覆盖率的计算分母是农村总就业人口。

2. *参保激励*

老年人的参保激励政策体现了与老农保的衔接：政策的设计、筹资模式及地方社保部门提供居民社会养老保险的压力。制度的设计同样影响了参保人群的年龄分布及缴费档次的选择。

要享受基础养老金需要 15 年的最低缴费年限及个人账户积累额的投资回报率很低表明，劳动者可能在 45 岁左右才开始参保缴费（如果他们担心有段时间会失业可能略微提前参保时间）。对几个省的城乡居民养老保险的有限的实证研究已给出了这一影响的初步证据。比如，2010 年成都市新农保试点早期时的调查表明 50～59 岁人群的参保率最高，在生命周期的后期，参保率上升（见图 8—2）。2011 年在广东农村地区的调查反映了类似的规律，不过这两个调查都没有显示到达 45 岁时参保率会激增（也许是因为只要符合参保条件的子女参保缴费，老年人就可领取每月 55 元的基础养老金）（Wang，Chen 和 Gao，2011；Wang，O'Keefe，Thompson，2011）。对安徽省试点县的一项调查表明，49%的参保缴费人员是 45～49 岁，仅有 6.7%的人在 29 岁以下（Luo，2011）。对浙江省试点县的调查表明，在一些县，85%的参保人员在 45 岁以上，仅有 1%的参保人员在 35 岁以下（Feng 2010）。

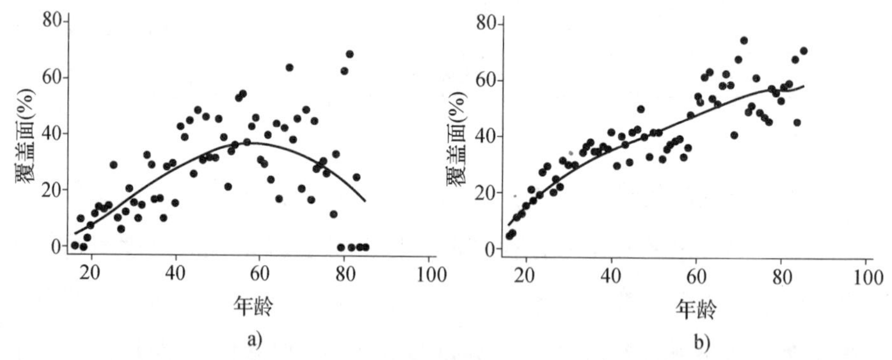

图 8—2　成都和广东农村养老保险制度覆盖情况

资料来源：Wang，Chen 和 Gao（2011），依据 2010 年成都市农村养老保险调查；Wang，O'Keefe 和 Thompson（2012），依据广东省 2011 年社会保险调查。

注："覆盖率"包括农村养老保险制度当前的缴费人员及待遇领取人员。

缴费人员仅需要按每年 100 元的最低缴费档次缴费就可满足基础养老金的待遇领取条件，而且配套的缴费补贴往往仅限于最低缴费档次。这样一来，超过最低缴费档次的缴费的投资回报仅限于养老金资产的投资回报率，政策规定按金融机构一年期存款利率计息（Li，2011）。因此制度的设计很大程度上鼓励选择最低缴费档次，即 100 元。最低缴费年限 15 年的缴费总体回报（包括缴费补贴）可以高达 16%的内部回报率（Wang，O'Keefe 和 Thompson 2012）。加上要求符合参保条件的子女参保缴费，待遇领取人的内部收益率甚至更高。几乎 75%的待遇（补助的 93%）是以缴费人员缴费年满 15 年后的次月开始领取 55 元的基础养老金来体现的，这说明除非制度设计参数有所调整，对参保人员缴费 15 年以上或选择高于 100 元的缴费档次的激励非常弱。

为每年 100 元缴费提供 30 元的缴费补贴不足以鼓励劳动者超过 15 年的最低缴费年限。补贴标准低于其他发展中国家，如印度常见的缴费补贴率是 1∶1。固定金额的补贴标准以及如果选择高于 100 元的缴费档次并没有明确规定具体的补贴标准，也未能为参保人均选择高缴费档次提供有力的激励，虽然这种制度设计有其公平性方面的好处。需要关注参保情况以了解是否每年 30 元的缴费补贴足以鼓励大家选择更高的缴费档次或超过最低 15 年的缴费年限。

实证研究的结果印证了这一观点，即制度设计对鼓励缴费人员选择最低缴费档次 100 元以上激励性很弱。根据成都市 2010 年的调查结果显示，试点县 46%的参保人员都选择最低缴费档次，仅有 8%的人选择最高缴费档次（每年 500 元）。此外，对安徽省试点县的一项调查也表明 2/3 的参保人员选择最低缴费档次（Luo 2011）。

当前的制度设计着眼于事后补助（即财政补助基础养老金），这种做法的优势是简单易行。不过对流动性很大的农村人口而言，事前补的（即为个人提供配套的缴费补贴）可能更为有用。这主要是因为一旦制度变得成熟，对于外出务工或打算外出务工的农村劳动者，现行制度设计下的事后补贴不会产生同等的激励效应，目前新农保与其他养老保险制度的衔接办法尚不明朗。鉴于人口流动性日益加强，且城镇化进程也在加剧，权益的转移接续可能是一个需要予以重点考虑的问题。通过提高缴费补贴标准来增加事前补助可能有助于抵消这一抑制效应。

将公共补贴从事后补更多地转向事前补所带来的一个显著问题是这种调整对农村社会养老保险的基础养老金部分的减贫目标所产生的影响。如果将更多的公共财政资金投到事前的补助，要想保持一个中立的财政影响就得下调基础养老金标准。55 元的待遇水平早已远远低于农村贫困线；进一步下调将使基础养老金低于农村平均人均低保线，这又会对制度带来额外的负激励效应。[12]

可以至少通过两种方式解决这一问题。一种方式是可以考虑对于收入高于特定标准的个人部分降低待遇水平，以确保比他们贫困的老年人口可以享受一个更高的待遇水平。另一种做法则是地方政府可以提高基础养老金标准，使之高于当地的低保线。

表 8—3 给出了对个人账户储蓄额及待遇水平的 4 个典型数学测算。第一种场景以当前的月缴费水平及缴费补贴标准为基础，测算了基础养老金及总待遇水平，以及中央补助与中央和地方总补助的净现值。第二种场景将最低缴费档次 100 元的补贴标准（事前补）从 30%提高到 100%，而事后补贴的月基础养老金 55 元则保持不变。在这种情形下，中央政府提供的缴费补贴净现值有所增加，加强了对缴费人员的激励，所测算的月待遇水平也略有所上升。第三种场景完全取消了属于补出口的基础养老金，取而代之的是大幅提高补入口的缴费补贴水平，对于缴费 15 年的劳动者其最终享受的月养老金水平与当前制度相同。这一安排会将政府的费用按现值计算减少约 10%（取决于实际贴现率），这主要是因为在缴费期缴费补贴会带来投资回报（假设 3%的实际投资回报率，不过中国不是一直都能够达到这一水平）。还有一种替代做法是假设中央政府保留按现值计算同样的补贴水平，不过不是补贴基础养老金（即补出口），而是在缴费期提供缴费补贴（补入口）（第四种情形），这样月养老金会增加约 43%，取决于所采用的利率。

表 8—3　　匹配缴费补贴典型方案（人民币元/每人）

项目	方案			
	1	2	3	4
个人年度缴费	100	100	100	100
地方政府年度匹配缴费补贴（养老金积累阶段）	30	30	30	30
中央财政年度匹配缴费补贴（养老金积累阶段）		70	548	825
个人月度养老金（养老金领取阶段）	13.8	21.2	68.8	98.2
月度基本养老金	55.0	55.0		
月度养老金总额	68.8	76.2	68.8	98.2
净现值——当地政府年度匹配缴费	358	358	358	358
净现值——中央财政年度匹配缴费终身补贴		836	6 184	9 491
净现值——中央财政基本养老金终身补贴	9 490	9 490		
净现值——政府补贴总额	9 848	10 684	6 542	9 849

注：方案 1：现行新农保和城镇居民养老保险的参数和补贴。方案 2：中央财政按前期缴费的 70%提供补贴，使中央和地方政府的补贴总额提高到 100%。方案 3：中央财政按前期缴费的 548%提供补贴，但中央财政不再提供基本养老金。方案 4：中央财政按前期缴费的 825%提供补贴，但中央财政不再提供基本养老金。作者在所有方案中，按照个人每人每年缴费 100 元、地方政府匹配缴费补贴每人每年 30 元测算。测算采用了 3%的年度实际利率和实际折现率。其他假设还包括 15 年缴费期和 60 周岁领取，60 周岁时男女的预期余命均为 19.1 年。

公众对于新制度的知晓率对参保情况有很大的影响。农民对新农保知识的了解仍然非常有限，在吉林省试点县的调查也证明了这一点。该调查显示，45%的当地农民对新农保的政策都不太了解，6%的农民从来都没有听说过（Liu，Wu 和 He 2011）。在河北省试点县的调查表明，仅有 27%的农民知道政府为新农保试点提供补助（Geng 2011）。此外，制度伊始之时，农民对试点县和非试点县的新农保都所知甚少。为了提高制度知晓率，中央要求地方政府通过各种渠道宣传新政策，如广播、电视、海报、宣传册及村里的宣传活动。在媒体和管理部门的大力推动下，大部分农民现在都掌握了国家新农保的相关信息。

3. 待遇水平适度性

待遇水平适度：很难衡量养老金待遇在预防老年人群陷入相对或绝对贫

困方面的效果究竟如何。两个常常引用的标准是当地的贫困线以及一个国际标准如收入。[13]就个人而言，要在待遇的充足性和可负担性之间进行取舍。如果完全由个人或其家庭来负担，能够完全有效预防老年人陷入贫困的待遇水平很可能成本很高。此外，一个对某些人勉强够用的养老金待遇水平可能对其他人而言又不足。待遇水平的适度性同样不仅仅取决于待遇本身，还取决于待遇随着物价、工资或人均收入变动的调整机制。考虑到这些需要权衡的因素，在中国确定一个目标待遇水平是个很大的挑战，因为各地经济条件大相径庭。

各地的待遇水平差别很大，因为不同县和市提供高于国家最高缴费档次的不同档次，缴费补贴标准各异，基础养老金也有所差别。除此之外，个人享受的养老金待遇取决于个人缴费档次及缴费时间、储蓄额的投资回报率、地方政府提供的缴费补贴以及额外的补充资金，还有计算待遇时所使用的计发系数。基于几个基本假设以及上述因素，作者计算出一名劳动者按照每年缴费 100 元的标准缴费 15 年后每月的待遇水平约为 73 元。[14]测算的这一待遇水平只能部分实现居民养老保险制度未公开声明的预防老龄贫困的政策目标。在 2011 年，这笔钱为农村人均净收入的 13%，每人每天 20 元绝对贫困线的 30%，国家平均低保线的 51%，以及国家农村贫困线的 38%。

在开始建立全国城乡居民社会养老保险制度之前，地方试点的普遍做法是养老金待遇应该达到或者超过当地的平均低保线。基础养老金加上积累制个人账户储蓄额最后提供的待遇水平预期能够高于低保线。最终待遇水平会因地方财政能力的差别而各异（以北京为例，待遇水平是一个固定额，农村平均收入的 35%）。

在养老金待遇指数化调整方面，城镇和农村居民社会养老保险的指导意见都指出了调整基础养老金最低标准的重要性，但是没有明确给出具体标准或调整参数。2009 年 9 月开始实施的每月 55 元的基础养老金直到 2015 年才做出首次调整，城乡居民基础养老金标准统一提高到 70 元。虽然在 2010 年和 2011 年的年均通货膨胀率都在 5%～6%。

调查数据未能有效反映实际待遇水平。对河北省 18 个县的一项调查显示，有 55%的农村养老金待遇领取人员声称他们仅仅领取每月 55 元的基础养老金；不到 15%的人每月的养老金超过了 100 元（Geng 2011）。在成都开展的一项调查表明，虽然当地制度的待遇水平稳步提高，高于全国平均水平，3/4 领取养老金的人每月的待遇都不足 150 元，对农村人均净收入替代率为 31%。而对安徽省试点县的调查揭示，月均待遇水平为 60.4 元，且 71%的老人认为当前的待遇水平不足以满足他们的基本需求（Luo 2011）。农民不能仅仅依赖来自新农保的收入，他们还得依靠其他的收入来源，例如家庭成员、物业出租收入，以及社区资助。

新农保试点直到 2010 年才开始扩面，实施时间太短，无法评估该制度对农村老年人的收入和福利状况的影响。[15]此外，月 55 元的基础养老金很可能仅仅让最贫困的农村老人的收入状况稍有所改善。

虽然待遇水平较低，对以往的农村社会保险制度的养老金领取人员的调查显示他们觉得更有安全感、自尊感（Zhang 和 Tang 2008）。养老金帮助他们应付一些日常开支，增加了他们收入的稳定性，并减少了他们对其他收入来源的依赖性。2010 年在成都的一项调查表明，一半以上的老人按月领取养老金，有些人主要依靠养老金收入，71%的人指出他们的养老金主要用来买食物，然后是看病、生产资料及储蓄。

4. 财政费用和劳动者的可负担性

新农保及城镇居民养老保险制度会产生 5 种财政费用：

• 中央财政补贴基础养老金，最初的标准为每人每年 55 元；

• 地方政府提供的配套缴费补贴，补贴标准不低于每人每年 30 元；

• 地方政府帮助领取低保待遇的人缴纳保费或为其他依据当地政策享受缴费补助的人提供补贴；

• 当前的养老金计发系数 139 与一个从精算角度而言更为合理的计发系

数两者差别所带来的财政费用；

• 参保人死亡，个人账户中的资金余额，其家人依法继承所产生的费用。

第四项与第五项费用估计由地方政府来负担，这两项费用会随着时间的推移变成应付债务。

一个悬而未决的问题是新制度未来的财政可持续性。初步的计算分析表明，中央政府补助的基础养老金负担得起，不过如上文所言，这种可负担性的代价是对于很多领取养老金的人员，待遇水平过低。中央财政补助基础养老金的费用较低，且尽管人口老龄化程度在加剧，未来的费用也不高。用不同的制度参数所做的模拟分析表明养老金支出占中央财政一般收入的1%～2.5%（Cheng 2011）。[16]对于中央财政而言，为中国所有60岁以上的老人提供每月55元的养老金的费用为国内生产总值（GDP）的0.26%。[17]测算显示，随着时间的推移，这一费用会增加。不过，即使基础养老金保持与GDP同幅度的增长速度，且中央财政对基础养老金给予全额补助，测算的财政费用仍然不到2050年GDP的0.75%。在未来几十年要让这一财政费用保持在较低水平，负担得起，必然取决于新农保/城镇居民养老保险制度提供养老储蓄的作用日益增强，以及没有固定收入的居民的其他储蓄选择。

县及地市一级制度的财政可持续性更为不确定，因为各地为个人账户所提供的缴费补贴的水平以及各地财政状况千差万别。当前的缴费补贴由省、市和县级政府平均分担。与当地的GDP相比，地方政府提供每人每年30元的最低补贴标准的费用很低，不过这还取决于当地创造财政收入的能力。[18]因此总的来说，最低补贴标准的财政费用是负担得起的，不过是否所有地方都有出资能力仍然是个未知数。一个显著挑战是既要避免出现贫困县无法为个人账户提供缴费补贴（致使贫困人群的个人账户储蓄额变低），又要让各县愿意实施这两项制度，承担相应责任。

第三项补助是隐性的，是个人账户养老金月计发标准计算时采取139计发系数所产生的财政费用。“指导意见”指出计算月养老金所采用的系数是

139个月（与现行城镇职工基本养老保险个人账户养老金计发系数相同），主要是依据60岁时的预期寿命以及退休期间4%的预计投资收益率。世界卫生组织2009年所公布的中国男性及女性60岁时的预期寿命为19.1年（229个月），表明139个月过低。[19]因此个人账户养老金月计发标准所采用的计发系数隐含了很大的补助，约占所领取总待遇的65%（Wang，O'Keefe和Thompson 2012）。这一补助主要由基金管理部门来负担，短期而言，就是地方政府。

没有一个简单易行的指标来衡量制度对于劳动者的可负担性。对于劳动者自身而言，每年缴费100元仅相当于2011年农村人均收入的1.4%。因此，除了收入最低的10%农村劳动者，这对于其他人都负担得起。不过，很多农村劳动者可用的流动资金会减少，或者会担心缴费15年后所享受的待遇水平与参保时的预期有很大差别。对于收入水平要高得多的城镇劳动者，这种缴费可能更不是问题。

5. 基金的管理与监督

基金暂实行县级管理的做法有一系列弊端，如投资风险、基金被挪用于急需支付的项目，出现空账。当农村劳动者离开本县外出务工时，县级基金管理同样制约了个人账户储蓄额的转移接续。此外，农村地区人口年龄结构的发展趋势表明，可能需要建立一个具有一定规模的储备基金，最后由更高层次进行这一基金的管理。

提高风险统筹层次（只能逐渐实现）在制度设计和实施能力方面都会带来巨大的好处。[20]应考虑逐步将统筹层次从县级提高到地市以及（城镇企业职工养老保险就是这么做的，在一些地市，所有的养老保险制度都已经实现地市级统筹）从地市到省一级，再从省到全国。一些省市如北京、湖南和上海早已经实现了省级统筹。

试点项目在制度和基金的管理方面的表现显示它们有一定的管理能力，保持了一定的持续性，不过需要加强对项目的监管。仍然由社会保障局负责制度的管理；村一级负责保费的征缴，在一些地方还负责待遇发放；乡镇一级负责保费的集中、参保和待遇的审批；县一级负责总体监督及制度的设计；银行则负责支付保费以及在很多地方待遇的发放。似乎新制度的管理信息系统总体都有所改善，尤其是人力资源和社会保障部为新的制度开发了标准软件。

在总的管理架构下，各地也引入了各种管理创新。以广东省为例，农民不通过村干部，直接通过银行或是在银行网点较少的地区通过当地的邮局（包括移动设施）直接缴纳保费。有些地方还考虑到农民收入的季节波动，如宝鸡市的制度，一年征缴一次保费。

除了县级管理的弊端以外，个人账户存储额按金融机构 1 年期存款利率计息的做法长远而言也是值得商榷的（城镇职工养老保险面临同样的问题），因为实际收益率往往为负，这不仅影响了缴费储蓄额的投资收益率，同样制约了待遇水平。虽然保障了基金的安全，低收益率实质上意味着退休时个人账户储蓄额也低，从而削弱了制度对农村劳动者的参保激励。其他的做法，如记账式或记账式缴费确定型的制度设计，原则上而言可以承诺收益率高，待遇水平也会提高，但是这样的高收益率需要额外的财政补助。另一个方案是把基金投到风险更大的资产组合，这意味着参保人员面临额外的风险，且需要建立大量额外制度基础及更多的监督。

6. 养老金权益的转移接续

养老金权益的转移接续减少了参保个人在不同地区就业或者在正规就业部门和非正规就业部门转换就业时的养老金损失。因此权益的转移接续对于城乡居民养老保险制度的总体参保吸引力以及解决各种社会养老保险制度（包括城镇养老保险制度）的衔接问题至关重要。鉴于中国的劳动力流动性日趋增强，应有权益及个人账户储蓄额在各地农村养老保险制度间以及农村与城镇制度间的可转移性非常重要。从概念上来说，城镇居民和农村居民养老保险制度间的转移接续要容易得多，因为这两个制度的设计基本如出一辙，制度基础也是兼容的；不同社会养老保险制度间的衔接更加困难，如城镇居民和农村居民养老保险制度与城镇职工养老保险制度间的衔接。

城镇居民和农村居民养老保险的指导意见提出了与相关制度的衔接问题，但是没有给出具体的方案。在 2009 年中国政府出台了《城镇企业职工基本养老保险关系转移接续暂行办法》。

接下来的政策重点将是实现各地同种保险制度及不同保险制度间的转移接续。人力资源和社会保障部正在起草有关政策，政府计划在 2013 年出台。确保转移接续需要制度的快速发展，以可靠的方式实现信息和资金在不同地区的转移，实现农村居民与城镇居民制度之间，以及这两个制度与城镇企业职工制度间的有序衔接。一些省份，如广东已经开始着手开发相关制度衔接所需的省级管理信息系统。

缺乏统一的政策框架使得各地的社会养老保险制度各行其是，也削弱了参保激励。城镇与农村社会养老保险制度间的衔接问题成为统筹城乡发展及城镇化进程的重要障碍（Deng 和 Liu 2011；Wang 2006）。一些省份和城市已经整合了城乡与农村居民养老保险制度。现在所需的是一个实现养老金权益在同一种制度内部以及不同制度之间转移接续的全国政策框架。

各地已经采取不同的做法来解决这一问题。以苏州为例，农民从农村社会养老保险转到城镇养老保险时，他们社会统筹权益按照 2∶1 的比例进行转移。权益的转移比较简单，因为农村的缴费基数刚好是城镇制度的一半。2∶1的规定意味着农民从农村转到城镇养老保险制度时，来自统筹基金的待遇仅为原来的一半，因为他们的缴费正好是城镇缴费人员的一半。北京市也有养老保险关系转移接续的办法，不过是在退休的时候。身份为农民的职工达到城镇养老保险规定的缴费年限将从城镇养老保险制度领取养老金（虽然以前农村保险制度缴费额较低）；如果在城镇养老保险制度的缴费不足 15 年，其基本养老保险关系及相应资金归集到农村养老保险。原则上说，各保险制度积累制部分的资金转移起来应该比较容易。

一个清楚的政策方向是逐步实现城镇与农村居民养老保险制度的整合。一些地市已经开始这么做。[21] 2011 年 7 月所颁布的《社会保险法》明确规定：“国家建立和完善城镇居民社会养老保险制度。省、自治区、直辖市人民政府根据实际情况，可以将城镇居民社会养老保险和新型农村社会养老保险合并实施。”这种整合是中国养老制度改革的一个重要目标。

7. 机构挑战

有关机构能力的信息非常有限，不过这方面有几个明显挑战：

• 需要提高各地的业务能力，尤其是县一级及以下。制度的大规模快速扩张要求各地的实施与服务能力要跟得上。政府打算至少在县一级（最理想的情况是在更低的级别）建立农村社会保障服务中心。不过，现有的人员配备情况表明扩张中的制度的工作量要远远高于实施类似制度的其他国家的人员工作量。省一级与银行部门建立合作关系可能有助于分担管理参保人员缴费及基本账户信息的行政负担。比如，广东省与邮政储蓄银行签署了总服务协议，依据协议，邮政储蓄银行可以代收保费，并把养老金支付到待遇领取人的账户上，邮政储蓄银行的信息系统和省人力资源和社会保障厅的系统有接口。

• 保费的征缴与待遇的发放有待于进一步提高。一些农村地区的金融和银行服务非常有限，很可能会制约保费的征缴与待遇的发放，从而影响到制度的实施。人力资源和社会保障部正在与全国性的银行合作，如邮政储蓄银行，积极解决这一问题，不过即使是网点分布广泛的银行也不可能在所有乡镇都有分支机构。

• 需要改善信息系统间的互联互通——如与新型农村合作医疗的信息系统，及与其他地方的信息系统。政府提出目标是将系统延伸到基层，实现这一目标，需要提高系统能力以及人员的培训。如果管理不到位，很可能会出现信息系统的碎片化（人力资源和社会保障部提供标准软件应该有助于让新制度各地系统的一致性优于城镇企业职工制度）。

四、对其他国家的启示

2009—2011 年，中国建立城乡居民养老保险制度的做法可为其他考虑开展类似改革的国家提供有益的借鉴经验。例如需要用强有力的政治承诺，循环往复、渐进式的政策开发过程，自愿参加的激励结构，实现城乡一体化的政策设计，以及在分权式的环境下中央与地方筹资责任的划分。与此同时，不能过于机械地对待这些经验，因为它们反映了中国劳动力市场、政治及财政体系的独特特点。

随着中国从中等收入向高收入国家过渡，加快养老保险制度的发展旨在缩小城乡以及不同地区间的差距，促进城乡统筹发展。政府确定的到 2020 年实现全民基本社会保障的宏伟目标推动了这项工作的进展。这种高度政治承诺对致力于实现全民社会保障覆盖，让所有人都享受到经济发展成果的发展中国家至关重要。中国提供缴费补贴的缴费确定型的个人账户加上基础养老金的创新设计已经极大地提高了城乡居民的参保率。只有时间才能证明是否这种势头强劲的自愿参保率是否可以持续。

中国的政策改革遵循循环往复、循序渐进的过程与做法。政府开展了大量的地方试点，在积累了足够经验之后开始设计全国的政策框架，在各地推广实施。对于像中国这样一个幅员辽阔的国家，地方试点有助于兼顾各地不同的情况以及分权的环境。很少有国家像中国这样在财政和行政管理上这么分散（发改委和世界银行 2011；Lou 和 Wang 2008）。很多国家的中央集权程度也许足以让其在全国层面规定统一的制度设计和筹资模式。不过，即使是对于这样的国家，试点项目也有助于全国政策框架的设计，以及像中国一样“干中学”。

中国现在正致力于解决城镇与农村劳动者的养老保险制度的衔接整合问题。在其他国家，可能可以避免城乡非正规就业部门的劳动者一开始就存在的制度分裂问题。在中国，这是更为广泛的社会政策框架所产生的历史遗留问题，在这个框架下，城乡居民有不同的社会保障制度，部分原因是由户籍制度造成的。

中国老农保与新农保的主要差别是中央与地方政府提供的事后及事前的财政补贴增加了制度的可信度。地方政府为个人账户补入口，提供缴费补贴（由省、地市和县级政府共同分担）；中央政府提供事后的补贴（补出口），即对中西部地区按中央确定的基础养老金标准给予全额补助，对东部地区给予50%的补助。中央和地方政府对制度的各自筹资责任非常明确。中央和地方政府的补助非常重要，因为早期实施的农保制度，由于主要依靠个人和集体来筹资，使许多老百姓失去了信心。来自其他国家的经验也表明政府有必要提供一定规模的令人信任的补助以便鼓励非正规就业部门的劳动者参保缴费。而中央财政承诺提供一定金额的基础养老金补助同样增加了所承诺的养老金待遇的可信性。不过在其他国家，政府的支持也许不足以树立个人参保缴费的信心。

与此相关的一个问题是公共财政补入口与补出口的适度平衡，以及补出口的资金与缴费确定型账户的缴费补贴实现最佳“结合”的程度（如新农保和城镇居民养老保险制度），或者通过一个非缴费型的社会养老金把两者剥离开来。新农保在扩大参保率方面所取得的初步成绩可能归功于政府补助、待遇领取条件，以及符合参保条件的子女参保缴费，制度实施时已经年满60周岁的老人可以按月领取基础养老金的激励政策。在中国符合参保条件的子女参保缴费为待遇领取前提条件可能非常重要，农村有很大一部分劳动年龄人口流出，且留在农村地区主要都是老人。

将提供缴费补贴的自愿性缴费确定型的个人账户和收益确定型的基础养老金结合起来是一个创新的制度设计，值得有类似需求、情况相似，且有管理机构实施此类设计的国家考虑。不过与此同时，实证研究结果表明新农保制度中农村年轻人参保缴费的可能性更低，这说明制度对他们的激励性不够。鉴于到目前为止，农村年轻劳动者参保率相对较低，可能需要考虑把公共补

助从补出口为主适度调整为补入口。

一个需要中国和其他发展中国家考虑的问题是，是否有必要再前进一步，把基础养老金部分转换成非缴费性社会养老津贴，与提供缴费补助的缴费确定型社会养老保险制度剥离开。为了减少老年贫困，中国可以考虑提供社会养老金（世界银行，即将出版）。

中国的城乡居民社会养老保险制度看来具备财务的稳健性，因为制度关注了财政和劳动者的可负担性，只提供较低的待遇水平。随着人口老龄化程度快速加剧，这一局势会发生变化。财政的可持续性同样取决于未来政府提供的补入口的补贴标准，所承诺的个人账户储蓄额的收益率，以及基础养老金未来的调整情况。是否补入口和补出口的财政费用对于其他国家是负担得起的，而且还是一种适当的设计，还取决于国家各自的特点，如劳动年龄人口、老年人的收入分布状况及家庭构成。

非常有限的养老金待遇水平可能不足以帮助很大一部分老年人预防贫困。可能的补救措施包括增加补入口的缴费补贴标准，鼓励个人为退休多存钱，并加强养老保险制度与低保制度间的衔接。

中国面临的其他挑战包括基金的统筹与管理，加强制度以及机构的服务能力建设，还有当制度在各地快速推开的同时做好基金管理工作。这都是在发展中国家常见的挑战。中国以往的社会养老保险制度的一个重要经验是过度分散的基金管理、统筹和监管带来实际风险，最好通过更高层次的统筹和管理来解决这一问题。偏远地区机构普及率高是中国的一个重要财富，如地方财政局、劳动与社会保障局、银行网点和其他的资金转账代理机构，以及一个有效的身份识别和参保登记系统。不是所有的发展中国家都有这样的行政与金融部门机构架构，他们是否能够这么快地实现制度覆盖面的快速扩张，以及政府与非政府合作伙伴在制度推广过程中各自又该发生什么样的作用都是个问题。即使在中国，政府与金融部门机构合作在加快制度推广方面也发挥了重要的作用。

虽然中国的经验表明一个自愿性并提供激励机制的设计有助于制度扩面，中国特殊的政治经济很可能是到目前为止制度取得骄人成绩的一个重要因素。尽管新农保和城镇居民保险都是自愿参加，中国的制度在鼓励参保方面有一定程度的道义劝说，这在很多发展中国家可能都不存在。而这些促成条件，不仅仅是制度设计特点本身，可能促进了这两项社会养老保险制度的发展。与此同时，早期的社会保险制度也有这种说服劝告的做法，不过未能实现制度的较大普及率。这说明新农保和城保的设计特点很可能是制度伊始就取得一些可喜成绩的重要因素。

五、结语

中国最近为未参加其他基本养老保险的农村和城镇居民建立起的国家社会养老保险制度标志着中国朝着到2012年底实现全民养老金覆盖以及到2020年为全民提供基本社会保障的宏伟目标迈出了重要一步。制度的设计体现了广覆盖的原则，在某种程度上是通过提供较低水平的基本养老金来实现的。城镇和农村居民养老保险已经在扩大以前没有其他基本养老保险的人群的参保率方面取得了巨大成绩。统一的政策框架为今后整合城乡居民养老保险制度奠定了基础。这样一个框架设计似乎兼顾了各地不同的经济需求及环境。

虽然城镇和农村居民养老保险制度有一些创新设计，是中国社会政策的里程碑事件，如果中国要实现最终目标，政策参数仍然有改进的余地。展望未来，是否中国能够让人人享有养老金在很大程度上取决于鼓励持续参保的激励机制，政府是否能够改善与相关制度的衔接，并逐渐整合各项养老保险制度，以及加强制度建设、服务提供及管理能力。

政府所确定的待遇水平和筹资模式可以实现广覆盖，不过待遇水平不足以让领取待遇的老人避免贫困。通过确定较低的待遇水平，并为绝大多数省份基础养老金给予全额补助，中央力图平衡待遇的充足性与较低的财政承诺，与此同时，又允许地方政府根据当地财政情况提高基础养老金标准。提高养老金收入替代率的方式之一是增加个人账户的缴费补贴，也许可以考虑中央财政提供资金以提高补贴标准。这样会加强参保人员缴费 15 年以上的激励性，改善待遇水平的充足性。但是这一举措要辅以逐渐放开养老金基金的投资政策，允许所积累额养老基金投资能够确保实际收益率为正的产品，目前尚未能做到这一点。

将领取基础养老金与累计缴费年限或符合条件的子女须参保缴费联系起来，很可能会产生强大的参保激励，不过与此同时，与有限的好处相比，这样做却带来了巨大的管理挑战。有必要进一步评估将个人账户的缴费年限或是子女缴费作为基础养老金的待遇领取条件的代价与挑战。提高缴费补贴标准（以及目标收入替代率）也许可以放大将这两个内容联系起来的好处。

中国分散、各自为政的基金管理无法实现风险统筹，而后者对于确保长期待遇发放至关重要。需要采取措施将基金和风险管理的层次至少提高到省一级，以实现风险统筹及待遇的转移接续，对中国流动性日益增强的劳动力大军和差别迥异的地方财政状况而言，这是两个重要的目标。由更高级别进行基金的管理与监督有助于在能力有限的情况下增强管理监督的专业性及制度运行的稳健性。

【注　　释】

1. 这一部分大量引用 Cai 及其他（2012）和世界银行（即将出版）的资料。

2. “居民”一词在社会保险中有特定含义，因为中国居民是按照一个人的“户口”（户籍登记制度）及就业状况来划分的。在本章，这一词指代所有农村劳动者（地方官员除外）、自雇就业人员、非正规就业部门劳动者和城镇地区有当地户口但是没有工作的人。“居民”一词与劳动者相对，劳动者参加城镇企业职工养老保险制度。

3. 在复兴发展阶段，各地的制度有 5 个主要差别：（1）固定金额的养老金加上个人账户养老金，政府仅仅补出口；(2) 固定金额养老金加上享受政府缴费补贴的个人账户养老金，或者政府通过一般收入仅仅补出口，补贴固定金额养老金；(3) 个人账户加社会统筹，政府在缴费期提供补贴；(4) 个人账户加社会统筹，政府为个人账户提供缴费补贴，或者待遇发放时提供补贴；(5) 只有个人账户，政府为个人账户缴费提供补贴。这种简单的设计缺乏任何形式的风险统筹。对于北京、宝鸡、苏州和烟台市制度的详细介绍，请见 Wu (2009)。有关宝鸡市农村养老保险试点的详情，请见 Zhang 和 Tang (2008)。

4. 中国对制度覆盖率和参保率的定义与国际标准不同，例如制度的总参保人数往往既包括正在缴费的劳动年龄人口又包括开始领取待遇不再缴费的人员，本章随后有对这一内容的介绍。

5. 其他市在 2009 年国家新农保试点指导意见出台之前实施了自己的试点。如山东省梁山县、河南省郑州市及安徽省芜湖市。这些试点往往采取提供缴费补贴的缴费确定型个人账户加上基础养老金（社会统筹），不过筹资水平和缴费档次方面差别很大。中央财政不提供任何补贴。由于各地的经济条件和政府财政状况大相径庭，待遇水平差别迥然。

6. 制度的设计包括基础养老金和个人账户，只有一个缴费档次，每年 2 400 元，无等待期，立即受领。参保人员在参保当年每个月可领取 400 元养老金。低保家庭成员（享受最低生活保障社会救助制度的人）在工作期间不用缴纳保费。

7. 本章所采用的货币单位为人民币；1 人民币元=0.159 1 美元。

8. 浙江省、四川省重庆与成都市、山东省青岛市和江苏省泰州市都开展了试点。

9. 城镇企业职工制度采用了同样的方法。反映了 60 岁退休时假定的预期寿命以及领取待遇期间假定的利率为 4%。

10. 2010 年对中国某些主要城市的调查数据证明，一定比例的声称参加养老保险制度的农民工事实上都不是在户籍所在地参保缴费（Giles，Wang 和 Park 即将出版）。

11. 地域覆盖指在特定地区为所有劳动者和老人开始实施这一制度。全地域覆盖指全国各地都开始为所有劳动者和老人实施这一制度。

12. 低保是中国的最低生活保障社会救助制度。低保线指的是最低生活保障所需的收入，家庭收入与低保线之差由低保制度补足。

13. 理想状况是对于此类人群提供老年人救助津贴，应该足以补足贫困收入差。

14. 假定每年缴费 100 元，缴费补贴为每年 30 元，60 岁退休，预期寿命为 2012 年的水平。累计缴费 15 年后 2012 年的待遇水平为每月 18 元，月基础养老金为 55 元。个人账户养老金的待遇水平取决于所选择的缴费档次、个人账户储蓄额的收益率，以及计算养老金待遇时所选择的计发系数。

15. 研究表明，有社会保障的家庭往往储蓄率低，这说明享受养老金待遇能减少储蓄，鼓励家庭消费（Cai 及其他 2012）。

16. 值得注意这些模拟分析背后的假设条件。陈所使用的测算模型是基于江苏省的数据，数据假定要让 60 岁的所有男性和 55 岁的所有女性人人享有养老金，政府一般收入需要增长 1/4 来支付农村养老金补贴。假设这一数代表一般收入的 2.5%，可以在 2010 年为所有适龄农民提供每年 825 元的养老金而不是中央政策框架下的每年 660 元。

17. GDP 的 0.26%很可能有些夸大。首先，对于东部省份，中央政府仅给予基础养老金 50%的补助；其次，参加城镇企业职工养老保险制度的人不能参加城镇居民养老保险；最后，新农保和城镇居民养老保险不太可能会覆盖所有老人。

18. 在这种情形下，为所有 18～59 岁的缴费人员提供每人每年 30 元最低缴费补贴所测算的费用为 2012 年 GDP 的 0.4%。随着所预测的劳动年龄人口今后逐年减少，这一费用比例也会下降。

19. 见 http：// www. worldlifeexpectancy. com/your-life-expectancy-by-age。

20. 中央指导文件指出："试点阶段，新农保基金暂实行县级管理，随着试点扩大和推开，逐步提高管理层次；有条件的地方可以直接实行省级管理。"且"建立健全新农保基金财务会计制度。新农保基金纳入社会保障基金财政专户，实行收支两条线管理，单独记账、核算，按有关规定，实行保值增值"（国务院 2009）。

21. 国务院 2009 年指导意见规定：新农保与城镇职工基本养老保险等其他养老保险制度的衔接办法，由人力资源和社会保障部会同财政部制定。要妥善做好新农保制度与被征地农民社会保障、水库移民后期扶持政策、农村计划生育家庭奖励扶助政策、农村五保供养（五保制度的救助对象是鳏寡孤独残疾没有工作能力的人员、没有收入来源、没有其他救助渠道如家庭成员的援助的人，目前，在农村地区，约有 550 万人享受五保待遇）、社会优抚、农村最低生活保障制度等政策制度的配套衔接工作，具体办法由人力资源和社会保障部、财政部会同有关部门研究制订。

【参考文献】

1. Cai，Fang，John Giles，Philip O'Keefe，and Dewen Wang. 2012. *The Elderly and Old Age Support in Rural China*. Directions in Development. Washington，DC：World Bank.

2. Chen，Ping. 2002. "Establishing a Unified Social Security System Is a Shortsighted Policy." *China Reform* 4：16 - 17. (In Chinese.)

3. Cheng，Jie. 2011. "RPPP Fiscal Burden Estimates：Possibility of Universal Coverage during the 12th Five-Year Plan Period." *Social Security Studies* 1：57 - 66. (In Chinese.)

4. ——. 2012. "Overview of China's New Rural Pension and Urban Resi-

dents' Pension Scheme." World Bank, Washington, DC. (In Chinese.) *China Labor and Social Security News*. 2012. Issue 4883, April 27.

5. Deng, Dasong, and Yuanfeng Liu. 2011. "Risk Analysis on the Social Security System: Close-up Analysis of the RPPP." *Journal of Chinese Economic and Business Studies* 4: 84 - 89. (In Chinese.)

6. DRC (Development Research Center), and World Bank. 2011. *China 2030: Building a Modern, Harmonious and Creative High-Income Society*. Beijing and Washington, DC: World Bank.

7. Feng, Jing. 2010. "The RPPP: Policy Design and Implementation Effect." *World Economy, World Economic Situation* 8: 14 - 19. (In Chinese.)

8. Geng, Yongzhi. 2011. "Follow-up Survey on RPPP Pilots: Rural Households in 18 Counties." *Research on Financial and Economic Issues* 5: 125 - 28. (In Chinese.)

9. Giles, John, Dewen Wang, and Albert Park. Forthcoming. "Expanding Social Insurance Coverage in Urban China." World Bank Policy Note, Washington, DC.

10. Huang, Hongfang. 2010. "Jiangsu Province Has Realized the Full Coverage of the New Rural Pension Scheme." *Xinhua News Daily, October* 29. (In Chinese.)

11. Li, Wei. 2011. "Survey on the Implementation of RPPP." *Economic Review* 6: 80 - 83. (In Chinese.)

12. Liang, Hong. 1999. "Economic Analysis of Current Rural Community Security of China," Ph. D. diss., University of Fudan. (In Chinese.)

13. Liu, Junwei. 2011. "Analysis with Rational Choice Theory on the Determinants for the Enrollment Behaviors of Farmers into the RPPP." *Zhejiang Social Sciences Journal* 4: 77 - 83. (In Chinese.)

14. Liu，Shangkui，Zhiqihui Wu，and Shengcai He. 2011. "Issues Arising from the Implementation of the RPPP and Countermeasures—A Survey on 5，000 Rural Households in Jilin." *Survey World* 2：30 - 33.（In Chinese.）

15. Lou，Jiwei，and Shuilin Wang，eds. 2008. *Public Finance in China：Reform and Growth for a Harmonious Society*. Washington，DC：World Bank.

16. Luo，Xia. 2011. "Empirical Study on the RPPP：Case Study on Sixian City of Anhui Province." *Social Security Studies* 1：67 - 73.（In Chinese.）

17. Ma，Limin. 1999. "Slowing Down Rural Pension." *Exploration and Debate* 7：11 - 12.（In Chinese.）

18. Mu，Liangze，and Ren Lu. 2010. "Policies Beneficial for Farmers and Restructuring for the Rural Management Resources—Analysis on the RPPP." *Theory and Reform* 6：71 - 74.（In Chinese.）

19. NBS（National Bureau of Statistics）. 1995 - 2011. *China Labor Statistical Yearbook*. Beijing：China Statistics Press.（In Chinese.）

20. Rural Research Center of the Central China Normal University. 2010. Survey. http：//www.juejingushi.com/znews/vvfnews-106026.（In Chinese.）

21. Shi，Shih-Jiunn. 2006. "Left to Market and Family—Again? Ideas and the Development of the Rural Pension Policy in China." *Social Policy & Administration* 40（7）：791 - 806.

22. State Council. 2009. "Guidelines of Developing the New Rural Pension Scheme Pilot."（In Chinese.）

23. Wen，Jiabao. 2012. "Report on the Work of the Government." Delivered at the 5th Session of the 11th National People's Congress，March 5. http：//news.xinhuanet.com/english/china/2012 _ 03/15/c _ 131469703. htm.

24. Wang，Dewen. 2006. "China's Urban and Rural Old Age Security Sys-

tem: Challenges and Options." *China & World Economy* 14 (1): 102 - 16.

25. Wang, Dewen, Jiaze Chen, and Wenshu Gao. 2011. "Social Security Integration: The Case of Rural and Urban Resident Pension Pilot in Chengdu." World Bank, Washington, DC.

26. Wang, Dewen, Philip O'Keefe, and Lawrence Thompson. 2012. "China's Pension System Integration: The Case of Guangdong." World Bank, Washington, DC.

27. Wang, Guojun. 2000. "Defects of Current Rural Pension System and Reform Thinking." *Quarterly of Shanghai Academy of Social Science* 1: 120 -27. (In Chinese.)

28. World Bank. Forthcoming. "China 2011. A Vision for Pension Policy Reform." World Bank, Washington, DC.

29. Wu, Yufeng. 2011. "Empirical Studies on Social Interactions and Enrollment Behaviors of the RPPP." *Huazhong University Journal of Science and Technology* 4: 105 - 111. (In Chinese.)

30. Wu, Yyuning. 2009. "Rural Pensions." Background paper for the World Bank report on the rural elderly, Washington, DC.

31. Zhang, Wenjun, and Dan Tang 2008. "The New Rural Social Pension Insurance Program of Baoji City Shaanxi Province." HelpAge International-Asia/Pacific, Chiang Mai, Thailand. www.helpage.org/download/4c48ab08674c1/. (In Chinese.)

第九章　印度匹配缴费 DC 方案早期经验

Robert Palacios，Renuka Sane

【内容提要】

为扩大养老金覆盖面，2010 年印度政府开始实施匹配缴费 DC 计划。初步研究表明，女性比男性更可能参加；收入水平高和教育程度高对参与率有积极影响；拥有其他持续的老年收入来源如土地、房产、儿子则会降低参与率。现有数据还无法深入分析影响参与率的其他因素，如中介机构信誉和信息的作用。

研究表明，印度扩大养老金覆盖面的挑战十分严峻，仅 10%劳动力参加了正规养老金计划。私营部门和正规部门员工都参加了员工保障基金组织（以下简称 EPFO）管理的 DB 和 DC 计划。近年来，政府公务员参加了当初从英国继承过来的直接由财政预算负担的公务员 DB 计划。新的 DC 计划在 2004 年开始引入但仅适用于新入职员工，因此许多员工在未来几十年仍在 DB 计划保障之下。

与许多国家一样，印度也在全力提升正规养老金计划的覆盖面。过去 50 年的经验表明，养老金覆盖面从 1%提高至 5%。印度的养老金覆盖水平与其收入水平匹配（见图 9—1）。

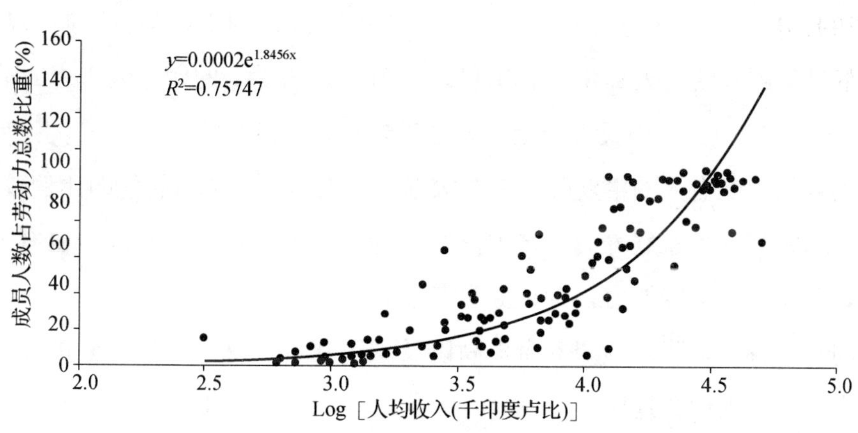

图 9—1　缴费型养老金计划覆盖面（按收入水平）

资料来源：Pallares-Miralles，Romero，and Whitehouse 2011。

EPFO 集中于保障高收入群体，仅有极少数的中低收入群体和穷人参加，而中低收入群体和穷人占全国人口绝大部分（见图 9—2）。

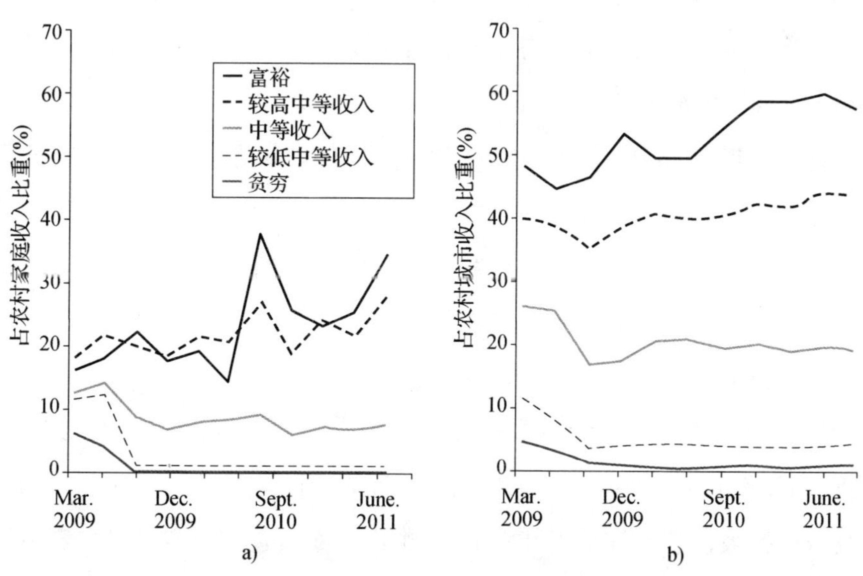

图 9—2　印度养老金覆盖面（按收入水平）（2010）

资料来源：Center for Monitoring Indian Economy。

1995 年国民养老金计划的引入比较失败。该计划专门为 65 周岁以上、收入低于贫困线的老人提供现金给付。目前，大约 1/5 的印度老人每月收到 200～300 印度卢比。国民养老金计划是对老年收入最好的补充。[1]

大多数印度老人的主要收入来自家庭。老人和子女共同居住的比例较高，老年妇女尤其依赖家庭养老。贫困家庭认为赡养老人的挑战很大，也有证据表明，即使具备赡养能力，有时贫困家庭也未赡养老人。

随着生育率下降、预期寿命提高以及城镇化的发展，家庭养老的缺口越来越大。虽然国内各地区差异较大，印度人口老龄化也日益严重。过去 20 年来，决策者开始实施改革以适应未来的需要。

2001 年，印度政府专门设立一委员会研究养老金制度覆盖面的缺口问题。该委员会设计了新方案，允许非正规部门（印度称为“非组织部门”）员工参加政府 DC 计划（Shah 2006）。新的养老金方案（以下简称“NPS”）在 2004 年开始的养老金改革中首先适用于公务员。在改革后的公务员养老金制度中，要求所有新加入的公务员按照工资额的 10％向 DC 计划账户缴费，政府提供全额匹配缴费。

除有效控制向 DC 转制过程中政府的责任外，新方案最重要的特征就是将记录与资产管理分离。未来几年中，多数省/州政府采用了这种模式。[2] 中立的监管机构——养老基金监督与发展局增设了新的记录保持机构，即中央记录管理局。竞争性的报价流程要求与 3 家公立资产管理公司订合同，后来私营公司也被引入。

NPS 实施的第二阶段计划采用其设施为全国非正规部门员工提供保障。2009 年，NPS 正式向所有此前未参加正规养老金的员工开放。[3] 邮局、国有银行和其他机构被授权允许员工开立 NPS 账户。除监管和检查之外，养老基金监督和发展局（PFRDA）也负责通知员工系统已经启用并鼓励他们加入。

此外，首年的参与率异常低，主要因为缺乏对供应商和个人的有效激励。其他储蓄产品却享有更多的税优，且开立和维护账户的成本使 NPS 对绝大多数非正规就业员工毫无吸引力。尽管投资回报不错，但该系统逐渐与公务员的账户管理系统合并。2010年，印度广泛报道NPS未能有效扩大非正规部门养老金保障面。

为应对养老金扩大覆盖面的挑战，2010年春季，印度政府宣布，将为每年（4月1日至次年3月31日）个人缴费1 000万至1.2万印度卢比的人提供匹配缴费，匹配缴费金额1 000印度卢比直接进入NPS账户，[4] 这类账户称为NPS小额账户，不同于公务员NPS账户。公务员NPS账户可提供在线查询及其他小额账户不具备的服务项目。更重要的是，基础退休储蓄账户开户费为70印度卢比，前12次交易免费，收费标准明显低于公务员账户（开户费350印度卢比）。政府还采取了其他措施，使NPS账户享有与其他类似储蓄产品同样的税优待遇，当然NPS账户的领取规定更加严格（储蓄的终极目标为养老）。[5] 但是这些改革并没有赋予NPS供应商向非正规部门员工销售的特别动力，所以参与率增长情况一般。

2010年8月，政府设立了专门委员会负责评估正规部门养老金运作情况，该委员会提供了许多营销与降低成本的建议，特别关注供应商的推广动力，包括养老基金管理人和负责开户的机构。

2010年年末，政府为扩大养老金制度覆盖面，建立激励机制鼓励相关机构推广该账户，并启动了新活动。相关机构通常是非政府组织，达到规定的标准和条件，它们就可以从事推广、营销和加入计划的工作（见附件B）。这些机构可以获得相应报酬，每新增一个开户者报酬为50印度卢比；储蓄额在12万印度卢比以内，报酬为10印度卢比；储蓄额在12万～20万印度卢比，报酬为17印度卢比；储蓄额在20万～50万印度卢比，报酬为22印度卢比。当然这项激励措施是否有效，以及NPS小微账户与政府匹配缴费相结合减少的成本是否足以激励低收入群体大量加入该体系，还需时间印证。

一、印度DC计划匹配缴费前期经验

NPS的概念出现在2001年，当时力图为大量的非正规部门员工提供合适的养老储蓄工具。主要争议在于该方案目标群体是大量的低收入员工群体和农村居民，本身就有它的局限性。首先，要让低收入群体在有限的收入中锁定一部分专用于未来养老，需求方面缺乏财务上的激励；其次，从供给来看，要让供应商有动力推动这类低利润的产品，向目标客户推广并简化加入手续也很困难。供给困境在 2010 年下半年开始出现。

2010 年下半年的情况说明了什么问题呢？目前尚未系统研究过决定 NPS 小微账户推广成效的核心要素。整体上，2011 年在推广机构努力下，新增了 30 万员工加入 NPS 小微计划，无法单凭此预测其增长潜力，但可以确定的是，这只占目标群体的很小一部分。与此同时，自从引入了新的激励机制，参加人数翻了 6 番。

有关 NPS 加入模式的决定因素和关于印度各行各业非正规部门对计划设计可能反应的研究有助于决策者了解扩大覆盖面的动力和范围。与全国范围的调查数据评估结合起来，有助于决策制定者准确地感知该计划的潜力并制定更好的策略。以下部分将呈现对 NPS 计划参加者和未参加者区别的实证研究结果。

1. 数据

本研究数据来自 KGFS，一家在印度 3 个州和 5 个地区运营的金融机构。[6] 除销售保险和贷款产品外，KGFS 也是 NPS 的推广机构。

KGFS 是由金融管理和研究信托推动，后者专门负责确保每个人和公司有机会获得金融服务。所有 KGFS 的机构都由一家母公司负责为其提供股票资本金，每家机构由当地招募的管理团队负责，独立地在本地运营。

当客户加入 KGFS 系统，其个人的地理、收入和财务目标等信息就会记入系统。在机构内运算程序的帮助下，自动出具个人财务报告，提供适宜个人购买产品的建议。这些产品包括贷款（联合责任贷款、紧急贷款、黄金贷款）、储蓄产品（货币市场共同基金）、保险（个人意外保险、定期寿险、生存保险）。个人经常购买的产品与 KGFS 推荐的不相同。

第九章　印度匹配缴费 DC 方案早期经验

本章所用数据是 KGFS 在各地所有的客户数据（见附件 C）。KGFS 告知所有客户 NPS 有关信息及如何签约加入该计划。

图 9—3 展示了 2010 年 11 月至 2012 年 4 月期间加入 NPS 计划的人数。早期（2011 年 1—3 月）参加人数猛增（峰值出现在 2 月），因为人们希望赶在 3 月底前加入该计划以获得 1 000 印度卢比的匹配缴费。

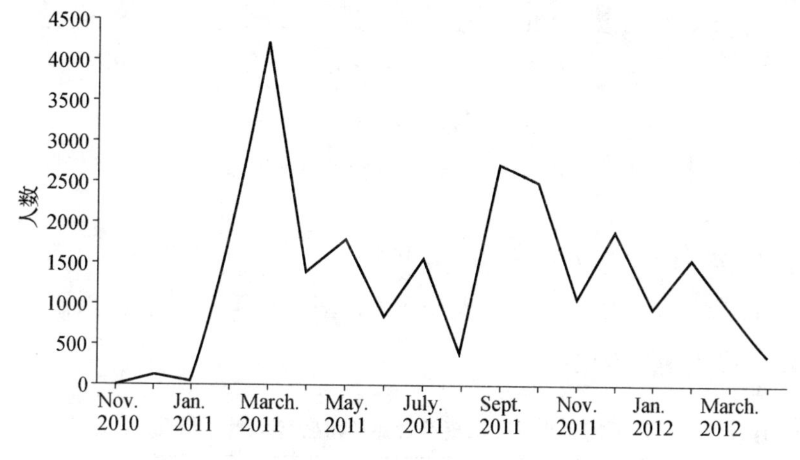

图 9—3　印度 NPS 计划月度加入人数（2010—2012）

资料来源：作者根据 KGFS 数据计算。

附件 C 比较了 NPS 计划参加者和未参加者。女性参与率（30%）高于男性（9%）。女性中，家庭主妇参与率（32%）高于女性员工（25%）。在 KGFS 运营的州中，参与率排序分别是：Tamil Nadu（25%）、Orissa（21%）和 Uttarakhand（8%）。Tamil Nadu 领先的原因是当地居民的养老储蓄意愿比其他 2 个州强。NPS 计划参加者的收入中位数（94 625 印度卢比）略高于未参加者（90 000 印度卢比）。

NPS 计划参加者的个人缴费占家庭收入的比重随家庭收入的增长而提高，达到最高点（12.4%）后略有降低（见图 9—4）。虽然该样本不能代表这 3 个州的所有人口，但愿意参加 NPS 计划的最穷群体的潜在比重展示得很充分。

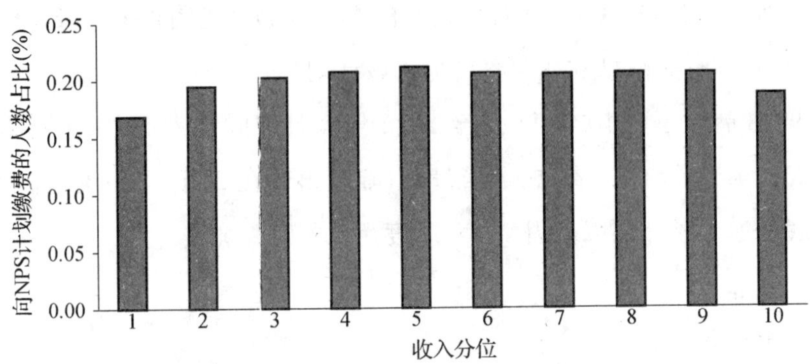

图 9—4 印度 NPS 计划参与情况（按人均收入），2011

资料来源：作者根据 KGFS 数据计算。

NPS 计划可能是 KGFS 客户持有的唯一的长期储蓄产品，或者客户也同时持有其他贷款和保险产品（见表 9—1）。基本风险和流动性限制是决定家庭资产组合决策最重要的因素。

表 9—1　　是否拥有其他金融资产者参加印度 NPS 计划情况

金融资产	未购买 NPS 计划	已购买 NPS 计划	研究样本数量
个人意外保险			
已购买	77	23	79 073
未购买	79	21	18 240
人寿保险			
已购买	63	37	39 943
未购买	87	13	57 370
联合责任团体贷款（小微金融）			
已购买	67	33	58 448
未购买	92	8	38 865

资料来源：作者根据 KGFS 数据计算。

注：数据只包含 KGFS 资产。假设 KGFS 的分支机构只开设在正规金融部门不服务的地区，则这些家庭不可能买到除 KGFS 销售产品之外的保险产品。

购买了意外险和联合责任团体贷款（印度一个小微金融团体贷款）的人比未购买者更可能参加 NPS 计划。联合责任团体贷款的客户尤为明显，其中 33%的人加入了 NPS 计划；相比而言，非联合责任团体贷款的客户仅 8%加入了 NPS 计划。主要原因包括两方面：首先，经济状况好的客户不需要此类贷款，也就感觉不需加入 NPS 计划。其次，联合责任团体贷款的客户能更好地应对资金流动性需求，因而更能专注于养老储蓄。

当然，还需要更详细的数据（如加入群体在加入后缴费的人数占比）分析 NPS 计划的参与情况，但目前无法获得此类数据。

2. 对 NPS 计划参加者和未参加者的统计分析

决定是否加入 NPS 计划的因素很多，下述模型用于模拟分析：

$$c^{*}=\beta 0+\beta 1X+\varepsilon c=1\text{if } c^{*}>0$$

独立变量 c，说明调查对象是否向 NPS 计划缴费；变量 X 包括人口指标（年龄、性别、婚姻状况、教育、职业、家庭规模与结构）。

收入和财富对 NPS 计划参与率的影响比较有趣。家庭收入指家庭所有成员收入之和。有三类指标用于描述家庭财富：社会经济地位（家庭是否通电、用油或木材烹饪，是否有独立的洗手间）、土地和房屋所有权、消费品的所有权和价值（拥有 CD 机、搅拌机、移动电话、缝纫机、电视机、冰箱、计算机，以及珠宝和家庭财产的价值）。

对土地和房产及收入指标取对数，因变量的百分比形式比绝对数值更有用。所有价值都纳入分析，取值为零的也不会被忽略。回归分析也限定在家庭居住区域。

表 9—2 展示了养老金缴费额与年龄、婚姻状况、教育程度和收入之间的关系，测算结果与国际经验一致。例如，年龄、受教育程度、婚姻状况与参与率正相关（Munnell，Sundén 和 Taylor 2002）。年龄的影响是非线性的，先增加直到 40 多岁后再下降（见图 9—5），这与 OECD 模型研究结果一致（详见第二章）。

表 9—2　　　对参加印度 NPS 计划决定因素的回归分析

变量	预计值	标准差	z 值	边际效用*	误差	t 值
（解释）	−7.90	0.22	−36.20	−1.21	0.13	−9.61
年龄	0.14	0.01	19.61	0.02	0.00	8.89
年龄 2	−0.002	0.0001	−19.63	0.00	0.00	−8.89
女性	1.39	0.02	58.48	0.19	0.02	9.57
已婚	0.42	0.06	6.51	0.06	0.01	5.46
最高至第 12 年级	0.25	0.02	10.80	0.04	0.01	7.34
研究生及以上	0.08	0.06	1.31	0.01	0.01	1.30
工薪员工	0.20	0.02	8.27	0.03	0.01	6.36
常规收入	−0.48	0.05	−8.70	−0.06	0.01	−6.79
家庭主妇	0.19	0.03	6.29	0.03	0.01	5.21
其他	0.12	0.03	3.74	0.02	0.01	3.50
Hindu	0.25	0.04	6.61	0.04	0.01	5.51
子女数量[7]	0.08	0.01	8.41	0.01	0.00	6.43
儿子数量	−0.04	0.01	−3.14	−0.01	0.00	−2.99
电子化交流	−0.05	0.03	−1.63	−0.01	0.01	−1.61
烹饪用油/气	−0.15	0.02	−6.04	−0.02	0.00	−5.16
独立卫生间	−0.15	0.02	−6.18	−0.02	0.00	−5.25
自有商店	0.24	0.04	6.23	0.04	0.01	5.13
Log（人均家庭收入）	0.13	0.01	10.46	0.02	0.00	7.21
自有土地	0.51	0.07	7.17	0.08	0.01	5.77
Log（土地价值）	−0.05	0.01	−7.65	−0.01	0.00	−6.07
自有房屋	0.99	0.18	5.62	0.15	0.03	4.89
Log（房屋价值）	−0.06	0.01	−4.64	−0.01	0.00	−4.21
客户持续的数量	0.10	0.01	16.45	0.02	0.00	8.52
因素（region_id）3	0.31	0.03	9.98	0.05	0.01	7.02
因素（region_id）4	−0.45	0.04	−10.09	−0.06	0.01	−7.21
因素（region_id）5	−13.26	58.69	−0.23	−0.19	0.02	−11.84
因素（region_id）6	−13.32	69.19	−0.19	−0.19	0.02	−10.01

资料来源：作者根据 KGFS 数据计算。

注：* 边际效用代表变量变化一个单位时参与率的相应变化。

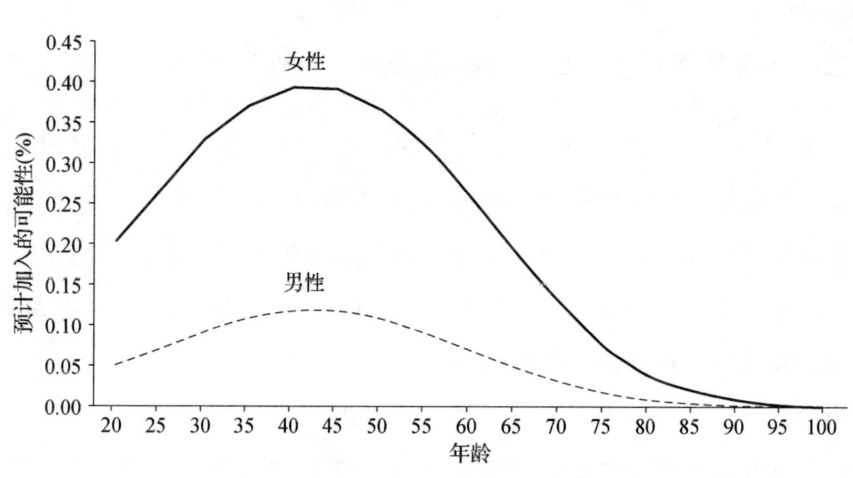

图9—5　参加印度NPS计划的概率（按平均收入下的年龄和性别）

资料来源：作者根据KGFS数据计算。

虽然收入与参与率正相关，但参与率与常规收入的相关性为负（平均收入水平的群体中超过50%的人不向NPS计划缴费）。这体现了方案参加资格的要求，即要求是未参加EPFO或其他养老金计划者。获得平均收入的人员一般都参加了正规养老金计划，无论NPS计划是否具有强制性，这都降低了NPS计划对他们的吸引力。

土地和房产价值也与参与率呈负相关。直接的解释就是这些财产是老年后的收入来源，或者作为依赖子孙赡养老人而遗赠子孙的财产来源(Bernheim，Schleifer和Summers 1985；对肯尼亚农村地区的实证分析见Hoddinott 1982)。

NPS计划参与率与儿子的数量呈较强的负相关关系。这反映出人们的行为主要受印度传统文化观念的影响，即父母主要依靠儿子养老。[8] 儿子数量越多，个人的养老储蓄意愿越低。

相关估计确认了附录C中男性和女性参与率的差异。产生差异的主要原因包括女性对风险的厌恶和更长的预期寿命。这也反映出女性普遍希望以个人名义开设这类账户，掌控家庭部分储蓄（Bannerjee和Duflo 2011)。

二、印度匹配缴费 DC 计划的前景

印度 NPS 小微计划的经验是综合的，可能由于推广机构缺乏信心和动力，需开展更加严谨的评估以明确其成功或失败的决定因素。

开展评估之前必须了解印度非正规部门的多样性和复杂性，包括上亿农民和城市小个体户，该群体的收入水平差异很大，既有最高的，又有最低的，年龄层次和受教育程度差异也很大。

为评估非正规部门养老金的潜在需求，2004 年亚洲开发银行针对 4 000 个印度家庭开展了专项调查，还专门区分出当时最可能加入 NPS 计划的群体。图 9—6 展示了印度劳动力的类别、已经或应该参加 EPFO 群体和非 EPFO 群体（分为 3 类：家庭主妇、EPFO 未覆盖的小企业员工及其他人）。作者的研究表明（2010），NPS 潜在规模约 3.72 亿员工。

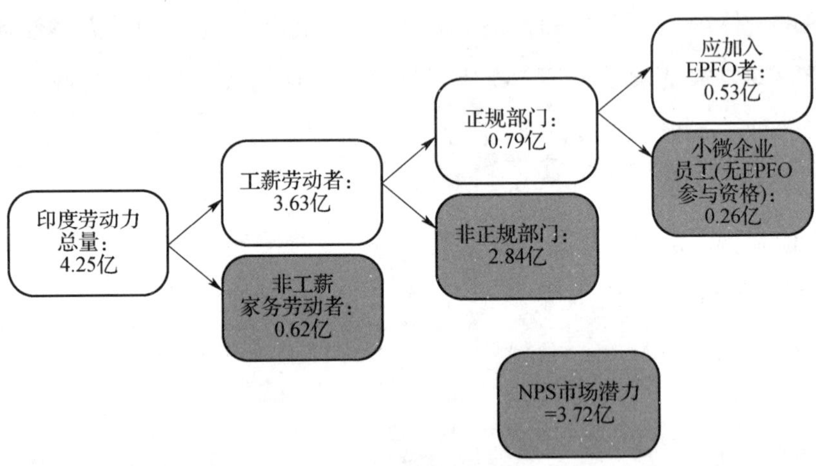

图 9—6　印度劳动力分类与构成

资料来源：Butel 和 Bhardwaj 2010。

研究中询问了员工“是否有兴趣加入 NPS 计划”，约 40%的人回复“非常感兴趣加入”。

该调查的结果也反映了不同人群在缴费能力和储蓄能力上的重要变量。

研究中将正规部门定义为中央和地方政府公务员、员工人数10人及以上的企业员工，[9] 因此，84%的印度劳动力属于非正规部门。

分析参加NPS计划的潜力时，需重点考虑20～50岁非正规就业群体。样本中，该类群体的年龄中位数是35岁，能够在年老之前积累储蓄足够的养老金，且比老人更可能获得身故和健康保险保障。这群人在所有非正规就业群体中人数占比为85%。

表9—3显示了非正规就业部门员工的收入水平分布情况。收入分位按照正规和非正规部门的收入计算。结果表明，大量非正规部门员工集中在低收入区间，但同时，非正规部门员工的收入状况呈现出多样性特征。

在高收入区间，最高两个分位的平均年收入高于7.2万印度卢比。收入最高的第1和第2分位群体储蓄率的中位数分别是15.3%和21.6%，储蓄额中位数最小值为1万印度卢比。收入最高分位群体的储蓄率是平均水平的两倍，而收入第2分位群体是平均水平的1.5倍。整体储蓄额中位数比收入最低2个分位群体的储蓄额中位数高10倍。

表9—3　　印度非正规部门员工收入分布情况（按收入分位），2004

收入分位	收入（印度卢比）	占比（%）	累计占比（%）
1（最低）	≤11 000	11.8	11.8
2	>11 001～16 800	11.0	22.8
3	>16 801～21 600	11.6	34.4
4	>21 601～27 000	11.6	46.1
5	>27 001～35 000	11.6	57.7
6	>35 001～42 000	10.6	68.2
7	>42 001～54 000	8.6	76.8
8	>54 001～72 000	8.9	85.8
9	>72 001～105 000	6.8	92.6
10（最高）	>105 001	7.4	100.0

资料来源：作者根据2004亚洲开发银行调查结果计算。

收入水平处于第3～8分位的群体，平均年收入为1.68万～7.2万印度卢比。这个群体的行为特征与自愿加入的可行性相关。其储蓄率中位数为11.7%～15.8%，拥有寿险保单的人数占比为8%～36%。很显然，该群体具有储蓄和购买保险的能力（见表9—4）。

表9—4　印度非正规部门20～50周岁员工储蓄率和人寿保险覆盖面中位数（按收入分位），2004

收入分位	储蓄率中位数（%）	人寿保险覆盖面（%）
3	11.7	7.9
4	12.0	13.6
5	13.2	18.3
6	14.3	24.0
7	15.0	27.8
8	15.8	35.7

资料来源：作者根据2004亚洲开发银行调查结果计算。

图9—7显示的样本数据表明，收入水平处于第3～8分位的群体，其养老金缴费平均为每天5印度卢比（一年1 825印度卢比），表示为收入的一定比例。[10]在各种情形下，该储蓄率低于任何分位的储蓄率中位数。但在低分位，缴费要求个人将多数的储蓄存入指定的养老金储蓄账户，为此，有些人不得不提高储蓄率。这使得低收入群体将小部分储蓄放在流动性受限的资产上，说明匹配缴费能推动低收入群体加入。现行NPS小微计划中，政府对个人缴费按100%提供匹配缴费，上限为1 000印度卢比；[11]图9—7表明，多数中等收入水平的非正规就业员工都能按最低标准缴费。

如果有大量的非正规部门员工加入"印度版"匹配缴费DC计划，成本变得相当重要。NPS小微计划中，政府提供的匹配缴费是每人每年1 000印度卢比。如果所有非正规部门的员工都加入该计划，计划将覆盖几亿员工和家属，政府匹配缴费的财政成本将占当年GDP的0.07%～0.1%。为此，政府每年专门预留了GDP的0.04%用于补助EPFO。

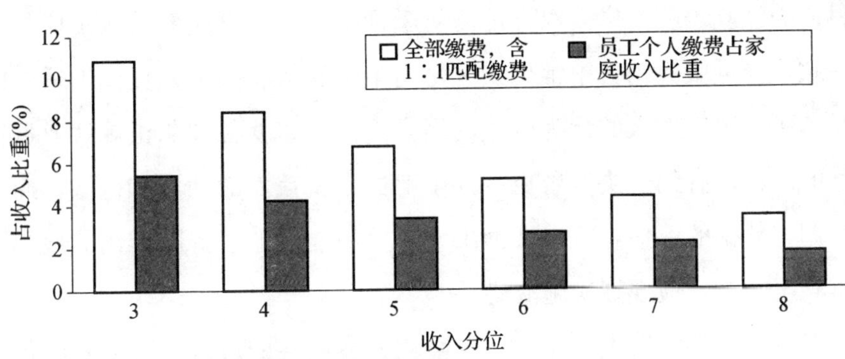

图 9—7　印度养老金缴费下限占收入比重

资料来源：作者根据 2004 亚洲开发银行调查数据计算。

三、结论

NPS 计划早在十多年前就已提出，直到 2009 年才开始实施，2010 年出台了实质性的推动方案。由于实施时间太短，难以完整地考察其实施效果。

2011 年，略低于 1/4 的调查人员向退休储蓄账户缴费。由于要求参加者锁定储蓄且信任投资，但缺乏完整的记录追踪体系，可能导致参加人数较少。如果该计划投资达成预期成效，参与率应会随公众信心上升而提高。反之则反是。

尽管研究样本不能代表印度非正规部门的全部人口，但上述研究揭示了其特有的行为模式。研究表明，女性比男性更可能加入 NPS 计划，收入和受教育程度与参与率呈负相关，老年时其他收入来源（如土地、房产和儿子人数等）也与参与率呈负相关关系。

当然还缺乏数据（如推广机构信誉的重要性和信息的作用等）来分析影响计划参与率的其他因素。定性分析揭示了女性参与率高的原因、依赖儿子养老的文化和其他决定因素。

加入 NPS 计划只是一个开始，是否长期持续地缴费，积累充足的养老储蓄才是检验计划最终成败的标准。

目前的经验表明，供需双方都需要激励推动。对供应商的激励应与客户利益一致，金融服务销售中常见误区是向不了解信息的个人提供不适合的金融产品。研究决定加入的行为模式的因素，分析印度各种非正规就业群体对该计划的反应，有助于决策者更好地了解扩大覆盖面的动力和范围。而结合对全国调查数据的评估，可以帮助决策者更加准确地了解国际化的规模潜力和成本状况，更好地规划实施战略。

印度各领域都在发生变化，这会影响方案最终的成效。印度经济正在强劲增长，提高了国民收入同时也使多数人增加储蓄以应对风险。（印度）政府承诺扩大社保和养老金覆盖面，2008 年 12 月非正规部门社保支出账单以及之后 3 年医疗保险覆盖面的大幅提升即是明证。[12]

另一重要进展是新技术的出现使印度可以在某些领域（如身份识别和支付系统）超越高收入国家。印度独有的识别机构发布了超过 1.2 亿个包含复杂生物信息的身份号码，正在试点允许通过正规金融渠道实现资金转移的个人申请该号码。随着 NPS 逐渐成熟，这项技术可能会对该计划有帮助。

【注　　释】

1. 本书写作时，游说团体正试图扩大国民养老金方案的覆盖面，争取使其成为全国性方案（*Hindu Business Line* 2012）。

2. Kerala 和 West Bengal 是除外的两个主要地区。

3. 尽管参加资格的定义不够清晰，但适用于专门的政府方案，如中央层面和州层面的采矿工人保障基金和公务员养老金计划，以及 EPFO。

4. 本文所用货币为印度卢比，汇率为 1 印度卢比＝0.019 1 美元。

5. 限制条件之一就是养老金账户积累额至少 40%必须购买年金保险（Ananth Ananth，Chen 和 Rasmussen 2012）。

6. 2012 年的运营机构包括在 Thanjavur 和 Thiruvarur 地区的 Tamil Nadu（印度南部），主要是农业肥料经济；在 Orissa（印度东部）的 Ganjam 和

Khurda地区，主要特色是靠农业生存和国内移民；以及5个在Uttarakhand（印度北部）人烟稀少的山区，主要靠贸易和服务。

7. 大量文献研究了子女作为老年收入来源的作用。近期的文献综述，参见Galasso，Gatti和Profetta（2008）。

8. Börsch-Supan，Coppola和Reil-Held（2012）发现德国子女数量2个及以上的家庭对Riester养老金计划的需求较高。这说明Riester养老金计划的补贴随子女数量线性增长。

9. EPFO仅向员工人数20人以上的公司开放。

10. 粗略地调整此期间的名义收入，会导致需要增加NPS小微计划缴费1000印度卢比。

11. 补贴实际上是Svalambadam计划的一部分。

12. 方案建立三年后，全国医疗保险方案（the National Health Insurance Scheme，RSBY）采用生物识别信息和智能卡，为1亿多人提供住院保险非现金结算。决策者希望将该方案与NPS和人寿保险绑定，以提高技术水平并增加对非正规就业部门员工接触。

【参考文献】

1. Ananth，Bindu，Gregory Chen，and Stephen Rasmussen. 2012. *The Pursuit of Complete Financial Inclusion：The KGFS Model in India*. Access to Finance Forum，Report by Consultative Group Assist the Poorest and Its Partners 4，CGAP and IFMR Trust，Chennai.

2. Angerer，Xiaohong，and Pok-Sang Lam. 2009. "Income Risk and Portfolio Choice：An Empirical Study." *Journal of Finance* 64（2）：1037 - 55.

3. Bannerjee，A.，and E. Duflo. 2011. *Poor Economics*. Cambridge，MA：MIT Press.

4. Bernheim，D.，A. Schleifer，and L. Summers. 1985. "The Strategic Be-

quest Motive." *Journal of Political Economy* 93 (December): 1045 - 76.

5. Börsch-Supan, Axel H., Michela Coppola, and Anette Reil-Held. 2012. "Riester Pensions in Germany: Design, Dynamics, Targeting Success and Crowding-In." NBER Working Paper 18014, National Bureau of Economic Research, Cambridge, MA.

6. Butel, Chris. 2010. *India: Pension Reforms for the Unorganised Sector*. Asian Development Bank Project Report, Final Report TA 4226-IND, 99-164. Manila: Asian Development Bank.

7. Butel, Chris, and Gautam Bhardwaj. 2010. *Overview Report. India: Pension Reforms for the Unorganised Sector*. Asian Development Bank Project Report, Final Report TA 4226-IND, 1-35. Manila: Asian Development Bank.

8. Galasso, V., R. Gatti, and P. Profetta. 2008. "Investing in Old Age: Pensions, Children and Savings." Econpubblica Working Paper 138. http://papers.ssrn.com/sol3/papers.cfm? abstract_id=1338058.

9. Heaton, John, and Deborah Lucas. 2000. "Portfolio Choice in the Presence of Background Risk." *Economic Journal* 110 (460): 1 - 26.

10. *Hindu Business Line*. 2012. "Sonia for Universal Pension for Aged Poor." May 22. http://www.thehindubusinessline.com/industry-and-economy/economy/article3445791.ece.

11. Hoddinott, J. 1992. "Rotten Kids or Manipulative Parents: Are Children Old Age Security in Western Kenya?" *Economic Development and Cultural Change* 40 (3): 545 - 66.

12. Munnell, Alicia H., Annika Sundén, and Catherine Taylor. 2002. "What Determines 401(k) Participation and Contributions?" *Social Security Bulletin* 64 (3): 64 - 75.

13. Pallares-Miralles, M., C. Romero, and E. Whitehouse. 2011. "Inter-

national Patterns of Pension Provision II：Worldwide Overview of Facts and Figures." Draft，World Bank，Washington，DC.

14. Shah，Ajay. 2006. "Indian Pension Reform：A Sustainable and Scalable Ap proach." In *Managing Globalisation*：*Lessons from China and India*，ed. D. A. Kelly，R. S. Rajan，and G. H. L. Goh. New Delhi：World Scientific.

15. Zeldes，Stephen P. 1997. "Consumption and Liquidity Constraints：An Empirical Investigation." *Journal of Political Economy* 97（2）：305 - 46.

附件 A　印度新养老金方案费用结构

推广机构/中介机构	收费项目	收费标准	扣减方式
Central Recordkeeping Agency (CRA)	开户费用	35 印度卢比	直接从个人养老金账户扣除
	年度维护费用[a]	每年 70 印度卢比，含每年度 12 次免费交易	
	交易费用[b]	前 12 次交易免费，12 次交易后每次交易 5 印度卢比	
Trustee bank	从非印度储蓄银行收取缴费[c]	每次从非印度储蓄银行收取缴费 15 印度卢比	减少净资产价值
Custodian[d] (on asset value in custody)	资产服务费	每年 0.007 5%，电子化交易 每年 0.05%，纸质交易	减少净资产价值
Pension fund manager (PFM)	投资管理费[e]	每年 0.000 9%（PFMs 按照 100 亿管理基金规模收取管理费 9 万印度卢比）	减少净资产价值

注：服务税和其他税收根据现行税法收取。

a. CRA 管理的账户数达到 150 万个时，服务费（除服务税和其他税收而外）将降为每个账户 50 印度卢比。CRA 账户维护费包括账户电子信息的维护、账户信息电子版和书面版的整合等。

b. 管理账户数量达到 150 万个和 300 万个时，成本分别降为每次交易 4 印度卢比和 3 印度卢比。

c. 信托银行不直接针对参加人收费。交易指从收到电子版/书面版资金转移申请，将资金转移至指定的 PFM 账户。同时，还包括计入受益人账户的各种活动。

d. 托管费用。印度证券交易委员会的费用是额外的。

e. 包括所有相关交易收费如经纪费、交易成本等，托管费和相关税收除外。该费用按照所管理养老基金的月度平均规模计算。

附件B 印度NPS小微计划的推广机构（2011.3.21）

推广机构名称	政府机构/非政府机构
Adhikar Microfinance Pvt Ltd	非政府机构
Alankit Assignments Ltd	非政府机构
APB & Other Construction Workers Welfare Board, Hyderabad	政府机构
Banaskantha District Co - op Milk Producers Union Limited	非政府机构
Bandhan Financial Services Pvt Ltd	非政府机构
Bandhan Konnagar	非政府机构
Computer Age Management Services (CAMS)	非政府机构
Department of Women & Child Development	政府机构
Department of Post	政府机构
ESAF Microfinance	非政府机构
Financial Inclusion Network and Operations Ltd (FINO)	非政府机构
IFMR Holding Private Ltd	非政府机构
Karnataka State Unorganized Workers Social Security Board (KSUWSSB)	政府机构
LIC Housing Finance Ltd	政府机构
MP State Electronics Development Corporation Ltd (MPSEDC)	政府机构
Samhita Community Development Services	非政府机构
Society for Elimination of Rural Poverty (SERP)	政府机构
SEWA Bank	非政府机构
South Indian Bank	非政府机构
SREI Sahaje - Village Ltd	非政府机构

附件 C　印度 NPS 参加者与非参加者的各类特征一览

特征	非 NPS 参加者	NPS 参加者	调查样本
KGFS 客户数量	75 097	22 216	97 313
样本占 KGFS 客户数量比重（%）	77.3	22.7	97 313
年龄（中位数）	41	52	97 313
性别（%）			
男性	91	9	33 754
女性	70	30	63 559
婚姻状况（%）			
已婚	76	24	92 321
单身	94	6	4 992
受教育程度			
文盲	78	22	17 113
中学	76	24	76 900
大学及以上	88	12	3 300
职业（%）			
工薪员工	75	25	44 974
农民	81	19	17 622
家庭主妇	68	32	13 008
常规收入	90	10	4 868
其他	82	18	16 841
州（%）			
Orissa	79	21	11 204
Tamil Nadu	75	25	75 878
Uttarakhand	92	8	10 231
卫生条件（%）			
独立洗手间	82	18	24 800
公共洗手间/开放式	75	25	72 513
家庭收入中位数（Rs）	90 000	94 625	97 313
家庭人数规模（中位数）	4	4	97 313
子女数量（中位数）	2	2	97 313

续表

特征	非 NPS 参加者	NPS 参加者	调查样本
儿子数量（中位数）	1	1	97 313
土地所有权（%）			
自有土地	78	22	39 800
没有土地	77	23	57 513
土地价值中位数（Rs）	0	0	97 313
房屋所有权（%）			
房屋所有人	77	23	95 873
非房屋所有人	83	17	1 440
房屋价值中位数（Rs）	99 000	99 000	97 313
持续客户数量中位数	2	3	97 313

资料来源：作者根据 KGFS 数据计算。

注：Rs 是印度卢比。

第五部分
行为与设计问题

第十章 匹配缴费与储蓄结果：行为经济学视角

Brigitte C. Madrian

【内容提要】

匹配缴费能提升储蓄计划的参与率和个人缴费水平，尽管与其他非财务激励措施相比其成效不够显著。对已参加计划者，匹配缴费可能被参加者视为计划发起人给予的储蓄额度建议，对参加者决定储蓄额度时具有潜在影响。其他改变个人储蓄结果的行为方法还包括自动加入、简化条款、协助规划、提醒和承诺等，通常比财务激励措施成效更高且更省成本。

通常用于提升个人储蓄额度的方案中都包括匹配缴费，以激励个人参与和提高储蓄水平。大多数雇主发起的补充养老金计划和补充医疗计划都包含雇主匹配缴费。储蓄者的信用积分、美国专门的税法代码鼓励低收入家庭的储蓄，且为个人缴费提供政府匹配缴费。许多鼓励储蓄的现场试验将匹配缴费纳入试验方案设计。丰富的试验结果为研究不同匹配缴费方案设计对行为的影响提供了素材。

传统的经济学模型强调通过"财务激励"措施如提供匹配缴费，来提升储蓄计划参与率。本章第一部分总结有关储蓄计划参与率、缴费与财富净值的研究文献。有关证据来自调查结果、实验和大规模现场试验的结果。经验证据大多支持传统经济学模型的预测结果，但这些模型仍然不能解释阻碍储蓄（包括偏见、复杂、缺乏吸引力、诱惑等）的许多心理因素，很多时候这些心理因素对储蓄结果的影响比财务激励要大。传统的经济模型也不能区分对储蓄结果有重要影响的行为因素。第二部分将评价有关提升个人储蓄的非财务方法的研究文献。

研究表明，匹配缴费能提升储蓄计划的参与率和个人缴费，尽管与其他非财务激励措施相比其成效不够显著。对已参加计划者，较高的匹配缴费比例对缴费额影响较小。相比而言，匹配缴费额度被参加者视为计划发起人给予的储蓄额度建议，对参加者决定储蓄额度时具有潜在影响。自动加入、简化条款、协助规划、提醒和承诺等，通常比财务激励措施提升参与率和储蓄额的成效更高且更省成本。

一、匹配缴费对储蓄结果的影响：理论

在传统模型中，匹配缴费对储蓄结果的影响部分依赖于匹配缴费的结构。最简单的方法是水平的匹配缴费比例（如按个人缴费额的100%提供匹配缴费）。实践中，没有匹配缴费上限对提供者而言成本高昂，因此通常方案中会设定匹配缴费比例和上限，如匹配缴费比例为100%，以1 000元为上限。

储蓄计划的匹配缴费结构通常比较复杂。例如，多层次匹配缴费方案，个人缴费额500美元以内匹配缴费比例100%，501～1 000美元匹配缴费比例50%，1 000美元以上无匹配缴费。也有只对特定额度的缴费提供匹配缴费，如个人缴费额500美元以内无匹配缴费，501～1 000美元匹配缴费比例100%，1 000美元以上无匹配缴费。

在标准的跨期决策经济学模型中，增加匹配缴费或提高匹配缴费额度，都会通过替代效应提升储蓄计划参与率。匹配缴费使消费比储蓄昂贵，从而推动个人以储蓄替代消费。

从理论上讲，匹配缴费对储蓄计划已缴费的个人影响还比较模糊。例如，

以个人缴费达到一定额度才能获得匹配缴费的方案为例，该方案会使此前没有加入者增加个人缴费，因为方案的匹配缴费会引导个人开始储蓄。相反，此前个人缴费额度超过匹配缴费额度的人，则由于匹配缴费的收入效应而可能降低个人缴费。匹配缴费对已有缴费的作用类似额外收入，个人可能会增加当期消费减少现有储蓄。个人缴费加匹配缴费之和高于此前仅个人缴费的额度。

方案对此前个人缴费等于或低于匹配缴费的影响还比较模糊，也存在上述收入效应和替代效应。由于个人缴费低于匹配缴费，匹配缴费激励个人增加储蓄（减少消费）而获得全额匹配。但匹配缴费又类似额外收入，个人可能会增加当期消费减少现有储蓄。

保持匹配缴费额度上限但提高匹配比例时，也有类似的影响效应。而保持匹配缴费比例但提高匹配缴费额度时的影响就会复杂得多。对个人缴费低于老年收入者没有影响。会增加老年收入水平缴费者的缴费额（替代效应），但对等于或低于新老年收入水平缴费者的缴费额影响不明确（相反的收入效应和替代效应），会降低高于新老年收入水平缴费者的缴费比例（收入效应）。

二、匹配缴费对储蓄结果的影响：证据

人们的实际反应是什么？预测匹配缴费对储蓄结果的影响要求引入匹配缴费额度和比例作为变量。本书采用了三类变量：实际发生的跨地区变量（例如实际的雇主计划总匹配缴费额度与比例数据）；自然试验或储蓄方案中匹配缴费结构的变化；研究者设定的试验变量，其中包括为参加者提供匹配缴费或更高额度的匹配缴费或不提供匹配缴费。

使用实际发生的跨地区变量的优势在于，可以理解个人面临的多种多样复杂的匹配缴费模式。例如，美国 401（k）计划中雇主匹配缴费比例从 0 到 200%，每年匹配缴费额度从工资额 1%到 1.7 万美元。[1] 这类变量有助于模拟分析。例如，可以了解匹配缴费结构变化时个人行为如何变化。但此类研究

结果的最大局限在于，很难分清影响是源于匹配缴费结构变化还是其他行为因素。例如，储蓄意愿强烈的个人可能倾向于选择提供了较高匹配缴费额度的公司，而储蓄意愿较弱的个人可能倾向于选择未提供匹配缴费或提供了较低匹配缴费额度的公司。在这种情况下，匹配缴费与储蓄结果的关联性存在偏差。

自然试验的优势在于很少关注匹配缴费的额度与个人储蓄偏好的内生性。现场试验中，若集中研究特定群体在政策变化前后的反应情况，可减少对内生性的关注。现场试验的弱点是通常只考察匹配缴费计划中小范围的变量，每种方案只选择 2 种或 3 种变量。这类研究结果的普遍适用性受实际分析变量的影响。这类研究通常聚焦于特定的人群（如某一公司的员工，某家金融机构的客户，或低收入员工），由此降低了研究结果的普遍适用性。

多数的实证研究分析了美国雇主发起的储蓄计划中匹配缴费比例与储蓄结果的关系。研究发现，与理论假设一致，匹配缴费会提高储蓄计划的参与率（Andrews 1992；Bassett，Fleming 和 Rogrigues 1998；Clark 和 Schieber 1998；Clark 等 2000；Dworak - Fisher 2008；Even 和 Macpherson 1997，2005；GAO 1997；Huberman，Iyengar 和 Jiang 2007；Mitchell，Utkus 和 Yang 2007；Papke 和 Poterba 1995）。也有研究认为匹配缴费与计划的参与率之间不存在相关性（Kusko，Poterba 和 Wilcox 1998；Papke 1995）。

匹配缴费对储蓄结果的影响程度的实证结果还难以决定。少数研究发现二者之间正相关（Andrews 1992；Even 和 Macpherson 1997；Kusko，Poterba 和 Wilcox 1998；Papke 和 Poterba 1995）。而 Basset，Fleming 和 Rodrigues（1998）研究则发现，二者不相关。有些研究认为高匹配缴费与低的个人缴费相关（Clark 等 2000；Mitchell，Utkus 和 Yang 2007；Munnell，Sünden 和 Taylor 2001；VanDerhei 和 Holden 2001）。有些研究则发现影响多种多样。Huberman，Iyengar 和 Jiang（2007）发现较高的匹配缴费会提升低收入群体

的缴费额，但会降低中、高收入群体的缴费额。Papke（1995）和 GAO（1997）发现，匹配缴费比例低时，如提高匹配缴费比例会提升个人缴费，而当匹配缴费比例较高时，提高该比例则会降低个人缴费。

Engelhardt 和 Kumar（2007）的研究是迄今为止最有说服力的，其特征如下：

• 唯一地研究了匹配缴费产生的非线性储蓄激励作用。

• 采用税务局的权威数据（缴费与个人收入）及匹配缴费结构（雇主计划合同中）信息，准确地建模分析个人动机的变化，获得比问卷调查更加准确的个人选择衡量指标。

• 该研究还解释了除匹配缴费之外可能影响储蓄结果的其他因素，如税收、其他可选的储蓄机会如个人退休账户（IRAs）等。

该研究最大的局限性是其数据来自健康和退休调查，人群年龄稍长（平均 55 周岁），其行为与年轻人有差异。

Engelhardt 和 Kumar 预计提高匹配缴费比例 25 个百分点（如从 1 美元匹配 0.25 美元提高至匹配 0.5 美元），计划参与率将会提高 5%且个人缴费会提高 365 美元（按 1991 年美元）。他们预测了不同教育程度的群体对匹配缴费提升的反应。研究结论认为，整体上无论参与率还是缴费额都对雇主匹配缴费不敏感，因此匹配缴费是效果较弱的政策工具。

Duflo 等（2006）发布了其对匹配缴费与储蓄结果之间关系的现场试验的研究结果。该研究中，为美国 tax preparation firm H&R Block 的客户提供了一个机会——可用返还的联邦税开立 IRAs。部分客户开立 IRAs 账户没有获得匹配缴费，其余客户则获得了按照个人缴费额 20%或 50%的匹配缴费，上限为 1 千美元。图 10—1 展示了试验结果。试验对象中，未获得匹配缴费的仅 3%开立了 IRAs，人均缴费 765 美元；匹配缴费比例为 20%的客户，该两项指标分别为 8%和 1 102 美元；匹配缴费比例为 50%的客户，该两项指标分别为 14%和 1 108 美元。

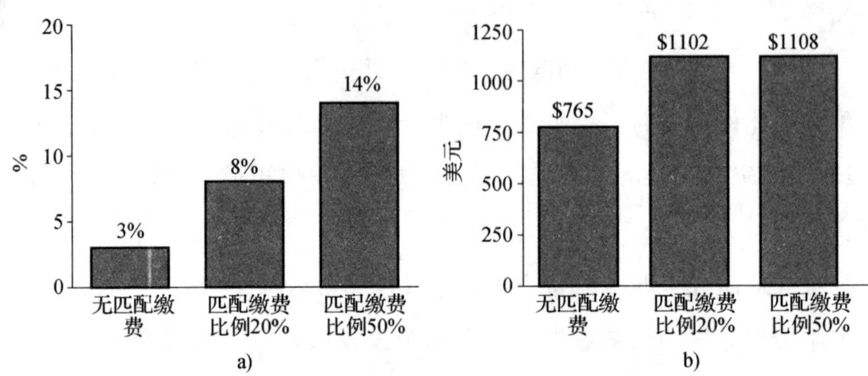

图 10—1　H&R Block 试验中匹配缴费对储蓄影响的证据

资料来源：Duflo 等 2006。

Duflo 等（2006）研究发现的重要影响与 Engelhardt 和 Kumar（2007）的发现惊人地相似，虽然两项研究采用的机制各异（以税收返还存入 IRAs/参加雇主养老金计划）、人群不同（H&R Block 的客户为中产阶级/年龄较大的健康退休收入调查对象）。Engelhardt 和 Kumar 预计提高匹配缴费比例 25 个百分点（如从 1 美元匹配 0.25 美元提高至匹配 0.5 美元），计划参与率将会提高 5%。Duflo 等研究表明，匹配缴费比例从 0 提高至 20%，计划参与率提升 5%；匹配缴费比例从 20%提高至 50%，计划参与率提升 6%。

Mills 等（2008）发布了对美国个人发展账户（IDAs）连续多年的研究结果。低收入家庭（收入水平低于贫困线 150%的家庭），很少被纳入对照组。实验组包括有资格开设 IDAs 账户且年度缴费额高于 750 美元的人。对照组是不具备 IDAs 账户开户资格的人。该方案与其他储蓄方案的最大区别是其匹配缴费与领取额挂钩，匹配缴费比例取决于领取目的。领取用于购房时匹配比例为 20%，而用于教育、个人营业、房屋装修或退休储蓄等特定用途时匹配比例为 100%，领取用于非限定范围内的用途则不提供匹配缴费。

总之，研究表明，匹配缴费与 IDAs 计划的参与率和账户净值之间没有显著关系（见图 10—2）。在大多数情况下，影响很小或为负。而对收入分位最低组和最高组，影响为正，有时甚至很大，但统计上不显著。该结论对通过实施匹配缴费为超低收入家庭提高财富净值的有效性提出挑战。

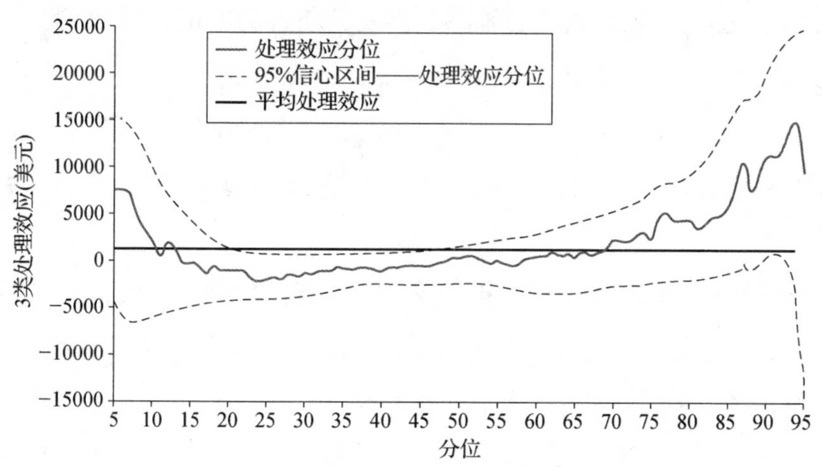

图 10—2 3 年后对个人发展账户 IDAs 开户和缴费的净价值的影响

资料来源：Mills 等 2008。

Choi 等（2002，2004b，2006）采用自然实验法研究匹配缴费对储蓄结果的影响。该研究选择两家建立了雇主养老金计划的公司（A 公司、B 公司），通过改变匹配缴费来分析其影响。对之前尚无匹配缴费的一家公司提供匹配缴费，而对另一家则在保持匹配缴费比例的同时提高匹配缴费额度。该研究比较在匹配缴费方案变化前后个人行为的变化，研究匹配缴费对个人储蓄倾向的内生性影响。

A 公司此前没有提供匹配缴费，目前提供的匹配缴费比例为 25%，上限为工资额 4%（2000 年 10 月）。研究搜集了计划引入匹配缴费之前工作期限最长达 26 个月且引入后工作期限最长 14 个月的员工的数据。Choi 建模观察自受雇之日起至首次参加该计划的时间。研究发现，匹配缴费使员工计划参与率提高了 25%，但由于该公司在引入匹配缴费之前计划参与率很低，因此参与率提升的绝对人数并不多。例如，以工作了 3 年的男性员工为例，匹配缴费比例为 25%时使参与率提升 4.7%。该结论也与 Engelhardt 和 Kumar (2007)、Duflo (2006) 的结论一致。

B公司自 1997 年 1 月开始提高养老金计划的匹配缴费额度但保持匹配缴费比例不变。1997 年 1 月之前，工会成员获得的匹配缴费比例为 50%，上限为工资额的 5%；非工会成员获得的匹配缴费比例为 50%，上限为工资额的 6%；自 1997 年 1 月起，匹配缴费比例保持为 50%，匹配缴费上限提高 2%，工会成员获得的匹配缴费上限为工资额的 7%，非工会成员为 8%。

该研究搜集了计划改变前 1 年和改变后 1 年的数据，考察自受雇之日起至首次参加养老金计划的时间模型。研究发现，匹配缴费上限对计划参与率没有影响。这与此前的理论上的争议一致。

Choi 等 (2002，2004b，2006) 研究了匹配缴费额度对储蓄计划缴费额的影响，结果比较有趣。图 10—3 展示了 A 公司在引入匹配缴费前未加入计划而在引入匹配缴费计划（匹配比例为 25%，上限为工资额的 4%）后加入计划员工的缴费比例分布情况。在没有提供匹配缴费时，常见的个人缴费比例为工资额的 5%，10%和 15%——5%的倍数。提供匹配缴费后，许多参加者的个人缴费比例为工资额 5%的倍数。此外，选择按照匹配缴费比例，即工资额的 4%缴费的人数增长。在没有匹配缴费的情况下，很少有人选择按工资额的 4%缴费；而在引入雇主匹配缴费后，个人按工资额的 4%缴费成为模板。

B公司提高了匹配缴费额度后，员工缴费比例分布情况与 A 公司类似。图 10—4 展示了 B公司两类员工的缴费比例分布情况，一类员工在 B公司提高匹配缴费额度之前 9 个月加入计划，另一类在 B公司刚好提高匹配缴费额度后加入计划。图 10—3 中，在引入匹配缴费方案前后，个人缴费比例以 5%的倍数变化并有明显的峰值。图 10—3 表明，缴费比例模板在引入匹配缴费前为工资额的 5%或 6%，引入后则为 7%或 8%。

图 10—5 展示了 B 公司提高了匹配缴费额度对员工参与率的影响，描述了提高匹配缴费额度前后员工缴费比例的变化情况。在图 10—4 中，许多参加者（45%）最初的个人缴费比例为工资额的 5%或 6%，而 B 公司提高了匹配缴费额度后，参加者个人缴费比例随之提高为工资额的 7%或 8%，而此后 3 年基本没有进一步调整。相比而言，另一部分参加者的个人缴费比例则在匹配缴费额度提高前后没有发生变化。

图 10—3、图 10—4 和图 10—5 揭示了参与储蓄计划的行为特征。缴费比例按照 5%的倍数增长说明了储蓄选择中焦点点位的重要作用。当个人面临复杂决策，例如决定储蓄额度时，通常采用试探法以简化决策流程。个人缴费比例选择的结果表明，设置为 5%的倍数比较有效。多数情况表明，匹配缴费额度成为参加者决定储蓄额度的重要参照和指引。匹配缴费所需的预算设定导致其与匹配缴费绑定，而缺乏行为因素的考虑。但很可能在参加人评估储蓄额度时就考虑了匹配缴费的影响（准确地说是因为储蓄的财务激励发生了变化），个人将匹配缴费额度视为储蓄额度建议。这种储蓄效应进一步强化了匹配缴费的聚焦特征。最后，参加者缓慢地从老匹配缴费方案向新方案转移（见图 10—5），说明了储蓄方案参加者的行为惰性（Beshears 等 2008 的文献综述对此有专门研究）。这也与参加者固定在最初的缴费比例一致。

可能相关研究中比较令人惊讶的是尽管有匹配缴费，但储蓄计划参与率还很低（Choi，Laibson 和 Madrian 2011）。研究表明，提高匹配缴费比例导致计划参与率小幅上升以及参加者缴费额小幅提高。匹配缴费是强有力的导向性指标（引导个人决定储蓄额度）。相比匹配缴费比例较高而上限较低的方式而言，匹配缴费比例较低而上限较高的方式对提高个人缴费额度更加有效。例如，匹配缴费比例为 25%（上限为工资额 10%）比匹配缴费比例为 50%（上限为工资额 5%或更低）更能刺激个人增加储蓄额。

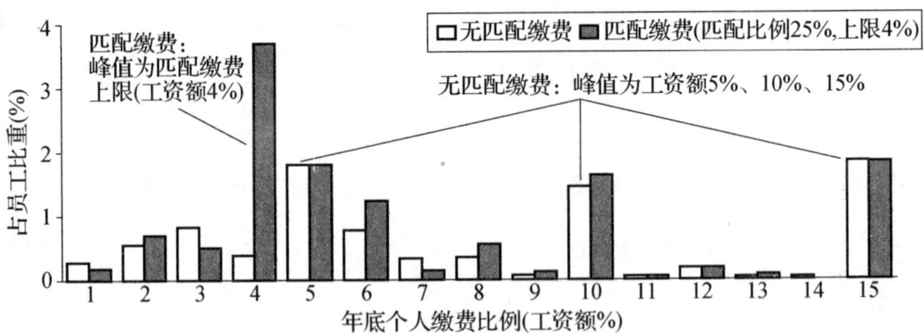

图 10—3　引入雇主匹配缴费方案后员工
个人缴费比例分布情况：A 公司

资料来源：Choi 等 2006。

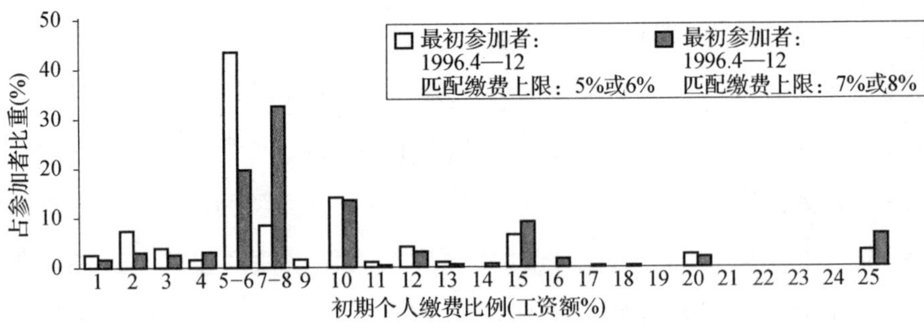

图 10—4　改变雇主匹配缴费方案后员工
个人初始缴费比例分布情况：B 公司

资料来源：Choi 等 2004b。

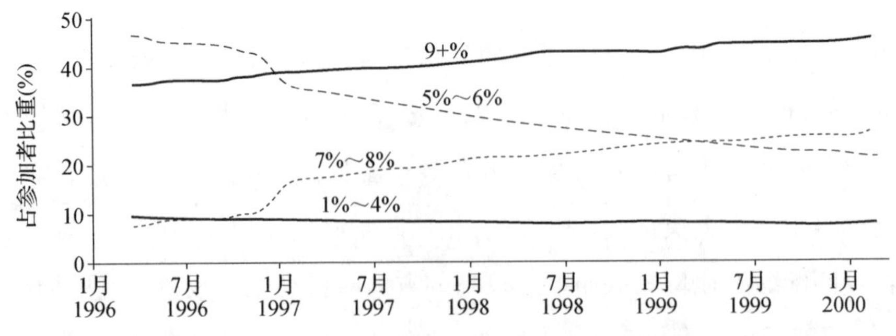

图 10—5　员工个人缴费比例变化情况：B 公司

资料来源：Choi 等 2002，2006。

三、免费或其他提升储蓄额度的方法

1. 自动加入

DC 计划中提高参与率最有效的方法是"自动加入"。美国经验表明，有"自动加入"条款的计划（不愿意加入的个人可选择不加入），其参与率高于没有此条款的计划。"自动加入"的影响相当大。第一份关于"自动加入"对储蓄结果影响的研究由 Madrian 和 Shea（2001）完成，他们研究某大型企业后发现，增加了"自动加入"条款后，新入职员工（司龄 15 个月以内）的计划参与率提升了 50%。其他研究也有类似的发现。"自动加入"条款对最初储蓄率很低、年轻且收入低的员工群体影响最为显著。

匹配缴费与自动加入并非毫无关联。匹配缴费越多，计划参与率越高，这印证了此前的分析结果。

Beshears 等（2010）采用了两种不同的方法评估自动加入条款在雇主建立的储蓄计划中的重要性。第一种评估方法是一家公司为所有员工（无论该人是否缴费）提供匹配缴费（原来的匹配缴费比例为 25%，上限为工资额的 4%）。据估计，减少匹配缴费，使员工参与率降低了 5%～6%，这与 Engelhardt和 Kumar（2007），Duflo 等（2006），Choi 等（2002，2004b，2006）在没有自动加入条款下的研究结论类似。

第二种评估方法（Beshears 等 2010）是探讨匹配缴费结构这一变量，包括内部结构（公司改变匹配缴费政策），也包括 9 家含有自动加入条款公司的样本。这项分析研究被匹配缴费的普及和员工储蓄倾向的内生性所混淆。由此，匹配缴费上限若按照工资额的 1%提高，则储蓄计划参与率会上升 2～4 个百分点（见图 10—6）。根据预测，降低匹配缴费比例，从原来的 50%降至 25%，上限为工资额的 6%，此时预计自动加入的比例会减少 3～6 个百分点。这与 Beshears 等（2010）的研究结果一致，也与此前对没有自动加入条款的研究结果一致。

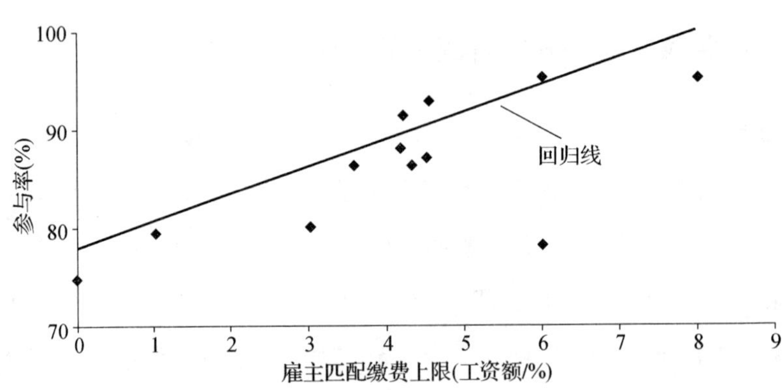

图 10—6　自动加入的储蓄计划匹配缴费和计划参与率

资料来源：Beshears 等 2010。

上述研究结论印证了此前的研究结论，即增加雇主匹配缴费比例只会小幅提升计划参与率。这对有自动加入条款的计划和没有此条款的计划皆适用。

虽然自动加入条款对提高储蓄计划参与率的影响还比较模糊，但其对储蓄计划缴费的影响取决于自动加入计划中默认的个人缴费比例。正如匹配缴费会吸引员工参加储蓄计划，自动加入计划中每人的个人缴费比例也会吸引个人缴费。在自动加入计划中，默认的缴费比例越高，个人缴费额越高，反之则反是。图 10—7 中美国公司案例经验表明，个人默认缴费比例为工资额的 3％时，有 28％的人按 3％缴费，24％的人按 6％缴费，41％的人缴费比例超过 6％，为 10％或 15％；个人默认缴费比例为工资额的 6％时（3％的 2 倍），仅有 4％的人按 3％缴费（基本可以忽略）。

最极端的自动加入就是“强制加入”。多数研究集中于美国 401（k）计划，自动加入是常见条款。其他 DC 类储蓄计划中则是强制性的，如美国事业单位员工基本 DC 计划具有强制性（Beshears 等 2011）。以 DC 形式建立社保体系的国家中，多为自动加入或强制加入，至少针对正规就业部门员工。是否采用自动加入或强制加入条款，是 DC 储蓄计划制度设计时重要的政策决定。

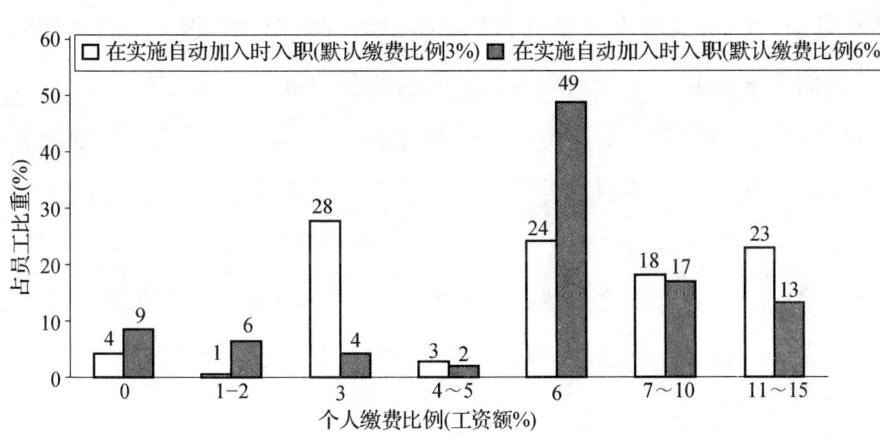

图 10—7　新入职员工自动加入与储蓄计划个人缴费比例分布

资料来源：Beshears 等 2008。

2. 简化操作

对自动加入和强制加入的储蓄计划研究的局限性在于，这些方法只对正规就业部门适用，且金融机构相对发达，缴费从工资中自动扣除。对非正规部门，这些方法难以奏效。

美国自动加入的储蓄计划取得成功的两大要素在于：1）大多数人认识到退休需要得到高于社保养老金的收入，因此愿意储蓄；2）自动加入的流程简便，人们乐于选择。也有证据支持人们通常都想储蓄的观点。

第一，通常只要问到，人们都会表达储蓄的愿望。[2]

第二，当问及是否储蓄以及储蓄额度时，多数人会选择储蓄。Carroll 等（2009）比较了雇主储蓄计划在实行“强制加入”之前和之后的变化。研究发现，在不要求个人决定的情况下（不询问是否加入也不强制加入），仅 41% 的新员工加入；而若要求员工决定是否加入（员工可选择不加入）时，69% 的新员工加入。他们认为，员工希望储蓄但选择加入的制度不能准确反映这些偏好，因为不参加通常与不想参加和推迟储蓄的偏好紧密相关。

第三，在自动加入的计划中，很少有人会选择不加入。Choi 等（2002，2006）发现，不考虑员工是否自动加入时，储蓄计划参与率非常持续稳定，在12个月中，已自动加入计划的员工中仅2%～3%会选择退出。自动加入计划中的高储蓄率也验证了大多数人通常愿意储蓄的事实。

特别需要说明的是，上述研究结论都来自对美国建立了储蓄计划的公司的研究。研究并未涉及美国以外的员工（虽然有关研究提出全世界的人都想储蓄，如Soman和Cheema 2011），或者希望选择其他储蓄工具。在美国，大多数雇主建立的储蓄计划都提供匹配缴费，会促使原本不愿储蓄的人参加计划。研究表明，虽然匹配缴费对员工参与率的影响不大，但却是引导员工形成储蓄意愿的方式。

潜在的重要影响因素是个人对储蓄安全性的信任程度。Guiso、Sapienza和Zingales（2008）的研究表明，不同国家对储蓄的信任程度各异，这说明了不同国家个人持有股票份额的变量，即个人对储蓄安全的信任度越高，公众越愿意投资股票。因此，建立增强公众对金融机构和金融体系信任度的制度是提高各类储蓄计划储蓄额度的前提和基础。[3]

自动加入的第二大成功之处在于其简化了个人储蓄流程。实际上，自动加入使个人无须任何额外的申请和操作即可储蓄。心理学家长期以来的研究发现，选择的复杂性会影响决策结果。如果选择太复杂，最常见的结果就是个人推迟做决定（Dhar和Nowlis 1999；Iyengar和Lepper 2000；Shafir，Simonson和Tversky 1993；Tversky和Shafir 1992）。

Iyengar、Huberman和Jiang（2004）认为，雇主建立的储蓄计划的参与率与该计划投资选择的个数负相关，有超过10种投资选择的计划其参与率会降低1.5%～2%[4]。假设投资选择会增加资产配置选择的复杂性，自动加入条款使选择重点从是否储蓄转向储蓄多少以及选择何种资产配置方式。最初的参加决策从评估各种选择简化为“二选一”，即不参加（用于当期消费或选择其他储蓄方式），或者参加（特定的缴费比例并选择特定的资产组合）。Madrian和Shea（2001），Choi等（2004a）研究认为，自动加入条款对金融意识较低的年轻人和低收入员工参与率的影响最为显著。对该群体而言，加入时选择的复杂性无疑成为遏制其加入的最重要原因（Beshears 等 2008）。

如果复杂性是加入储蓄计划的主要障碍，则简化加入程序如采用自动加入或其他方式应该能提高参与率。Choi，Laibson 和 Madrian（2009），Beshears 等（2012）研究了雇主建立的储蓄计划中简化加入程序对参与率的影响。专门研究了“快速加入”，即员工按照固定缴费比例和雇主选好的资产组合加入，这与自动加入类似，员工只需做“二选一”的简单抉择。两个公司的研究样本显示，相比标准计划而言，增加快速加入条款使员工参与率增加 10%～20%（见图 10—8）。因此，复杂性是制约参加计划的重要因素，直接影响储蓄结果。[5] 虽然计划加入流程产生的效果并不像自动加入条款那样显著，但可以量化且影响力高于匹配缴费。因此，简化并理顺储蓄流程的成效较显著，也是比财务激励措施更节省成本的改变行为的有效方法。

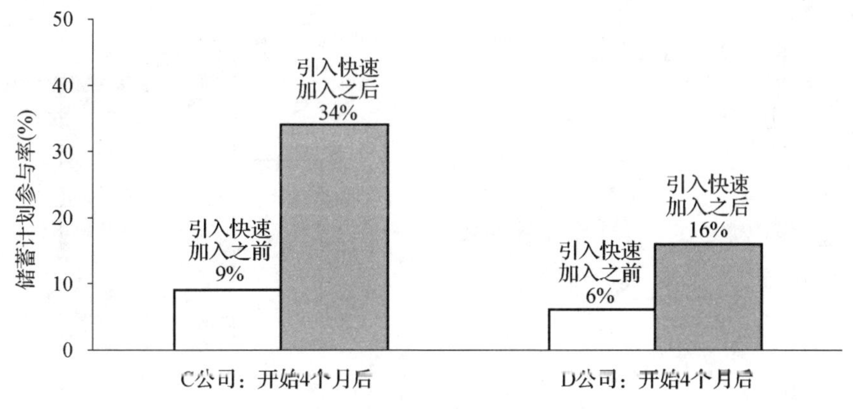

图 10—8　快速加入与储蓄计划参与：C 公司和 D 公司

资料来源：Beshears 等 2012。

只提供简单且直接的储蓄方式会增加储蓄。Dupas 和 Robinson（2010）对肯尼亚农村和 Aportela（1999）对墨西哥农村的研究发现，增加农民接触正规就业储蓄部门的途径提高了储蓄率。Dupas 和 Robinson（2010）开展的现场试验表明，尽管新增的储蓄账户不计息且加收退出费用，对这类账户的需求仍然高企。

3. 协助实施

尽管个人想储蓄，但遗忘和拖延行为都会实质性地阻碍储蓄计划的实施。因此，采取了很多措施帮助个人追踪实现其储蓄目标。有关研究表明，缺乏规划是个人难以达成储蓄目标的首要原因（Gollwitzer 1999；Gollwitzer 和 Sheeran 2006）。

Lusardi，Keller 和 Keller（2009）研究了协助个人形成并实施储蓄计划对储蓄结果的影响。以美国雇主帮助员工规划加入储蓄计划为研究案例，其鼓励员工预约时间办理加入手续，列出了所有的步骤（如选择缴费比例和资产组合）及预计所需的时间。研究表明，帮助新进员工规划并实施储蓄计划，可使参与率提高 12%～21%（见图 10—9），其成效是匹配缴费的 2～3 倍，与简化储蓄流程类似，提供加入协助的成本很低。

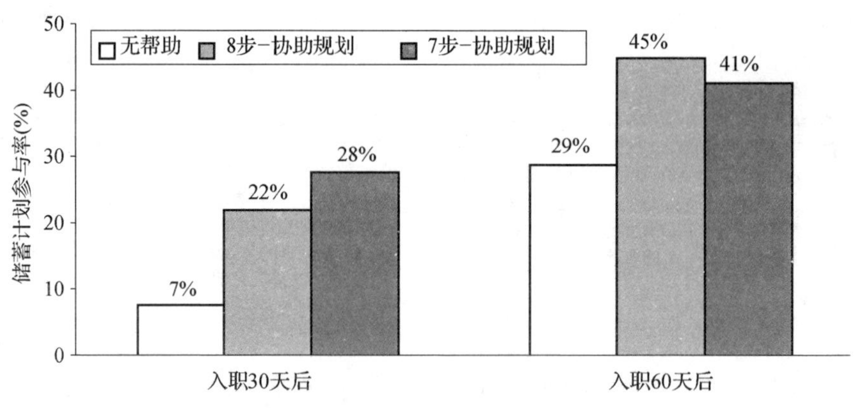

图 10—9 协助规划对储蓄计划参与率的影响

资料来源：Lusardi，Keller 和 Keller 2009。

在玻利维亚、秘鲁和菲律宾等国家和地区，Karlan 等（2010）与银行合作开展了一系列现场试验，评估发送储蓄提醒信息（短信或信件）对银行储蓄账户积累额的影响。研究发现，收到了提醒信息的人，达到特定储蓄目标的概率比未收到信息者高 3%，其储蓄额也比未收到者高 6%。此外，突出标明了个人储蓄目标的提醒信息，其有效性是包含一般内容的提醒信息的 2 倍。

Kast、Meier 和 Pomeranz（2012）评估了智利提供提醒信息对银行账户储蓄结果的影响，发现收到了提醒信息的人比未收到者的储蓄额多。

上述两个针对发展中国家的研究表明，持续不断的储蓄需要持久的推动，自动加入与直接储蓄并非直接相关的选择。研究结果表明，有限的关注成为阻碍储蓄的重要因素。发送提醒信息是一项低成本高成效的方式，推动人们采取行动达成特定储蓄目标。

Karlan 等（2010），Kast、Meier 和 Pomeranz（2012）开展的现场试验包括了为个人提供高于市场利率的收益来促进储蓄的方法，但现有研究尚未发现高利率承诺对储蓄结果的实质性影响（Kast，Meier 和 Pomeranz 2012，试验方案提供的利率为 5%，当时市场普遍的利率水平为 0.3%）。虽然这些研究与此前的研究结果不能直接对比，但也支持此前的结论，即财务激励措施对储蓄结果的影响是中性的。

大量文献研究了承诺储蓄产品的各类协助执行措施。较有影响力的文章是 Ashraf、Karlan 和 Yin（2006）对菲律宾当地一家银行提供此类产品给现有客户和老客户的研究。试验中，银行客户若选择了承诺储蓄产品即自愿受到下列约束：储蓄额度达到个人选择的目标额度或目标日期方可取款。有权开设承诺储蓄账户的客户中，有 28%的人开户，尽管该账户流动性受限且利率并不比标准账户高。承诺储蓄产品对储蓄结果影响较显著。在 12 个月后，提供了承诺储蓄产品的群体，其银行账户中的储蓄额比没有提供的群体高 82%。其他国家的多项研究也支持这一结论。承诺储蓄产品能有效提升储蓄额，主要原因在于两方面：内部（降低消费诱惑）和外部（告诉他人，首先是家人和朋友，光靠个人储蓄达不成目标）。

Soman 和 Cheema（2011）针对印度以现金方式领取工资、没有银行存款的建筑工人做了试验。个人在周薪中留出一定储蓄额度，社区工作者每逢发薪日就去拜访参加试验的员工家人，将指定的储蓄额（分开或不分开）放在密封的信封中。这项试验的挑战不在于鼓励个人留一部分钱用于储蓄，而是要阻止员工突然去花费储蓄。结果表明，将部分收入专门储存起来使储蓄额增长了39%～216%。研究假设，打开储蓄信封或违反了分隔要求会引起犯罪，有多种账户，增加了将用于特定目的的储蓄用于消费的心理成本。这种简单、低成本的协助实施是其他方法的有效延伸。例如，拥有多个退休储蓄账户可能比只有单一账户更利于增加储蓄（如同时拥有退休收入账户和退休健康账户的储蓄效果就优于仅有单一的普通储蓄账户）。

综上所述，协助实施表明具体执行过程中还存在许多心理障碍。而财务激励措施对此也无能为力，有效的方法就是针对障碍本身对症下药。

四、结论

大量研究考察了鼓励个人提高储蓄的各种方法。传统的经济模式认为，财务激励如匹配缴费是提高储蓄计划参与率的有效措施，关于匹配缴费和储蓄计划参与率的研究结果已证实。匹配缴费确实能提高计划参与率，但提升量较小。相关研究采用了较可靠的实证方法和各种数据来源，表明匹配缴费比例增加25%会导致储蓄计划参与率提升5个百分点。

从理论上讲，匹配缴费对储蓄计划参与率的影响取决于在缺乏匹配缴费情况下个人愿意储蓄的额度。尽管大多数实证研究支持传统经济模式的假设，但相关实证研究的结果不太一致。

传统经济模式也无法解释很多个人储蓄选择的特征，储蓄比例较多集中于焦点附近，包括匹配缴费上限和匹配缴费比例也是5%的倍数（有些内容传统经济理论难以预测）。研究发现，匹配缴费上限产生的影响比匹配缴费比例更大。

传统经济模式也无法解释许多储蓄心理因素，如现实偏见、复杂性、未关注和其他诱惑。在多数情况下，相对于提供匹配缴费而言，只要克服这些障碍因素，就可以有效提高参与率和储蓄额，收到更好成效且成本更低。

第十章　匹配缴费与储蓄结果：行为经济学视角

【注　　释】

1. 年龄在 50 岁及以上人员每年可以额外增加税前缴费 5 000 美元。

2. 例如，Choi 等（2002，2006）公布了美国一家大公司开展的退休储蓄充足性调查结果。2/3 的员工回复他们希望比当前储蓄得更多，1/3 回复其储蓄额度正合适，低于 1%的回复其储蓄过高。

3. 没有证据说明财务激励如何与信任程度相互作用来影响储蓄。如果财务激励代替了信任，在美国财务激励措施的作用微弱反映出美国对金融体系的高度信任，但是在其他对金融体系信任程度低的国家，财务激励措施作用比较明显。当然，对金融体系的信任是财务激励措施发挥作用的前提。

4. 相关性仅研究了没有自动加入条款的计划。

5. 现有研究说明简化程序对储蓄选择具有较大影响（Hastings 和 Weinstein 2008），包括学校选择、健康计划选择（Kling 等 2008）、共同基金选择（Choi，Laibson 和 Madrian 2010），以及大学财务资助申请与大学入学（Bettinger等 2009）。

【参考文献】

1. Andrews，Emily. 1992. "The Growth and Distribution of 401(k) Plans." In *Trends in Pensions* 1992，ed. John Turner and Daniel Beller，149-76. Washington，DC：U. S. Government Printing Office.

2. Aportela，Fernando. 1999. "Effects of Financial Access on Savings by Low-Income People." Banco de México Working Paper.

3. Ashraf，Nava，Diego Aycinena，Claudia Martínez，and Dean Yang. 2011. "Remittances and the Problem of Control：A Field Experiment among Migrants from El Salvador." Universidad de Chile Working Paper SDT 341.

4. Ashraf, Nava, Dean Karlan, and Wesley Yin. 2006. "Tying Odysseus to the Mast: Evidence from a Commitment Savings Product in the Philippines." *Quarterly Journal of Economics* 121 (2): 635-72.

5. Bassett, William F., Michael J. Fleming, and Anthony P. Rodrigues. 1998. "How Workers Use 401(k) Plans: The Participation, Contribution, and Withdrawal Decisions." *National Tax Journal* 51 (2): 263-89.

6. Beshears, John, James J. Choi, David Laibson, and Brigitte C. Madrian. 2008. "The Importance of Default Options for Retirement Savings Outcomes: Evidence from the United States." In *Lessons from Pension Reform in the Americas*, ed. Stephen J. Kay and Tapen Sinha, 59-87. NewYork: Oxford University Press.

7. ——. 2010. "The Impact of Employer Matching on Savings Plan Participation under Automatic Enrollment." In *Research Findings in the Economics of Aging*, ed. David A. Wise, 311-27. Chicago: University of Chicago Press.

8. ——. 2011. "Behavioral Economics Perspectives on Public Sector Pension Plans." *Journal of Pension Economics and Finance* 10 (2): 315-36.

9. ——. 2012. "Simplification and Saving." *Journal of Economic Behavior and Organizations*.

10. Bettinger, Eric P., Bridget Terry Long, Philip Oreopolous, and Lisa Sanbonmatsu, 2009. "The Role of Simplification and Information in College Decisions: Results from the H&R Block FAFSA Experiment." NBER Working Paper 15361, National Bureau of Economic Research, Cambridge, MA.

11. Brune, Lasse, Xavier Giné, Jessica Goldberg, and Dean Yang. 2011. "Commitments to Save: A Field Experiment in Rural Malawi." Policy

Research Working Paper 5748, World Bank, Washington, DC.

12. Carroll, Gabriel D., James J. Choi, David Laibson, Brigitte C. Madrian, and Andrew Metrick. 2009. "Optimal Defaults and Active Decisions: Theory and Evidence from 401(k) Saving." *Quarterly Journal of Economics* 124 (4): 1639 - 74.

13. Choi, James J., David Laibson, and Brigitte C. Madrian. 2009. "Reducing the Complexity Costs of 401(k) Participation through Quick Enrollment™." In *Developments in the Economics of Aging*, ed. David A. Wise, 57 - 82. Chicago: University of Chicago Press.

14. ——. 2011. "$100 Bills on the Sidewalk: Violations of No-Arbitrage in 401(k) Accounts." *Review of Economics and Statistics* 113 (3): 748 - 63.

15. Choi, James J., David Laibson, Brigitte C. Madrian, and Andrew Metrick. 2002. "Defined Contribution Pensions: Plan Rules, Participant Decisions, and the Path of Least Resistance." In *Tax Policy and the Economy*, vol. 16, ed. James M. Poterba, 67 - 113. Cambridge, MA: MIT Press.

16. ——. 2004a. "For Better or for Worse: Default Effects and 401(k) Savings Behavior." In *Perspectives on the Economics of Aging*, ed. David A. Wise, 81 - 121. Chicago: University of Chicago Press.

17. ——. 2004b. "Plan Design and 401(k) Savings Outcomes." *National Tax Journal* 57 (2): 275 - 98.

18. ——. 2006. "Saving for Retirement on the Path of Least Resistance." In *Behavioral Public Finance: Toward a New Agenda*, ed. Edward J. McCaffrey and Joel Slemrod, 304 - 51. New York: Russell Sage Foundation.

19. Clark, Robert L., Gordon Goodfellow, Sylvester Schieber, and Drew Warwick. 2000. "Making the Most of 401(k) Plans: Who's Choosing What and Why." In *Forecasting Retirement Needs and Retirement Wealth*, ed. Olivia

Mitchell, Brett Hammond, and Anna Rappaport, 95 - 138. Philadelphia: University of Pennsylvania Press.

20. Clark, Robert L., and Sylvester Schieber. 1998. "Factors Affecting Participation Levels in 401(k) Plans." In *Living with Defined Contribution Plans: Remaking Responsibility for Retirement*, ed. Olivia Mitchell and Sylvester J. Schieber, 69 - 97. Philadelphia: University of Pennsylvania Press.

21. Dhar, Ravi, and Stephen M. Nowlis. 1999. "The Effect of Time Pressure on Consumer Choice Deferral." *Journal of Consumer Research* 25 (4): 369 - 84.

22. Duflo, Esther, William Gale, Jeffrey Liebman, Peter Orszag, and Emmanuel Saez. 2006. "Saving Incentives for Low-and Middle-Income Families: Evidence from a Field Experiment with H&R Block." *Quarterly Journal of Economics* 121 (4): 1311 - 46.

23. Dupas, Pascaline, and Jonathan Robinson. 2010. "Savings Constraints and Microenterprise Development: Evidence from a Field Experiment in Kenya." International Policy Center Working Paper 111.

24. ——. 2011. "Why Don't the Poor Save More? Evidence from Health Savings Experiments." NBER Working Paper 17255, National Bureau of Economic Research, Cambridge, MA.

25. Dworak-Fisher, Keenan. 2008. "Encouraging Participation in 401(k) Plans: Reconsidering the Employer Match." U. S. Bureau of Labor Statistics Working Paper 420.

26. Engelhardt, Gary V., and Anil Kumar. 2007. "Employer Matching and 401(k) Saving: Evidence from the Health and Retirement Study." *Journal of Public Economics* 91 (10): 1920 - 443.

27. Even, William E., and David A. Macpherson. 1997. "Factors Influen-

cing Participation and Contribution Levels in 401(k) Plans." Florida State University Working Paper.

28. ——. 2005. "The Effects of Employer Matching in 401(k) Plans." *Industrial Relations* 44 (3): 525 - 49.

29. GAO (General Accounting Office). 1997. "401(k) Pension Plans: Loan Provisions Enhance Participation But May Affect Income Security for Some." Report to the Chairman, Special Committee on Aging, and the Honorable Judd Gregg, U. S. Senate, GAO, Washington, DC.

30. Gollwitzer, Peter M. 1999. "Implementation Intentions: Strong Effects of Simple Plans." *American Psychologist* 54 (7): 493 - 503.

31. Gollwitzer, Peter M., and Paschal Sheeran. 2006. "Implementation Intentions and Goal Achievemen1t: A Meta-Analysis of Effects and Processes." *Advances in Experimental Social Psychology* 38: 69 - 119.

32. Gugerty, Mary Kay. 2007. "You Can't Save Alone: Commitment in Rotating Savings and Credit Associations in Kenya." *Economic Development and Cultural Change* 55 (2): 251 - 82.

33. Guiso, Luigi, Paola Sapienza, and Luigi Zingales. 2008. "Trusting the Stock Market." *Journal of Finance* 63 (6): 2557 - 600.

34. Hastings, Justine S., and Jeffrey M. Weinstein. 2008. "Information, School Choice, and AcademicAchievement: Evidence from Two Experiments." *Quarterly Journal of Economics* 123 (4): 1373 - 414.

35. Huberman, Gur, Sheena S. Iyengar, and Wei Jiang. 2007. "Defined Contribution Pension Plans: Determinants of Participation and Contribution Rates." *Journal of Financial Services Research* 31 (1): 1 - 32.

36. Iyengar, Sheena S., Gur Huberman, and Wei Jiang. 2004. "How Much Choice Is Too Much? Contributions to 401(k) Retirement Plans." In

Pension Design and Structure: New Lessons from Behavioral Finance, ed. Olivia Mitchell and Stephen Utkus, 83 - 95. Oxford: Oxford University Press.

37. Iyengar, Sheena S., and Mark R. Lepper. 2000. "When Choice Is Demotivating: Can One Desire Too Much of a Good Thing?" *Journal of Personality and Social Psychology* 79 (6): 995 - 1006.

38. Karlan, Dean, Margaret McConnell, Sendhil Mullainathan, and Jonathan Zinman. 2010. "Getting to the Top of Mind: How Reminders Increase Saving." NBER Working Paper 16205, National Bureau of Economic Research, Cambridge, MA.

39. Kast, Felipe, Stephan Meier, and Dina Pomeranz. 2012. "Under-Savers Anonymous: Evidence on Self-Help Groups and Peer Pressure as a Savings Commitment Device." IZA Discussion Paper 6311, Institute for the Study of Labor, Bonn.

40. Kling, Jeffrey R., Sendhil Mullainathan, Eldar Shafir, Lee Vermeulen, and Marian Wrobel, 2008. "Misperception in Choosing Medicare Drug Plans." Harvard University working paper, Cambridge, MA.

41. Kusko, Andrea, James Poterba, and David Wilcox. 1998. "Employee Decisions with Respect to 401(k) Plans." In *Living with Defined Contribution Pensions: Remaking Responsibility for Retirement*, ed. Olivia Mitchell and Sylvester Schieber, 98 - 112. Philadelphia: University of Pennsylvania Press.

42. Lusardi, Annamaria, Punam Anand Keller, and Adam M. Keller. 2008. "New Ways to Make People Save: A Social Marketing Approach." In *Overcoming the Saving Slump: How to Increase the Effectiveness of Financial Education and Saving Programs*, ed. Annamaria Lusardi, 209 - 36. Chicago: University of Chicago Press.

43. Madrian, Brigitte C., and Dennis F. Shea. 2001. "The Power of Sug-

gestion: Inertia in 401(k) Participation and Savings Behavior." *Quarterly Journal of Economics* 116 (4): 1149 - 87.

44. Mills, Gregory, William G. Gale, Rhiannon Patterson, Gary V. Engelhardt, Michael D. Eriksen, and Emil Apolstolov. 2008. "Effects of Individual Development Accounts on Asset Purchases and Saving Behavior: Evidence from a Controlled Experiment." *Journal of Public Economics* 92 (5 - 6): 1509 - 30.

45. Mitchell, Olivia S., Stephen P. Utkus, and Tongxuan Yang. 2007. "Turning Workers into Savers? Incentives, Liquidity, and Choice in 401(k) Plan Design." *National Tax Journal* 60 (3): 469 - 89.

46. Munnell, Alicia H., Annika Sunden, and Catherine Taylor. 2001. "What Determines 401(k) Participation and Contributions?" *Social Security Bulletin* 64 (3): 64 - 75.

47. Nessmith, William E., Stephen P. Utkus, and Jean A. Young. 2007. "Measuring the Effectiveness of Automatic Enrollment." Vanguard Center for Retirement Research, Malvern, PA.

48. Papke, Leslie E. 1995. "Participation in and Contributions to 401 (k) Pension Plans." *Journal of Human Resources* 30 (2): 311 - 25.

49. Papke, Leslie E., and James M. Poterba. 1995. "Survey Evidence on Employer Match Rates and Employee Saving Behavior in 401(k) Plans." Economics Letters 49 (3): 313 - 17.

50. Shafir, Eldar, Itamar Simonson, and Amos Tversky. 1993. "Reason-Based Choice." *Cognition* 49 (1 - 2): 11 - 36.

51. Soman, Dilip, and Amar Cheema. 2011. "Earmarking and Partitioning: Increasing Saving by Low-Income Households." *Journal of Marketing Research* 48 (S1): S14 - S22.

52. Tversky, Amos, and Eldar Shafir. 1992. "Choice under Conflict: The Dynamics of Deferred Decision." *Psychological Science* 3 (6): 358 - 61.

53. VanDerhei, Jack, and Sarah Holden. 2001. "Contribution Behavior of 401(k) Plan Participants." *Investment Company Institute Perspective* 7 (4): 1 - 19.

第十一章　中低收入国家实施匹配缴费方案中的问题

Robert Palacios，Mike Orszag

【内容提要】

许多国家的经验表明，实施匹配缴费方案可扩大养老金计划覆盖面，并提高养老储蓄水平。当然，这些结论主要代表实施了较长时间的全国性计划的几个发达国家的经验。这些计划处于公共和私营机构运作规范、金融信息管理系统较完备的环境中。因此，实施养老金匹配缴费方案时需要慎重考虑，确保环境和制度相关参数具备可行性。相关环境包括法律制度、机构、保持和管控个人账户信息的系统、有效投资能力、规划预见能力以及对匹配缴费支出的掌控能力。方案设计参数包括福利水平目标、所需的总缴费水平、匹配缴费水平、领取年龄、积累和领取规则，需随收入增长、正规部门规模扩大和人口老化而相应调整。

为应对社保覆盖面窄的挑战，越来越多的中低收入国家开始寻求改革养老金领取与工薪税支付挂钩的传统社保模式。对目标群体或全部老人提供现金转移支付成为应对覆盖面缺口的主要措施之一，尤其在社会救助项目并不普及的国家。另一种方法是采取措施鼓励个人尤其是自由职业者和非正规部门员工加入缴费型社保方案。

这些方案可视为一种自愿型缴费养老金计划。在发达国家，牺牲当前消费或资产流动性用于养老储蓄的主要动力来自税优政策，常见的税优政策包括养老金计划缴费延迟纳税政策或免税政策。税优政策的成本常列为“税收支出”。在OECD国家中，比较常见的是缴费可享受税收减免，而极少数国家（如土耳其）采用税收积分。尽管这些税优政策通常难以达到预期成效，但自愿型私营养老金计划的参与率却与税优政策直接相关。

在公共政策中，以税收支出鼓励养老储蓄的终极目标是使部分群体获得充足的养老金收入。其中隐含的前提是这类激励措施会使养老储蓄呈现净增长。正如此前章节所示，实证研究结果是综合性的，有的研究表明存在正的储蓄效应，有的研究则表明仅改变了储蓄结构而已。同时，累进个人所得税下的税收减免优惠对高收入群体而言是一种补贴，尤其当享受税优的储蓄替代原有储蓄时，导致税优成效倒退。

在低收入群体的边际税率极低甚至为零的国家，税优政策对加入养老储蓄计划并无实质性推动作用。较贫穷的国家，因为纳税人数量很少，大多数人无法享受税优激励。因此，税收补贴优惠政策在发达国家的成效也有限，仅对较高收入群体有效。

另一种方法是直接提供补贴，不考虑个人收入状况，即对个人养老缴费直接提供匹配缴费。这种方法在一些中低收入国家如哥伦比亚、墨西哥、秘鲁、中国和印度等比较常见，也有一些国家开始立法实施匹配缴费计划。由于尚处于起始阶段，目前还难以评判该政策的成效。

在某种程度上，多数发展中国家主要是借鉴部分发达国家如美国、德国、新西兰等扩展自愿型私营养老金计划的成功经验，来实施这些新方案。而发达国家的成功经验基于不同的社会和政策环境，但都拥有历史悠久且覆盖面广的国民养老金计划为绝大多数人提供最基本、最低的老年收入保障。多数国家在企业/职业年金计划中提供匹配缴费，其企业/职业年金处于法规较健全、金融市场与机构结构较完善的运营环境中，具备合理、功能明确的金融服务和产品市场，行业充满活力且竞争充分，投资机构能够提供完备的信息记录和养老资产管理。此外，这些国家产权和金融资产第三方管理相对有效，也有可发布与控制个人身份证号码的社保和税收信息管理系统的支持，能及时记录和追踪交易情况，确保缴费和领取信息可靠和完整。

匹配缴费不限于DC计划，但在发展中国家实践中有许多变通措施，由于非正规部门员工的收入不稳定且收入情况难以追踪，难以实施DB或准DB计划。因此，本章聚焦分析匹配缴费DC计划（以下简称MDC计划）。本章评估了低收入国家设计匹配缴费计划的关键挑战、基本的条件要求和一些关键参数，当然，政策设计还必须预测长期内外部条件的变化。

一、挑战

大量文献研究了非正规经济的驱动因素（如Loayza 1997）。“非正规经济”的概念本身就是一个挑战（Godfrey，2011）。劳动力市场和经济活动的挑战是多维度的、综合研究方法，也超出了单纯社会保险政策的研究范畴。但是，缴费型或以工薪税为基础的社保方案的变化对正规就业部门的参与率具有重要影响。研究表明，相关激励措施影响较大，尤其是边际效应明显（Auerbach，Genoni和Pagés 2007）。

几十年来，政府和社保管理机构力求通过传统社保模式扩大社保覆盖面。在农业和小企业为主的经济体中，传统社保模式依赖于强制参与和收取工薪税。在多数情况下，法律强制还无法触及大多数非正规就业劳动力，就算能起作用，还是会有许多人逃避缴费从而使参与率很低。因此，社保意义上的养老金覆盖面主要由正规就业部门的规模决定。

向养老金计划缴费的员工人数占比在低收入国家约为1/10，在中等收入国家约为1/3（主要取决于具体指标的定义）。转型经济体的覆盖面更广，这主要是老制度遗留下来的，原来各州就是主要的雇主，但由于州政府逐渐退出且非正规就业占比日益上升，导致社保覆盖面不断下降。[1]

1. 转型成本

按照指标定义，非正规部门员工不在传统社保或强制型社保之列。在低收入国家，新的匹配缴费 DC 方案要求自愿加入。值得注意的是，参加自愿型计划的转型成本相当重要。应寻求降低转型成本的解决方案，允许收入来源变化大的员工采用灵活的缴费方式和缴费水平。

印度经验表明，有两种措施可以降低转型成本。首先是尽量充分利用正规部门的基础设施与制度，包括信息记录与保存、基金投资管理系统，管制与监督重合的部分也可以使用。印度用于公务员计划的基础设施后期也对非正规部门开放，这大大降低了扩大覆盖面的边际成本（有些专门用于非正规部门方案的内容，如缴费收取系统等需加入设计中）。

政府方案也可采用规模导向的方式，尤其是针对特定群体提供补贴的方案。2006 年墨西哥前总统 Vicente Fox 提议为 Oportunidades 方案中劳动年龄的家庭成员提供匹配缴费，但该方案最终未能付诸实施。这种方法的优势在于可以利用现有信息记录和支付体系。从原则上讲，采用针对特定人群的方案有助于控制财政成本，提高补贴的成效。

印度降低转型成本的另一策略是适用现有针对各类人群的系统与设施，包括日薪员工联盟到小微金融机构。这些团体一般会要求其成员登记并有定期的互动沟通，新增加一项交易的成本极低。在这样系统中增加团体记录和缴费信息流，成本相当低。

2. 便携性及与正规金融部门的接触途径

许多非正规部门员工的工作经常变动，收入也不稳定，农民可能迁移到城市获取正规就业岗位，继续留在农村的农民为季节性收入，或年内某段时间迁移，或者二者兼而有之。自由职业者可进入正规部门或非正规部门就业。非正规就业岗位具有临时性、不稳定的特征，特别要求养老金计划缴费具备较强的可携带性和灵活性。

非正规就业员工也很少有机会接触正规金融部门，因此，传统上依靠银行或保险公司收取保费的方式对他们不太适用。在考虑提升金融服务包容性时，需考虑发动村庄银行联系人或难以触及的群体。在联络缺乏金融知识和对正规金融机构缺乏了解的群体时，跨越传统模式的新技术可能奏效。例如，肯尼亚 Mbao 养老金方案将技术与普惠金融有机结合（使用手机缴纳社保费、查询账户余额），努力向现有群体推广（非正规就业协会成员），该方案还大大降低了小额缴费的成本（ISSA 2011）。

3. 扩大服务范围

技术要求政府或私营部门前期投入，除技术外，向边远地区和文盲人员推广还需信息和教育宣传活动，需进入主流媒体无法接触的社区。无论由公共部门还是私营部门负责，宣传推广活动的成本都很高。在中国，负责实施新农保的基层政府承担此项成本。在印度由非政府组织和其他获得推广资格的推动者负责实施。

4. 金融需要与资源

大多数低收入员工储蓄能力较低，且资产流动性和预防性储蓄偏好和动机强烈。在非正规就业占主流的低收入国家，收入分配中长期储蓄的潜力具有显著变动性。但是，在收入最低端群体，许多家庭处于勉强维持状态，面对不确定收入预期，期待他们放弃储蓄处置权不太现实。在中等收入国家如墨西哥，有些针对穷人的方案也将具备一定储蓄能力的人纳入其中。

其他影响参与率的因素还包括其他保险方案的覆盖面。与正规就业部门员工不同，很少有非正规部门员工享有医疗或其他保险保障。他们必须自己承担各类风险，因此降低了长期储蓄能力。扩展养老金计划覆盖面的努力与医疗保险覆盖面之间的潜在关联性还未深入研究。

5. 激励措施

最后一大挑战就是补偿较高折扣率的刚性需求。决策者需考虑的关键问题是目标群体参与的灵活性。秘鲁的一项研究表明，当被问及“如果个人缴费能获得补贴，个人缴费意愿如何时?”受调查者的回复结果很直观（见图

11—1)。当补贴额度较高时，各种收入水平的员工都愿意缴费；但如果补贴额度翻倍时，其边际效应并未成比例地增长。如果实际储蓄行为与回复一致，则补贴会对参与率产生重大影响，按照 1∶1 匹配缴费，收入在最低的 4 个分位人员的参与率会从 10%提高至 60%。遗憾的是，人们的回复与实际行动往往不一致，难以根据问题回复结果有效预测实际情况。[2]

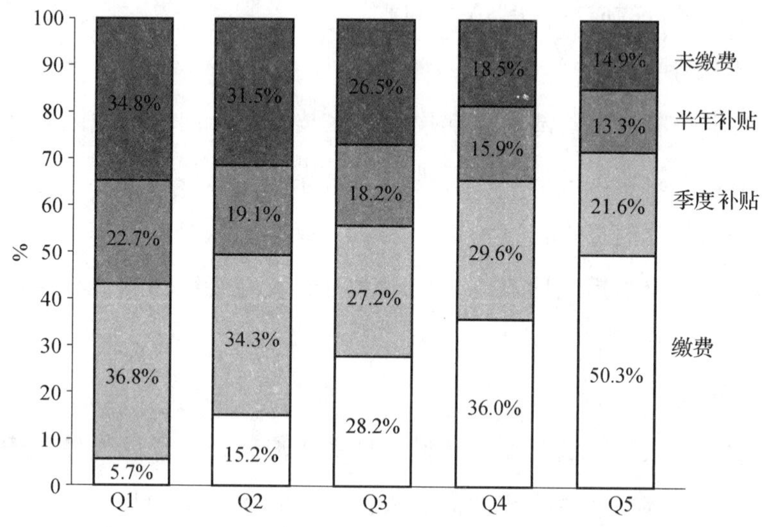

图 11—1　秘鲁补贴对养老金方案参与率的影响（按收入分位）

资料来源：Pagés 2012。

注：Q1 是最低收入分位，Q5 是最高收入分位。

二、实施条件

匹配缴费 DC 方案发挥作用需要 4 个关键的条件：

• 目标群体具有所需的选择能力。若个人无法理解如何运用匹配缴费并且持续地针对激励措施做出有效选择，则 DC 计划的灵活性会成为潜在的麻烦而不是福利。

• 管理系统。追踪个人缴费记录，保持账户记录，能回应个人选择需求的管理系统非常关键。若管理系统不能处理应对复杂的选择，或以较高成本实施额外的选择和匹配缴费方案，DC 计划和匹配缴费方案的优势就会大打折扣。

• 可靠的治理结构。能确保缴费选择与投资选择设计合理，使制度具有前瞻性。如果选项设计不合理，个人难以对激励措施做出预期的反应。若管理系统和流程不充分，对系统的信心难以持续。这些都要求功能完善且可靠的治理结构，包括预测及评估使系统适应外部环境变化。对任何养老金体系而言，都要求与政治压力隔绝以确保资产受到保护，激励措施不为达成短期政治目标所操纵。

• 可持续性。系统可持续性要求具有合理稳定的政治环境，方案要持续产生预期成效，经历时间考验，方案的设计尤为重要。养老金制度安排要在缴费和领取之间经过长时间的运作考验，如果不持续，则不能保障退休收入安全。若涉及财政收入或税优政策，期望达到一定覆盖面的匹配缴费方案必然有相当数量的财政投入。保持制度和方案的公信力需要连贯一致的治理与政策支持。

匹配缴费 DC 方案还需具备如下一些结构性的条件，这些条件也是所有 DC 计划必需的，但对匹配缴费 DC 方案更为重要。

• 长期资产分类与养老金投资需求保持一致。成功的匹配缴费 DC 计划中，参加者的投资需求必然多种多样。目标群体在年龄、收入情况、流动性偏好和其他风险管理价值观方面差异明显。要满足多样化的需求，资产投资范围需包括流动性强的短期投资工具和能抵御时间风险的长期投资工具。而匹配缴费条款可引入短期缴费，要达到保证老年收入安全的长期目标必然要求同样范围的长期金融产品。没有投资产品做基础而单纯地引入缴费，很可能会在养老储蓄方面无明显优势，使系统成本高昂。

• 金融市场与金融机构高度发达、监管有序。对金融系统可靠性的认知和长期的信心是匹配缴费方案成功的关键。尤其在发展中国家和转型经济体中，只有通过合适的产品和有效的监督与管制才能形成这种观念。如果公众对制度和方案缺乏长期的信心，参加者会在获得激励的匹配缴费之后迅速退出，这将严重削弱制度达成长期目标的能力，使政策支持的持续性受到威胁。国家的金融体系需要足够发达才能有效处理流入 DC 体系的资金，同时也需考虑资产管理架构之外更为广泛的问题。金融中介如理财顾问在帮助客户选择合理的投资方式上扮演着重要角色。可靠的第三方管理机构提供审计、信息披露制度和个人账户报告等也是成功的必要条件。

• 有效的工具和政策框架确保储蓄积累额能转为可靠的收入。建立匹配缴费方案的另一重要目标是将账户积累额转为持续的收入流。最理想的状态是参加者通过高效的年金市场管理长寿风险，同时从已积累的资产中持续获益。但现实难以如此完美，市场效率不高时，变通的方案通常包括采用计划逐期领取或强制最低年金或延期年金购买的政策框架和相关工具。关键条件是须具备清晰的政策框架，确保匹配缴费方案的储蓄额中绝大部分能够有效地转化为某种形式的老年收入。

实施匹配缴费 DC 方案的要素可以总结为如下 7 个“C”：

• 沟通（Communications）。缺乏有效沟通，个人无法做出有效的当期决策并提升未来个人的决策能力。

• 复杂性（Complexity）。个人能够做出简单决定但是难以做出复杂的决策。

• 社区（Community）。朋友和家人是影响决策的关键人物，是匹配缴费方案获得成功的重要社会经济因素。

• 信誉（Credibility）。制度需要良好信誉且持续地有效运作。

• 补充（Complements）。与其他储蓄投资工具一起产生养老收入。

• 文化（Culture）。需与社会形态和其他社保制度的历史发展相一致。

• 联系（Connection）。中介是产品与客户之间的纽带和桥梁，在帮助个人有效决策方面发挥着重要作用。

匹配缴费 DC 方案可能面临的困难和问题如下：

第十一章　中低收入国家实施匹配缴费方案中的问题

• 政府发起的匹配缴费方案包含了政府的信誉，因此，预计覆盖面很广，尤其当匹配缴费方案的主要目标是提高方案参与率时，难以接受任何失败。方案实施者推动人们参加的压力很大。

• 匹配缴费会加大方案的复杂性。若个人在没有匹配缴费时面临决策困难，对有匹配缴费的方案决策会更加困难。这种复杂性会增加管理负担，使治理安排难以奏效。

• 对管理机构而言，匹配缴费方案具有较强的自主性，一旦政府或另一方完成支付，就可能发生需付给消费者以外各方的费用。例如，中介可能收费较高，雇主可能限制加薪，或因实施匹配缴费方案而削减其他福利项目。

匹配缴费方案面临更多实施的挑战，且运作环境相当重要。以下将重点探讨选择的能力、管理系统及有效治理等问题。

1. 了解信息后的选择

如果个人难以决策养老储蓄这类复杂问题，要个人对复杂的匹配缴费方案做出选择无疑难上加难。2005 年，Watson Wyatt 在英国开展了一项调查，其中一半调查者获得按年龄测算的年金结果，要求其就平准年金和指数化年金两种方式进行选择，另一组调查者面临同样选择。图 11—2 和表 11—1 是提供给个人选择的年金测算结果展示。

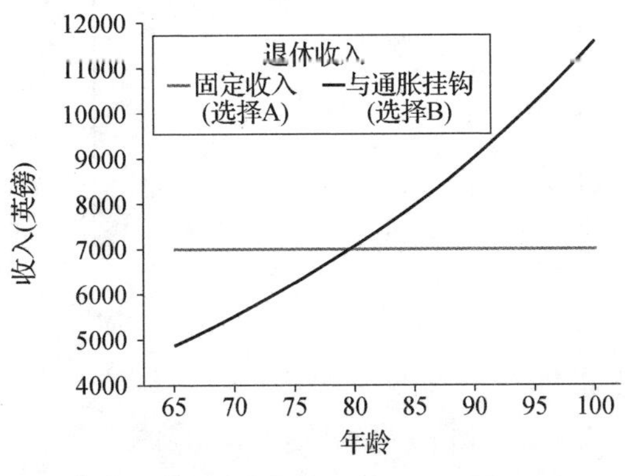

图 11—2　年金选择的图形展示

资料来源：Watson Wyatt Limited 2006。

表 11—1　　以表格形式展示的年金选择

年龄	平准年金领取额（英镑）	通胀挂钩年金领取额（英镑）
65	7 000	4 900
70	7 000	5 500
75	7 000	6 300
80	7 000	7 100
85	7 000	8 000
90	7 000	9 000
95	7 000	10 300
100	7 000	11 600

资料来源：Watson Wyatt Limited 2006。

图 11—3 展示了调查结果。根据表 11—1 展示的测算结果选择平准年金的人数占比 65%，而根据图 11—2 选择的仅 48%；很明显，可选方式的信息表达形式对行为具有重要影响。

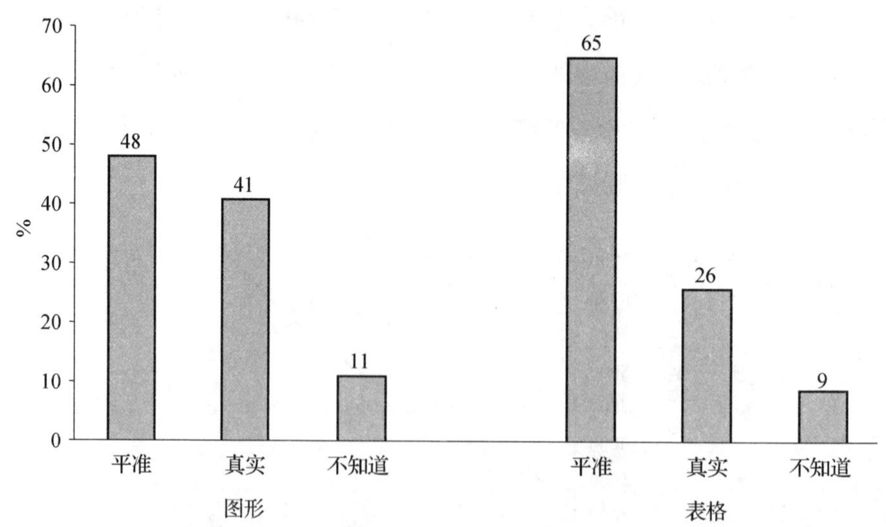

图 11—3　不同年金的选择

资料来源：Watson Wyatt Limited 2006。

由此推断，针对匹配缴费的缴费水平也呈现一分为二的类似情况。个人缴费水平对进入账户资金流的影响可用图形或表格形式描述。虽然图和表中总的数量相等，但个体的决定有所差异。

Towers Watson 用不同时期的数据说明了沟通在决策中的重要性。本研究发现，沟通计划与匹配缴费方案本身对决策的影响更大。对48个公司30.6万员工的个人数据的分析表明，沟通对参与率和缴费额度具有重要影响。总体上，沟通程度高能大幅提高参与率，虽然沟通程度低好过没有任何沟通。对沟通如何影响DC计划参与率，不同年龄的变化并不显著，因此，沟通对所有年龄群体都很重要（Towers Watson 2011）。主要原因在于如果缺乏有效帮助，个人难以正确解决复杂问题。例如，当2003年 Towers Watson 询问调查者“什么投资工具能最大限度地应对通胀风险?”时，仅19%的人正确回答是“指数化债券”，英国20多年来的实践证明了指数化债券的成效。

多国市场经验表明，个人难以做出技术含量高的决策，而如果匹配缴费是非线性的，则匹配缴费方案自然就有较高的技术难度。大量证据表明，个人靠直觉判断可以更好地决策。德国、荷兰和英国的经验表明，个人可以通过“仪表盘”调整其养老选择。相关调研根据所需收入、退休年龄、风险承受力设计出仪表盘，使个人可以在风险与收益之间寻求平衡。研究追踪了个人决策过程，不时询问个人为什么决定改变。在这三个国家中，调查者回复认为调查在长度、理解、相关性和沟通方面的评价为“优”的占比分别为99%，83%和96%，“平均”为96%。这些决策表明，个人偏好多种多样，尤为青睐安全性（Towers Watson 2009）。

决策所处的社会环境异常重要。这在澳大利亚、德国、荷兰、英国和美国半试验性质的调查中得以印证。为个人提供不同储蓄水平的默认选择：部分人没有默认选择，其他人则有低、中默认选择，高水平的默认选择不说明是谁决定默认选择。其他人则被告知默认选择由雇主、朋友或家人，或理财顾问决定。研究结论很惊人，与其他研究的结果相比，在不知道谁提供默认选择时，默认选择对个人储蓄（平均值或中位数）的影响不大。例如在美国，缺乏默认选择时，平均储蓄率为6.3%，而在未提供默认选择的背景信息时，在默认选择水平分别为低、中、高时，平均储蓄率分别为6.1%、5.6%和6.7%。所有国家的默认选择下的结果与没有默认选择时的结果差异不明显，但是，如果告知提供默认选择的背景信息如个人听说是雇主建议的默认选择，则结果就会有较大差异。有趣的是，相关结果在不同国家之间差异很大，这反映出公众对制度和方案的信誉与信任程度。有些国家，人们高度信任理财顾问；而在有的国家，人们对理财顾问提供的高储蓄建议持怀疑态度。

总之，当人们在令人迷惑的选择中找寻值得信任的信息时，值得信赖的一方以默认选择或匹配缴费条款提供明确的指引，不仅具有参考作用还将产生较强影响。在匹配缴费方案中，提供匹配缴费的一方相当重要。例如，由令人信赖的雇主提供匹配缴费，则对储蓄的影响远高于不被信赖的政府提供的匹配缴费。因此，由值得信任的一方设计匹配缴费条款和其他选择项目是有效实施匹配缴费方案的先决条件。

若个人精通如何有效选择，则匹配缴费的必要性不大。因此，个人具备精准的选择能力这一条件非常重要但永远无法完全满足。匹配缴费相对于默认选择的优势在于使个人更多地自主选择且能帮助个人学习提升。因此，实施匹配缴费方案的关键是具备监控和评估选择行为确保不断提升的能力，同时，与时俱进不断完善系统也很重要。

2. 管理

匹配缴费方案对纪录保持与管理提出了挑战。任何新增支付项目都必须准确记录，归入个人账户并准确地投资，同时，需向参加者披露账户缴费与余额信息。系统及管理中出现任何错误都会降低公众的信心。若系统不能有效处理复杂的选择或处理成本过高，则会使DC计划和匹配缴费方案丧失优势。

管理成本是DC计划成本的重要组成部分。大量文献集中分析了如何通过指数基金和其他方法降低投资成本，但实践表明，大量成本集中于管理、记录保持和营销。因此，降低管理成本成为匹配缴费方案成功实施的重要条件。

降低管理成本的重要措施是依托IT平台。长期观察发现，个人更加青睐纸质版报告，电子化沟通方式只适用于部分人。在高收入国家，消费者一般不会通过网络购买期限长的金融组合产品如养老金和保险。因此，仅仅依靠信息技术降低管理成本也有一定困难。

个人需要获得直接的服务，需要向了解他们的疑问并能帮助分析和决策的人咨询。信誉良好且经验丰富的金融机构有助于实施匹配缴费计划；若客户服务外包或采用“离岸方式”，个人相当关键。权衡客服外包或离岸服务的成本与收益时，应考虑人们认为遥远的服务会损害系统的风险。

匹配缴费DC方案中IT系统的质量很关键。错误配置或交易与支付信息缺失是引发参加者焦虑和造成压力的主因。由于个人缴费变化需与匹配缴费变化联系起来，整合匹配缴费相关记录是非常重要的。每笔缴费的信息都需要准确记录，任何错误都会造成较大的负面影响，尤其当客服未达到一定标准时。

3. 治理

高质量的治理体系要求提供好的选择及优质的管理系统。若选择与目标群体的偏好和行为特征相符，但未能随个人偏好和行为变化而调整，也难以持续。若管理系统和流程不可靠，也会损害公众信心。若一国在DC计划基础上实施匹配缴费DC方案，会面临新的治理问题的挑战，即匹配缴费会提出之前非匹配缴费方案没有面临的新问题。首先，匹配缴费方案需要有充分的预见性和匹配缴费比例设计策略。其次，需要持续地监控匹配缴费方案的参与率和策略的整体成效，沟通方案设计，预测管理方式并监控成本。尤其需要确保由金融中介和其他服务供应商推动新增缴费的成本不能过高。

有效应对上述挑战需要资源和基础数据、系统特定的法规及相关各方的有效协同。应对治理挑战的主要方法如下：

- 事先界定可追踪且可评估的、衡量成功的标准（如覆盖面）。
- 围绕匹配缴费方案的管理发展和治理评价，建立人力资本衡量指标。
- 确定适合的服务标准，包括管理条款等。
- 建立与其他市场最佳实践的对比/衡量机制。
- 建立参加者定期反馈机制。
- 事先制订计划与回顾流程，讨论可能产生的问题。

以上方法的共同点在于事先规划，因此，匹配缴费方案从运作到实施都需探讨治理问题。

DC 养老金计划的治理所需的专业技能常常被低估。首先，需理解投资选择，决定个人选择，选择与评价基金经理表现的专业知识；其次，需了解建议流程如何发挥作用，有效监控确保个人在信息充分的情况下决策，且践行市场最佳实践；最后，正确理解管理系统如何更好地适用于 DC 计划。总之，匹配缴费方案的各类选择使其管理天生就很复杂。加之个人对传统养老金计划的福利不了解，进一步加大了复杂性。

三、基本参数

影响匹配缴费方案选择设计的相关条件因国家而异。表 11—2 列出了 3 个例子予以说明。第一个例子是低收入国家人口年轻且覆盖面低。第 2 个是中等收入国家，人口老化、覆盖面大但仍存在老年收入缺口。第三个是东欧和前苏联转型经济体，这些国家处于人口转型发达阶段，相对于其收入水平而言，覆盖水平较高；在许多转型经济体中，由于就业水平下降和非正规就业部门的扩大，覆盖面仍在下降。

表 11—2　　　　影响匹配缴费 DC 方案的选择设计的基本条件

国家类型	按购买力调整的人均收入，2008（美元）	覆盖率（%）	20～59 岁人口与 60 岁及以上人口占比（%）
低收入国家	>4 500	17	7.6
中等收入国家	4 500～15 000	51	6.3
转型经济体	2 000～20 000	66	3.7

资料来源：作者根据 World Development Report 数据计算（http：//data. worldbank. org/data-catalog/world-development-indicators）。

这些状况对匹配缴费 DC 方案的长期和短期运作皆有影响。有观点认为，匹配缴费激励措施会引导员工从正规部门转至非正规部门就业，这对中等收入国家构成的威胁大于低收入国家，尤其是匹配缴费方案主要针对最低收入群体时。在中等收入国家和转型经济体中，由于覆盖面扩大到了收入底端，从正规部门转进转出及利用制度套利的倾向更加明显。实际上，由于个人状况频繁变化，会逐渐脱离目标群体，需特别关注从匹配缴费 DC 方案转至传统缴费模式的潜力。相比而言，低收入国家中最低收入群体与最高收入群体之间很少有互动，最高收入群体都享有社保且多在公关部门工作。

类似地，在低收入国家中，固定的匹配缴费额度应低于正规部门员工缴费的工资基数标准。典型例子就是哥伦比亚的匹配缴费方案。[3] 中国新农保方案的养老金标准与城镇职工的无法同日而语。

在中等收入国家，匹配缴费不应设置在容易使人们决定是否转至非正规部门就业的临界点。这种情况有时会在自由职业者或小企业雇主与员工串谋时出现。这种潜在问题的解决对策是定位于法律上或事实上游离于传统缴费方案之外的目标行业/职业群体。另一种对策是定位于现金转移方案保障的家庭成员、现有的信息记录和参加资格标准。这对已达成一定收入水平或达到一定年限的保障方案覆盖的家庭成员特别有吸引力。因成员享有补贴的期限是有限制的，员工可能已习惯于既定的缴费流程，可以在脱离方案后继续缴费。

当前的贫困线标准、预期寿命、目标福利水平、缴费水平、领取年龄、积累期限规定及指数化标准等也是影响匹配缴费 DC 方案的参数。

1. 目标福利水平

由于匹配缴费 DC 方案采用完全基金积累制，缴费水平最终由目标福利水平决定，设计匹配缴费 DC 方案参数要从目标福利水平设定开始。

从公共政策设计视角看，合理的目标福利水平是指在整个职业生涯内大部分时间正常缴费的人，应积累充足的福利，可使退休后收入高于贫困线。[4]不同国家贫困线的定义各异。另一重要差别是绝对贫穷和相对贫穷。在低收入国家，定位于绝对贫穷群体更加合理；在高收入国家，定位于相对贫穷群体。不论哪种情况，目标福利水平应包含其他收入来源或将达成目标的全部希望寄托于匹配缴费 DC 方案。考虑老年人的不同需要和家庭内部动力可能会有所帮助。

最佳方式就是按照客观标准设定目标福利水平，如人均收入或基本贫困线的经验数据（与政策决定因素如最低工资相对应）。由于参数设计可以与现行缴费与非缴费的社保制度或者社会救助方案保持一致，这就可以使养老金制度设计保持连贯性。如果无法清晰合理地设定目标福利水平，则很容易使方案被随意改变，或受政治操控，抑或二者兼有。会损害方案的既定目标包括可持续性，从长期来看还会降低方案的信誉。

2. 缴费

非正规部门员工的缴费与收入之间没有直接关联。一般缴费标准是固定金额，或设为几个档次标准。匹配缴费也有相应的上限规定。以下会探讨缴费的指数化调整机制和福利的指数化调整机制。

达到目标福利水平所需的缴费来自个人和政府，需准确计算。但计算包括投资回报率和年金因素等一系列假设（尽管并非强制年金化，但测算时需考虑将账户积累额转化为达到目标福利水平的收入流），过程相当复杂。收益（通常指扣除费用后的净收益）依赖于账户管理人收入的管理费和投资业绩。

相关测算需估计与结果的较大偏差。Shah（2005）展示了运用资产历史价格与 Monte Carlo 模拟方法测算的案例。每个国家的测算都不尽相同，当地市场环境的差异需要不同的缴费水平。[5] 在设定匹配缴费水平时，需决定目标群体或预算限制，或者同时考虑二者。

3. 领取年龄

领取年龄是相对于退休年龄而言的。很多（非大多数）匹配缴费 DC 方案参加人会在退休后继续工作，但他们保持收入水平的能力相当有限。匹配缴费 DC 方案积累的基金可以部分补充个人退休收入甚至成为其唯一的收入来源。领取年龄也适用于从未在家庭以外工作过的人。

在低收入国家，在健康状况和预期寿命上，正规养老金计划覆盖群体与匹配缴费 DC 计划覆盖群体尤其是特定方案的群体存在较大差异。若规定需达到正规部门退休年龄才能领取匹配缴费 DC 计划养老金，这对非正规部门员工不利，因其可能由于劳动力减弱使收入减少需更早动用储蓄。在中等收入国家，正规部门员工与非正规部门员工有较大重叠，这些差别无法判断年龄限制的差异。

4. 积累规则

积累阶段的规则与投资选择有关。富裕国家公众的金融意识普遍较低。本书分析表明，默认选择的影响程度较高，通过简单组合限制投资选择范围具有优势，可有效弥补金融意识低下的弊端。低风险的工具如政府债券有政府担保因而较受欢迎。与此同时，低风险也意味着低收益。解决方案是将生命周期基金设为默认选择，参加者越接近退休年龄，投资组合越倾向于稳健，风险自动减少。

5. 领取规则

匹配缴费 DC 方案积累额如何在老年阶段或身故前给付，涉及大量与年龄相关的政策决策。账户积累额可以一次性现金领取，也可以部分或全部转化为年金，或者有计划地逐期领取（与年金保险的区别在于无法分散个人长寿风险）。决策时需考虑其他方案如社会救助的申请资格。如果积累额太低不足以购买年金，出于现实的考虑一次性领取。创新的方式就是全民强制年金化以防止逆选择风险。政府可以根据面临问题群体的整体死亡率合理定价。政府可以直接管理年金，也可以在市场竞争基础上将管理外包。

为应对意外支出费用（如健康问题），部分提取积累额可增强方案的吸引力。意外事件难以预测且应对成本较高，不可避免地成为主观需求。对流动性的潜在需求要求全盘考虑员工的风险状况，并尽可能配合采用补充保险方案如健康险等各类保险（团体保险等）。

6. 指数化

通胀情况下，如果没有指数化调整机制，养老金方案的福利水平会降低。即使是不与收入或支出挂钩的绝对贫困线都需要随通胀而调整。因此，目标福利水平（至少名义值）将随时间推移而提升。按照客观指标作福利水平指数化调整时，设定基准值时还应避免随意性。最直观的指标是通胀，也可以采用其他能反映绝对贫困定义变化或考虑架构变化的措施（如健康保险覆盖面的扩展）。

目标福利水平的变化意味着缴费水平的变化。为保证目标福利水平的实际价值，缴费额度需随通胀逐步上升。因此，缴费额可按人均收入增长率为调整指数，尤其在高速增长的经济体中，不会使其与几十年内的大多数缴费群体无关。指数化是现有政策与未来政策，以及匹配缴费 DC 方案在整个养老金体系中作用发挥的纽带。

7. 机构因素

探讨指数设计时不能不考虑机构和其他有关本地的条件，尤其是金融部门的情况，有些国家有专业的供应商及强大的监管能力，使匹配缴费 DC 方案管理运作透明且建立成本较低。而有些国家则不具备建立匹配缴费 DC 方案的条件。相关讨论见 Rocha 和 Rudolph（2009）的专著。

四、长期运营与内部连贯性的规划

养老金天生具有长期性。当收入增加、正规部门规模扩大及人口老化时，上述条件相应变化。这些变化也意味着匹配缴费 DC 方案的角色发生了变革。理想状态下，匹配缴费 DC 方案缴费者应与正规缴费方案缴费者无缝衔接，这需要审慎规划福利的转移路径与可携带性。例如，应协调管理记录，使用常规标准允许携带。有些国家如哥伦比亚、印度和墨西哥（计划中），使用相同的传递系统和信息系统，降低初建成本。

匹配缴费 DC 方案与非缴费计划或社保养老金计划的融合非常重要。越来越多的国家针对老年人引入或扩大了现金转移支付方案的范围。有时，这些方案的目标群体互相之间没有任何关联，或者是收入补贴。而在其他情况下，主要是提供按统一年龄分类的福利，如玻利维亚、博茨瓦纳、巴西（农村地区）、科索沃、马尔代夫和新西兰，规定了老年收入资助的上限且提供短期的简易方法应对覆盖面缺口的挑战。随着人口老龄化的加剧，特别当其定位于不仅仅提供减轻贫困的福利时，这些方案的成本越来越高。[6]

从动态角度看，由于养老金收入是积累几十年后再支付，匹配缴费 DC 方案（总体上所有的缴费型方案）在短期内很少或无法覆盖收入缺口。对目前已经达到退休年龄或已退休老人，只有社保养老金能弥补老年收入缺口。对年轻人而言，匹配缴费 DC 方案缴费型养老金方案的扩展有助于弥补老年收入缺口。

图 11—4 展示了低收入国家社保养老金在不同时期作用变化的例子。为简化起见，假设初期缴费型养老金方案的覆盖面为零。数据显示了统一的社保养老金占首年人均收入约 40％的情况。图 11—4a 展示了个人收入为社会平均收入的 1/3 至 3 倍时的收入替代率，图 11—4b 展示了社保养老金对社会平均收入的替代率。

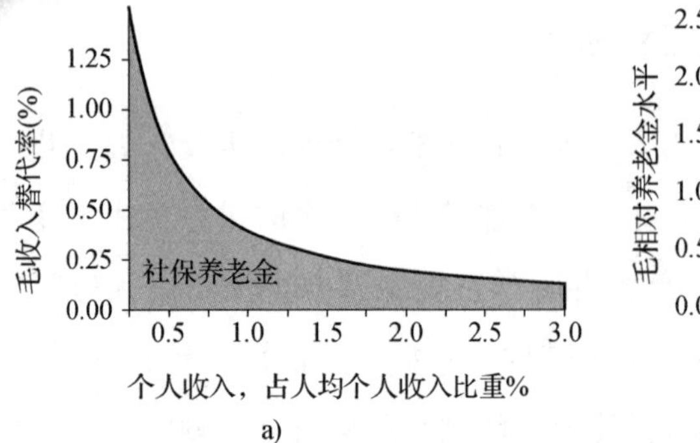

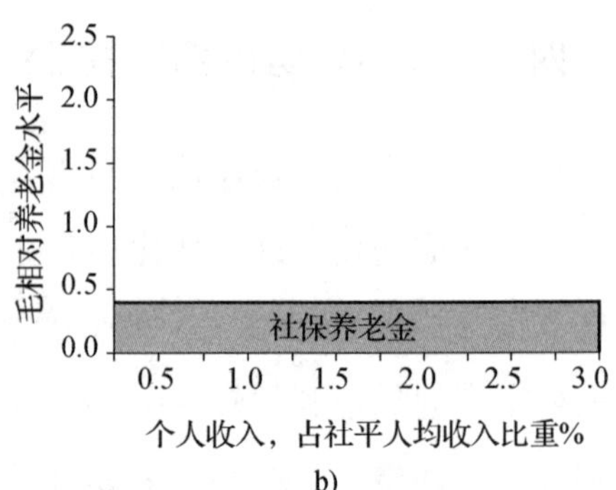

图 11—4 不同收入水平员工收到的统一平准养老金的替代率

a）相对于人均个人收入的收入替代率 b）相对于社平人均收入的收入替代率

图 11—5 展示了 40 年以后的情形。简化的案例展示了将社保养老金初始价值与绝对贫困线直接关联且做指数化调整时的情形。在实际工资增长的合理假设下，社保养老金收入替代率（按社平收入）仅为 10%。缴费型养老金计划的参加者（部分来自匹配缴费）有足够的收入弥补缺口。

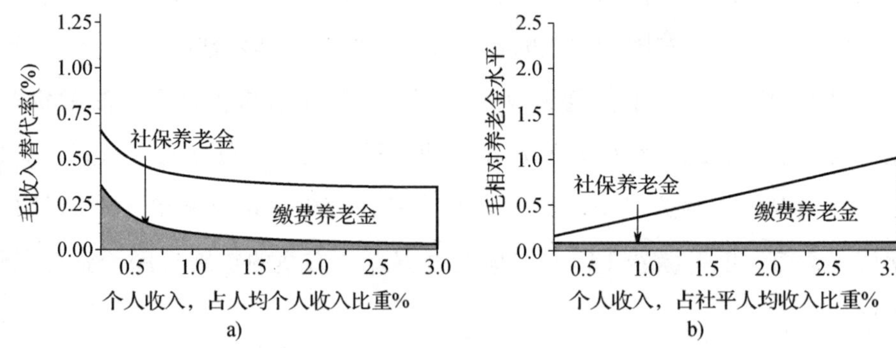

图 11—5 缴费型养老金方案到期后社保养老金的作用

a）相对于人均个人收入的收入替代率 b）相对于社平人均收入的收入替代率

案例中，假设整个周期内按收入的 10%缴费（即缴费以收入增长率为调整指数）。考虑低收入国家净回报与年金因素，收入替代率分别为 40%（按社平收入计算）和 60%（最低收入群体）。

微观研究可以转化为预测匹配缴费 DC 方案长期财政成本的依据。以初始年份为起点，假设替代率为社平收入的40%，非正规就业人数占劳动力总人口的80%，缴费率为收入的10%，其中一半的缴费占GDP的0.8%，假设匹配缴费会促使所有人参加方案。当然，这是过于理想化的假设，目标参与率更多地与图11—1结果一致，大约有一半的非正规就业人口收到匹配缴费，成本占GDP的0.4%。同样的成本也可用于实施专门针对目标群体的补贴方案。[7]其他变量还包括补贴的匹配缴费比例。此前探讨表明，尤其在发展中国家，缺乏证据说明匹配缴费DC方案的参与弹性。

这些成本的路径依赖于匹配缴费DC方案与养老金体系其他内容的相互作用。例如，若随收入增长及正规部门扩张，正规缴费养老金方案可以吸收更多的劳动力，成本就能在不影响整体养老金充足率目标的基础上逐渐降低。补充社保养老金的设计（如智利近年的方案）可进一步降低政府的总成本。因此，匹配缴费DC方案的补贴降低了未来社保养老金的成本。

五、总结

几十年来，低收入国家正规养老金方案的覆盖面未能扩大（有的甚至缩小）。许多国家的经验表明，缺乏社保保障与非正规就业占比提升直接相关。尽管高收入国家经验表明，税收优惠的价值与补充养老储蓄之间的关联性不够显著，但税优政策这类财务激励措施与发达国家自愿型养老金计划的高参与率相伴。在发展中国家，此类激励措施与大部分员工不相关，甚至在分配结果上出现倒退。在相关方案设计中，匹配缴费在吸引低收入和非正规就业者加入养老金体系中更加有效。

在中低收入国家实施匹配缴费DC方案需特别关注外部环境和条件，包括个人对财务激励的反应及做出合理选择的能力、可靠的治理体系、能支持制度平稳运行几十年直至期满给付的政治环境，以及可持续性承诺。制度运营需要具备发达且监管完善的金融体系、适应长期产品储蓄积累且能转化为持续的养老收入的特性。

在中低收入国家建立匹配缴费 DC 方案也需要使制度参数设计与个人需求和目标相匹配，以便个人作出有效选择。设计匹配缴费 DC 方案需要考虑的关键因素包括：缴费收入流和个人缴费水平预测、匹配缴费的规模（尽管实证研究表明不同缴费水平可提升覆盖面的证据不存在）、目标福利水平和领取规则。在设计匹配缴费 DC 方案时，若将其视为可扩大覆盖面额度政策工具（考虑所需资源投入的机会成本[8]），决策者必须从长期角度考虑匹配缴费 DC 方案对现有缴费型与非缴费型方案的影响。否则，匹配缴费 DC 方案会鼓励逃出缴费方案，当缴费方案到期后，为达成公共政策目标，政府需要承担更高的社保成本。

所有因素交织在一起，使匹配缴费 DC 方案的设计更加复杂，因此，在有效实施前必须深入分析论证。

【注　释】

1. 实际上，公关部门就业下降的国家如白俄罗斯，保持了高于按人均收入预测的覆盖面（Pallares-Miralles，Romero 和 Whitehouse 2011）。

2. 大多数资料引自 Duflo 等（2005），专门针对美国低收入员工的研究。

3. 哥伦比亚方案称为“周期性经济福利”，不是法定的养老金，额度不低于最低工资，但需要根据国家的经济形势决定是否发放。

4. 实践中存在缴费缺口（即缴费密度低于 100%），且不同类型员工中有较大差异。可确保在匹配缴费的时间上有一定灵活性，例如，匹配缴费可以是几年累积后一次性缴纳而不是每年缴纳，当然这种操作方式会增加制度管理的复杂性，存在一定的局限性。

5. 详见关于印度经验的专章介绍。

6. 养老金政策的第二大目标是平滑消费。为此，大多数国家采用缴费型方案。新西兰是为数不多的几个至今仍然提供统一养老金的国家之一，其努力引入缴费型养老金来实现平滑消费的目标。

7. 相应地，设计了预算上限，理性参与采用了“先参加先得”的原则。

8. 详见 Palacios 和 Robalino（2009）对参与率弹性的模拟分析。

【参考文献】

1. Duflo, E., W. Gale, J. Liebman, P. Orszag, and E. Saez. 2005. “Savings Incentives for Low-and Middle-Income Families: Evidence from a Field Experiment with H&R Block.” NBER Working Paper 11680, National Bureau of Economic Research, Cambridge, MA.

2. Godfrey, P. C. 2011. “Toward a Theory of the Informal Economy.” *Academy of Management Annals* 5 (1): 231 - 77.

3. ISSA (International Social Security Administration). 2011. *MBAO Pension Plan*. Good Practices in Social Security Series, ISSA, Geneva.

4. Loayza, N. 1997. “The Economics of the Informal Sector.” Policy Research Working Paper 1727, World Bank, Washington, DC.

5. Palacios, R., and D. A. Robalino. 2009. “Matching Defined Contributions: A Way to Increase Pension Coverage.” In *Closing the Coverage Gap: The Role of Social Pensions and Other Retirement Income Transfers*, ed. R. Holzmann, D. A. Robalino, and N. Takayama, 187 - 202. Washington, DC: World Bank.

6. Pallares-Miralles, M., C. Romero, and E. Whitehouse. 2011. “International Patterns of Pension Provision II: Worldwide Overview of Facts and Figures.” Draft, World Bank, Washington, DC.

7. Rocha, R., and H. Rudolf. 2009. “Enabling Conditions for Second Pillars of Pension Systems.” Policy Research Working Paper 4890, World Bank, Washington, DC.

8. Shah, A. 2005. “Pension Outcomes Associated with Alternative Asset

Allocation Under the New Pension System." Unpublished.

9. ——. 2009. *Directions: A New Lens on Retirement Preferences*. http://www.watsonwyatt.com/pubs/directions/.

10. ——. 2011. "Clear Direction in a Complex World: How Top Companies Create Clarity, Confidence and Community to Build Sustainable Performance. 2011 - 2012." http://www.towerswatson.com/united-kingdom/research/6639.

11. Watson Wyatt Limited. 2006. "The Pension Research Forum Research Results: DC Investment Choice—Can Employees Make Appropriate Investment Decisions?" Watson Wyatt Limited, London.

作者简介（按姓氏首字母排序）

NEVIN ADAMS 是员工福利研究所（EBRI）教育与对外事务总监，兼EBRI 退休收入研究中心联合主任。加入 EBRI 前，他是 PLANSPONSOR 杂志和网站全球总编辑。他在养老金领域经验丰富，熟悉 DB 和 DC 计划，担任过Wachovia 银行和 Northern Trust 公司等机构高管。他在德尔堡大学获得法学博士学位。

PAULA BENAVIDES 是智利财政部预算办公室精算与研究部门负责人。此前，她是预算办公室研究部经济学家。2006 年，她领导的团队负责为智利养老金体系改革法案出台提供智力支持。她在智利 Catholic 大学获得经济与商业工程硕士学位。

AXEL BÖRSCH-SUPAN 是慕尼黑 Max Planck 社会法律与社会事务研究所主任，领导慕尼黑老龄化经济学研究中心（MEA）。此前，他是曼海姆大学宏观经济学与经济政策教授、哈佛大学公共政策助理教授。他还担任德国科学院研究员、美国国民经济研究局副研究员。他是德国经济部决策咨询委员会委员。他在麻省理工学院获得经济学博士学位。

LUIS CARRANZA 是秘鲁圣马丁大学经济系主任。此前他曾担任秘鲁政府财政部部长、财政部副部长、央行董事会成员、西班牙对外银行（BBVA）拉美和新兴市场首席经济学家。他在明尼苏达大学获得经济学博士学位。

程杰是中国社科院人口与劳动经济研究所助理研究员。他的研究领域包括社会保障、人口迁移与农村发展、减轻贫困和收入分配。2009 年他在中国农业大学获得经济学博士学位。

MICHELA COPPOLA 是慕尼黑老龄化经济学研究中心（MEA）老龄化社会宏观经济应用研究部负责人。她的研究领域包括人口老龄化和养老金改革对储蓄行为和资产选择的影响。她毕业于意大利罗马第二大学和慕尼黑大学。

ANTOINE DELARUE 是精算师、经济学家，SERVAC 咨询公司创始人，该公司专注于养老金方案设计和社会转移工程领域。在法国，他擅长结合新的分析理念和工具，审计强制养老金计划，后常常导致其发生重大改革或合并。自 1996 年起，他在东欧、中亚、非洲和中美洲很多发展中国家从事社保相关工作。目前他主要从事扩大社保覆盖面的方案设计与实施工作。此前，他是法国政府计划部门和社保管理部门高管。他毕业于巴黎综合理工学院和斯坦福大学，获斯坦福大学应用经济学博士学位。

MARK C. DORFMAN 是世界银行人类发展部养老金团队的高级经济学家，他主要负责养老金、社保和合同储蓄改革方面的工作。自 1999 年起，他在世界银行东亚局工作，出版过许多关于中国养老金体系的著作。他在世界银行工作了 24 年，曾在东亚和太平洋地区、拉美和加勒比地区工作，研究领域包括养老金和金融市场改革。他在沃顿商学院获得 MBA 学位。

RICHARD HINZ 是世界银行人类发展部社保团队的养老金政策高级顾问。他 2003 年加入世界银行，负责社保体系改革与发展，法规、基金式养老金监管，并撰写和编辑了大量的文章和书籍。此前，他是美国劳动部政策研究室（现员工福利保障管理部）主任，负责监管美国雇主养老金和健康保险计划的运营机构，开展经济研究和法律分析。

ROBERT HOLZMANN 是马来西亚大学两年金融保障讲席教授，慕尼黑 Bonn and of the CESifo 集团劳动研究所研究员。他是金融意识与教育、养老金、劳动力市场和移民问题资深顾问。1997—2011 年，他在世界银行多个部门任职，曾担任社会保护局局长。此前，他是德国和奥地利大学的教授，国际货币基金组织、经济合作与发展组织高级经济学家。他在社会、

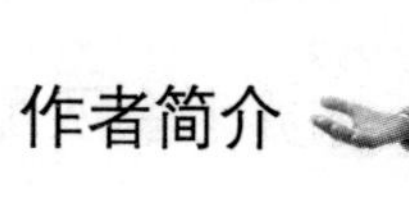

财政和金融政策问题研究方面著述颇丰，已出版了 33 部著作、150 多篇文章。

BRIGITTE C. MADRIAN 是哈佛大学肯尼迪政府管理学院公共政策与公司治理教授，美国国民经济研究局家庭金融研究团队副主任。她主要研究家庭储蓄与投资行为，研究成果已两次荣获著名的 TIAA - CREF Paul A. Samuelson 奖。她在麻省理工学院获得经济学博士学位。

ÁNGEL MELGUIZO 是美洲开发银行（IDB）劳动市场与社会保障部首席专家。此前，他在经济合作与发展组织（OECD）发展中心任美洲区经济学家，参加撰写 OECD 区域性旗舰著作 *Latin American Economic Outlook*。此前他担任西班牙首相经济局高级顾问、BBVA 金融集团首席经济学家，擅长研究拉美养老金改革、财政政策与长期经济增长问题。他在西班牙马德里康普斯顿大学获得公共经济学博士学位。

HYUNGPYO MOON 是韩国发展研究所（KDI）高级研究员。他 1989 年加入 KDI，历任 KDI 财政政策与社会发展部主任、KDI 经济信息与教育中心运营主任。此前他是加州大学伯克利分校访问学者、韩国总统办公室健康与福利处助理秘书。他发表了许多关于韩国社会经济问题如税收与财政政策、社会福利政策、人口老龄化和养老金体系的文章和著作。最近的专著有 *A Comprehensive Study on Constructing and Old - Age Income Security System in Korea*（2007—2008）和 *Socio - Economic Impacts of Population Ageing and Policy Issues*（2004—2006）。1989 年他在美国宾西法利亚大学获得经济学博士学位。

PHILIP O'KEEFE 是世界银行东亚和太平洋地区首席经济学家，兼任人类发展部中国与蒙古局协调员。他在东欧、中亚、印度和尼泊尔、太平洋岛国工作过，主要领域是社会保障、劳动力市场和社会服务。在 1993 年加入世界银行之前，他担任英国华威大学国际经济法讲师。

MIKE ORSZAG 是从事精算与人力资源咨询的 Towers Watson 公司研究

负责人。他是剑桥大学出版社 *Journal of Pension Economics and Finance* 杂志创始编辑，*Oxford Handbook of Pensions and Retirement Income* 的合著者。他获得密歇根大学经济学博士学位、普林斯顿大学文学学士学位。他担任许多科学决策委员会的委员，包括美国波士顿学院退休研究中心和德国 Kiel 世界经济研究所。

ROBERT PALACIOS 是世界银行社会保护局首席社会保障专家、养老金团队负责人。1992—1994 年，他在世界银行养老金部门，作为主要作者之一完成了最具影响力的养老金著作 *Averting the Old Age Crisis: Policies to Protect the Old and Promote Growth*（《防止老龄危机——保护老年人与促进增长的政策》）。自 1995 年起，他在 12 个国家特别是南亚地区从事社保制度运营与相关研究工作。他的研究著述颇丰，主要涵盖老年贫困、健康保险和养老金政策领域。

WILL PRICE 是世界银行高级金融专家。他的研究领域包括养老金制度设计、监督与管制，与成员国家合作解决该领域地区性和全球性的问题。他曾担任英国养老金监管负责人、国际养老金监管技术委员会副主席。他曾任英国财政大臣私人秘书，国际部（DFID）资产、储蓄和财富负责人。他毕业于牛津大学和伦敦大学学院，是英国皇家经济协会和特许保险协会会员。

GEOFF RASHBROOKE 是精算协会会员。他曾在新西兰政府精算部门工作过 5 年，在新西兰社会发展部担任首席政策分析师（5 年）。他现担任惠灵顿维多利亚大学政策与治理研究所助理研究员，国际精算协会养老金、福利与社保委员会委员。他为斐济全国养老基金改革提供精算咨询服务。

ANETTE REIL - HELD 于 2002 年在德国曼海姆大学获得博士学位。她开展了私人转移支付、储蓄行为与公共养老金制度领域的跨学科研究。2002—2008 年，她负责如今的慕尼黑老龄化经济学研究中心（MEA）老年政

策与社会政策研究部门，担任首席运营官。她的主要研究领域是储蓄行为、社会政策。

DALLAS SALISBURY 是美国员工福利研究所（EBRI）所长兼 CEO。他是国家人力资源研究员。如今，他被奥巴马总统任命为养老金福利担保公司顾问委员会委员（在 20 世纪 80 年代末期也获得小布什总统的任命）和该顾问委员会总审计长。Salisbury 先生在经济安全方面有丰富著述与成果。他在华盛顿大学获得文学学士学位，在雪城大学麦斯威尔公民权及公共事务学院获得公共管理硕士学位。

RENUKA SANE 是印度甘地英迪拉发展研究所研究员。她的研究领域包括养老金经济学、家庭金融、金融仲裁和公共政策。她在澳大利亚新南威尔士大学获得经济学博士学位。

NORIYUKI TAKAYAMA 是日本养老金和老龄化政策综合研究机构（Research Institute for Policies on Pension and Aging，RIPPA）杰出研究员、日本一桥大学 JRI 养老金研究讲席教授。他在东京大学获得博士学位。目前为代际利益调整项目（PIE）研究负责人和 CEO。他著述颇丰，多篇文章发表在 *Econometrica* 和 *American Economic Review* 等国际顶级期刊；其代表性著作包括 *Taste of Pie：Searching for Better Pension Provisions in Developed Countries*，*Closing the Coverage Gap：Role of Social Pensions and Other Retirement Income Transfers*，*Priority Challenges in Pension Administration*。他的日语版著作 *Saving and Wealth Formation* 获得 1996 年经济类最佳图书“日经奖”（Nikkei Prize）。

DAVID TUESTA 是西班牙对外银行（BBVA）养老金研究部门首席经济学家。此前他担任 BBVA 研究部门全球趋势研究首席经济学家和秘鲁地区首席经济学家。他曾担任秘鲁财政部国家税务局首席经济学家、秘鲁国家能源监管局董事和 Apoyo 咨询公司经济学家。他的研究领域是公共财政、财政分散、养老金和银行业。

JACK VANDERHEI 是美国员工福利研究所（EBRI）研究总监。他还担任 EBRI 的 DC 部门和参加者行为研究项目主任、EBRI 退休收入研究中心联合主任。他在员工福利和保险研究方面造诣很深，已发表的著述和文章超过 150 种。他主要研究私营养老金计划的金融问题。他在威斯康星-麦迪逊分校获得学士学位和 MBA，在宾州大学沃顿商学院获得博士学位。

HERMANN VON GERSDORFF 是智利财政部预算办公室副主任。此前他在世界银行华盛顿总部、萨格勒布、布宜诺斯艾利斯工作，担任经济学家和经理，负责欧洲、中亚和拉丁美洲社保、金融和私营部门发展业务。他曾在联合国拉丁美洲和加勒比海地区经济委员会任行业部门经济学家，派驻在墨西哥。他还担任墨西哥自治技术学院项目评估教授、智利大学和智利北方大学价格理论研究教授。他曾在委内瑞拉任联合国行业发展组织项目官员。他毕业于美国芝加哥大学和德国科隆大学。

王德文是世界银行东亚和太平洋地区中国和蒙古局高级社会保障专家。他的研究领域包括中国社会保险和社会救助方案、劳动力市场动力、人口转型与老龄化。加入世界银行前，他担任中国社科院人口与劳动经济研究所研究室主任、研究员。

EDWARD WHITEHOUSE 是经济合作与发展组织（OECD）社会政策司养老金政策分析部门负责人。他是 OECD 养老金旗舰著作 *Pensions at a Glance* 的首要作者，该书第四版于 2011 年 3 月出版；他著述颇丰，代表作包括 *OECD Pensions Outlook 2012* 前三章，负责撰写世界银行与 OECD 合作的 *Pensions Panorama：Retirement - Income Systems in 53 Countries*（*2006* 年 *11* 月出版）。他在世界银行与 OECD 工作期间，参与了多个国家如加拿大、埃及、爱尔兰、摩洛哥和南非等国的养老金制度改革。此前，他就职于伦敦财政研究所，担任《金融时报》社会事务记者与专栏作者。他毕业于牛津大学和伦敦政治经济学院。

作者简介

MITCHELL WIENER 是拥有 *35* 年丰富国际国内经验的养老金精算师。现任世界银行印度尼西亚办公室社保负责人，是世行东亚和太平洋地区养老金负责人之一。他曾经在南亚和东欧工作。他的工作领域包括国家社会保障体系改革、引入强制型与自愿型私营养老金体系、提升养老金与保险监管，以及发展本地精算业务。此前他在泰国各类机构从事养老金有关工作达 *10* 年。

术语缩写对照

• BEP [Beneficios Economicos Periodicos (Periodic Economic Benefits)(Colombia)]：定期经济福利（哥伦比亚）

• CODA [cash or deferred arrangement]：现金或延迟给付安排

• EBRI [Employment Benefit Research Institute]：雇员福利研究院

• EGTRRA [Economic Growth and Tax Relief Reconciliation Act (United States)]：经济增长与减税法案（美国）

• EPF [Employee Pension Fund (Japan)]：员工养老基金（日本）

• EPFO [Employee Provident Fund Organization (India)]：员工储蓄基金组织（印度）

• ERISA [Employee Retirement Income Security Act (United States)]：员工退休收入安全法案（美国）

• FGPM [Fondo de Garantia de Pension Minima (Minimum Pension Guarantee Fund)(Colombia)]：最低养老金保证基金（哥伦比亚）

• FPS [Ficha de Proteccion Social (Social Protection Index) (Chile)]：社会保障指数（智利）

• FSP [Fondo de Solidaridad Pensional (Pension Solidarity Fund) (Colombia)]：养老金集合基金（哥伦比亚）

• GDP [gross domestic product]：国内生产总值

• ICI [Investment Company Institute]：投资公司研究所

• IDA [individual development account]：个人发展账户

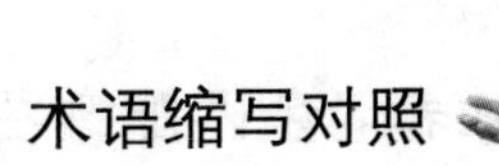

• IMSS [Instituto Mexicano de Seguridad Social (Mexican Social Security Institute)]：墨西哥社会保障研究所

• INPS [Instituto Nacional de Previdencia Social (National Institute of Social Protection) (Cape Verde)]：国家社保研究所（佛得角）

• IRA [individual retirement account]：个人退休账户

• IRS [Internal Revenue Service (United States)]：国内税务局

• ISSSTE [Instituto de Seguridad Social y Servicios Sociales de los Trabajadores del Estado (Institute for Civil Servant Social Insurance and Services) (Mexico)]：公务员社会保险与服务机构（墨西哥）

• KGFS [Kshetriya Grameen Financial Services]：Kshetriya Grameen 金融服务公司

• KNH [Kosei Nenkin Hoken (Japan)]：日本厚生省

• MAROP [Mecanismo de Ahorro para el Retiro Oportunidades (Mechanism for Saving for Retirement Opportunities) (Mexico)]：促进养老储蓄机制的良机

• MDC [matching defined contribution]：匹配缴费 DC 计划

• MHRSS [Ministry of Human Resources and Social Security (China)]：人力资源与社会保障部（中国）

• MOCA [Ministry of Civil Affairs (China)]：民政部（中国）

• MYPES [micro - and small enterprises (micro y pequeas empresas)]：小微企业

• NHCE [non - highly compensated employee]：非高薪员工

• NPS [New Pension Scheme (India)]：新养老金方案（印度）

• NRPS [National Rural Pension Scheme (China)]：农村养老保险方案（中国）

• NSF [National Savings Fund (Thailand)]：国家储蓄基金（泰国）

• OECD [Organisation for Economic Co - operation and Development]：经济合作与发展组织

• PAYE [pay as you earn (New Zealand)]：收到收入时支付（新西兰）

• PENSIONISSTE [National Pension Fund for Civil Servants (Mexico)]：全国公务员养老基金（墨西哥）

• RAIS [Individual Savings System with Solidarity (Regimen de Ahorro Individual con Solidaridad) (Colombia)]：个人储蓄集合体系（哥伦比亚）

• RAP [retirement allowance plan (Japan)]：退休补贴计划（日本）

• RPM [Regimen de Prima Media (Average Premium System) (Colombia)]：平均保费体系（哥伦比亚）

• RPPS [Rural Pension Pilot Scheme (China)]：新农保试点方案（中国）

• SEJ [Subsidio al Empleo Joven (Youth Employment Subsidy) (Chile)]：年轻人就业补贴（智利）

• SPTJ [Subsidio Previsional a los Trabajadores Jovenes (Social Security Subsidy for Young Workers) (Chile)]：年轻人社会保障补贴（智利）

• TQPP [Tax - Qualified Pension Plan (Japan)]：税优合格养老金计划（日本）

• URPS [Urban Resident Pension Scheme (China)]：城镇居民养老保险方案（中国）

• UTAP [Union Tunisienne de l'Agriculture et de la Peche (Tunisian Union of Agriculture and Fishing) (Tunisia)] 突尼西亚农业和渔业工会（突尼西亚）

除特别注明而外，本书中货币以美元表示。

译后记

书稿付梓之际，不禁感慨万千！

回想起20年前上大三时，在图书馆拜读世界银行和各位前辈的著作，难以想象今天会与养老金研究如此结缘。随后在中国平安养老保险公司和世界银行的工作经历使我实地体验了养老金的起步和发展，进入上海金融学院并赴美访学则有了潜心钻研养老金理论和实践问题的良机。

养老金领域的理论、政策和实践丰富而多彩。最近几十年养老金制度历经变革和创新，但对几乎所有国家而言，既要确保社会保障体系财务可持续性，又要实现全覆盖和充分的保障水平，仍然面临着巨大的挑战。为提升养老金制度覆盖面，各国政府和管理机构采取了各种举措，主要措施从最初的个人强制参加逐渐演变为税优激励政策，但传统的税优激励政策与不缴纳个人所得税的员工无关，而强制参加养老金计划的规定在规模不断扩大的非正规部门无法真正实施。近年来，部分国家经验表明，较为可行的解决方案之一就是实施匹配缴费，为员工加入养老金储蓄制度提供了即时且强有力的动机。

在相关项目研究中我们参阅了本书英文版本，作为世界银行养老金部门2013年旗舰著作其包含很多有价值的内容，因此我们决定翻译此书与更多的人分享。总体而言，本书的主要特色如下：

1. 内容权威新颖，研究细致全面。本书基于扩大养老金制度覆盖面的政策设计视角，总结分析了十多个国家养老金匹配缴费制度设计的典型经验，涵盖了高收入国家、中等收入国家和发展中国家，并从行为经济学角度实证分析匹配缴费与储蓄结果之间的关联性，具有较强的参考借鉴意义。

2. 适用面广。我国面临人口快速老龄化的严峻挑战，在养老金体系改革完善过程中，本书可以为养老金制度设计、养老金经办管理部门、养老金投资运营经营主体和养老金领域有关研究提供有益的经验借鉴与启示，尤其对我国未来第二、第三支柱养老金制度设计和商业机构市场实践具有一定参考借鉴价值。

3. 作者阵容强大。本书由来自世界银行、OECD 等国际组织、全球知名养老金管理机构、各国养老金监管部门、哈佛大学等研究机构权威专家团队通力合作、精心撰写，多数作者直接参与了各国养老金体系设计或评估工作，对养老金政策设计具有深刻而独到的见解。

本书翻译主要分工如下：万晴瑶负责本书第一章、第二章、第三章、第四章、第五章、第七章、第九章、第十章和第十一章，以及其他相关内容；王德文提供了第八章初稿；徐静珠、成德义提供了第六章初稿。全书由万晴瑶负责译校。

本书也是中国保险监督管理委员会 2015 年度部级课题、上海市政府 2015 年度决策咨询课题（2015 - GR - 44）和中国保险学会 2015 年年度研究课题的阶段成果。

掩卷而思，心中充满感激之情！我的博士导师卓志教授始终教导我们研究要体现“以人为本”，激励我们时刻保持探索精神。世界银行首席经济学家、埃及和吉布提地区人类发展部主任 Gustavo Demarco 先生为我提供了在华盛顿总部担任世界银行顾问的机会，其间参加了国际养老金研究项目和联合国会议等一系列国际顶级论坛，不仅开阔了视野，更让我们从人类发展这一广阔视角来重新思考养老问题，增强了我们持续耕耘养老金研究领域的信心和动力。世行首席社会保障专家、养老金部门负责人 Robert Palacios 先生为我们推荐世界银行养老金旗舰力作，帮助我们获得最新的全球资讯并欣然为本书中文版作序。中国社科院世界社保研究中心主任郑秉文教授在百忙中对我们的工作予以悉心指导，引领我们迈入中国养老金这一丰富而生动的研究领域。The CityUK 前主席、英国标准人寿集团董事长 Gerry Grimstone 爵士为本书提供了出版资助。中国保险学会姚庆海会长、中国保监会姚渝处长提供的多个监管咨询课题研究更使我们获得深入探索养老金领域国内外相关理论与实践的契机。在翻译过程中，我们还得到了世界银行中国和蒙古局高级社会保障专家王德文先生、英国标准人寿集团中国区负责人万群女士、中国劳动社会保障出版社张红兵先生等国际和国内友人的大力支持。

在此还向长期关心、支持和帮助我的各位师长和友人们致以最诚挚的谢意：恩师曾康霖教授，美国康涅狄格大学 Emiliao A. Valdez 教授、Estelle James 教授，沃顿商学院 Olivia S. Mitchell 教授，乔治华盛顿大学 Annamaria Lusardi 教授、贺瑛教授、吴大器教授，上海金融学院的领导和同事，以及周连成、钮磊磊、梁晶、李符诚、张嘉蕊和 Margrit Schmid。同时深深感谢家人的静心陪伴，尤其是研究自然科学的父亲始终是我的忠实读者。

感谢中国劳动社会保障出版社梁雨聆编辑和世界银行版权经理李莉女士的大力支持。

限于作者水平，错漏之处在所难免，恳请读者不吝赐教，批评指正为感！

谨以此献给我们热爱的养老事业！

万晴瑶

二〇一五年九月于上海